日本語のイントネーション

——しくみと音読・朗読への応用

郡 史郎 著

大修館書店

音声について

本文に🎧の印をつけた例文の発音例を大修館書店の特
設サイトで聞くことができます。

https://www.taishukan.co.jp/item/nihongo_intonation/

はじめに

　本書では日本語のイントネーションとはどういうものかを説明する。そして，その知識を，自分が人前で話すとき，アナウンスや朗読のように書かれた文章を読みあげるとき，あるいは舞台での演技にどう生かせばよいか，棒読みや不自然な発音ではなく生き生きとした話しかたをするにはどうすればよいかを解説する。

　ここで言うイントネーションとは，「箸」と「橋」とか，「雨」と「飴」の発音の違いのことではない。そうした単語ごとの音のメロディーはアクセントと言う。イントネーションというのは，たとえば同じ「雨」でも，「あ，雨！」と言うときと，「え，雨？」と聞くときの「雨」の発音の違いである。

　しかし，イントネーションはそれだけではない。たとえば，「けさ買ったばかりの傘をなくした」という文は，ふたつの意味にとれる。ひとつは，傘を買ったのがけさで，それをさっきなくしたという意味である。もうひとつは，最近買ったばかりの傘をけさなくしたという意味である。こういうものをあいまい文と言うが，ふたつの意味は「買ったばかり」の「たば」の部分の声の高さを変えることで言い分けることができる。これもイントネーションの違いである。

　また，誰かに自己紹介されたときに名前が聞き取れなかったという経験がある人は多いと思うが，聞き取られやすくするにはしっかりていねいに言わないといけない。そのときは声も高くする。これもやはりイントネーションである。このようにさまざまなイントネーションがあるが，ひとことで言うと，イントネーションというのは文の意味や話し手の気持ちなどにあわせて変わる声の高さの動きである。

　人前で話す職業についている人や朗読をしようという人はもちろんだが，そうでなくても，書かれた文章を人前で読むという機会は意外に多い。絵

本の読み聞かせかもしれないし，仕事でのプレゼンテーションや，会合でのあいさつ文やメッセージの読み上げかもしれない。文章を声に出して読むときは，ひとつひとつの語句が文章全体の中で持つ意味あいをよく考えて，それをイントネーションに正しく反映させることが必要である。そのことで話し手の好感度もぐっと高くなる。

　ふだん家族や友人と話すときにどのようにイントネーションをつけるかは，わざわざ学ばなくても子供のときから日本語を話していれば自然に身についている。ところが，人前で話すときや書かれた文章を声に出して読むときは，なぜか不自然なイントネーションになりがちである。映画やテレビドラマなどの俳優や声優の方々の演技でも，よく聞くとイントネーションが正しくない場合がある。イントネーションが正しくないと，文の本当の意味が伝わらず，思わぬ誤解をされてしまうことがある。文のイントネーションのつけかたは日本語独特の部分が大きいので，そのおおまかな知識は外国語として日本語を学ぶ方にも教える方にも知っておいていただきたいところである。

　朗読やアナウンスの技術についての本はすでにたくさん出ていて，イントネーションは重要だとか，意味を考えて読めというようなことは，これまでにもさんざん言われている。だが，意味を考えるというときに具体的に何に注目すればよいのか，そして，意味を考えたあとでそれを具体的にどう音にすればよいのかについて，系統立ててくわしく説明した書籍はこれまでなかった。本書の第1章から第4章まではその説明である。練習問題とともに自然な文のイントネーションのつけかたの手順を解説し，それを音読や朗読に生かすための方法を考えてゆく。文芸作品の朗読については，新美南吉の『ごん狐』を題材にした。

　第5章では，会話に特徴的なイントネーションの使いかたをカタログ式にまとめ，解説を加えた。質問するときに最後を上げて言うことは誰でも知っているが，そのほかにも，ぜひわからせたいという気持ちをこめるときには最後を一段高くするとか，何かに気づいたときや気づいてほしいときには最後を一段高くしてからすぐ下げることがある。こうしたイントネ

ーションは自分の気持ちやニュアンスを伝える働きをしている。また，イントネーションには敬語的な働きもあって，相手が親しい人かそうでないかで変わることがある。このように，イントネーションには会話を円滑にし，対人関係を調整するという，人間生活を営む上で非常に重要な働きがある。生き生きとした人間らしい話しかたはイントネーションの使いかたで決まると言っても過言ではない。会話の中で相手の本心を知るためにも，また説得性のある話しかたを身につけるためにも有用である。ただ，会話のイントネーションには地域による違いがかなりある。本書では東京など首都圏中央部の使いかたについて解説するが，外国語として日本語を学ぶ方や教える方はもちろん，首都圏以外の出身の方にも参考になると思う。

　書き進めるにあたっては，ことばの研究にあまりなじみがない方でも全体像をつかんでいただきやすいように心がけた。本書に書いた内容は基本的にすべて調査の結果にもとづいたものである。日本語のイントネーションについて書かれたはじめての書籍ということで，個々の説明の裏づけとなる調査結果の紹介など専門家向けの説明も加えたが，それらは注に【研究】と表示した上で記した。

　本書の内容をこのような形にまとめあげるまでには，お名前をあげきれないほどたくさんの方々にお教えいただき，また便宜をはかっていただいた。みなさんに心からお礼を申し上げたい。書籍化の段階では，大修館書店編集部の辻村厚さんが内容のわかりやすさと読みやすさを格段に高めてくださった。発音例の録音には研究仲間である轟木靖子さんが読み手として協力してくださった。おふたかたにも厚くお礼を申し上げたい。

著者

本書の発音の書きあらわしかた

　本書では発音を角かっこ［　］に入れたカタカナで書きあらわす。これは，それが発音であることをはっきりさせるためである。そして，実際の発音をなるべく忠実に写すために，たとえば「映画」は［エーガ］，「おとうさん」は［オトーサン］と書く。助詞の「は」「へ」「を」も発音どおり［ワ］［エ］［オ］と書く[1]。「おとうさんは有楽町へ映画を見に行った」なら［オトーサンワ ユーラクチョーエ エーガオ ミニ イッタ］。

高さの動きをあらわす記号

ア̄	上線は音として高いことをあらわす。
ア̲	下線は音として低いことをあらわす。
チ̄	上線があらわす音より低いが，下線があらわす音より高いことをあらわす。
ア‾	上線があらわす音より一段高いことをあらわす。
⌣	（原稿に書き込む記号として）アクセントを弱めることをあらわす。
∧	（原稿に書き込む記号として）アクセントを弱めないことをあらわす。
⋀	（原稿に書き込む記号として）アクセントを強めることをあらわす。
／	長くないポーズ（間，休み）。
／／	長いポーズ。
↗	疑問型上昇調（どんどん高くしてゆく連続的な上昇）。
↑	強調型上昇調（直前より一段高く平らにする段状の上昇）。
→	平坦調（直前と同じ高さでまっ平らに言う）。
⤳	上昇下降調（高くしてから下げる）。
↓	急下降調（高いところから下げる）。

目次

日本語のイントネーション

しくみと音読・朗読への応用

第1章
イントネーションとアクセント

◇**この章で説明する内容**◇

・「雨」と「飴」の違いや「橋」と「箸」の違いは声の高さの動きで区別できる。それは，単語にはそれぞれ決まった高さの動きがあるからである。単語ごとに決まった高さの動きをアクセントと言う。

・これに対して，文の意味や話し手の意図・気持ちにあわせて変わる高さの動きをイントネーションと言う。

・雨が降ってきたのを見て「雨！」と言うときは最後は上げないが，雨が降ってきたのかどうかを聞く「雨？」は最後を上げる。高さの動きの違いで文の意味が変わるのでイントネーションの違いだが，この場合は文の末尾の高さの動きが違う。これを「末尾のイントネーション」と呼ぶ。

・「けさ買ったばかりの傘をなくした」という文は，《傘をなくしたのがけさ》の意味にも，《傘を買ったのがけさ》の意味にもなる。この文のふたつの意味は「買ったばかり」の［タバ］の高さの動きを変えることで言い分けることができる。高さの動きの違いで文の意味が変わるのでこれもイントネーションの違いだが，この場合は文の中の高さの違いなので，「文内のイントネーション」と呼ぶ。

・イントネーションの説明にはアクセントの知識も必要なので，アクセントについてもこの章で説明する。あわせて，イントネーションのより正確な理解に役立てるために，耳に感じる音の高さの動きと実際の高さの動きの違いも説明する。

4

イントネーションとアクセントは，どちらも話すときの声の高さの動きである。高さの動きというのは，低い音から高い音に上がるとか，高い音から低い音に下がることである。とは言っても，そもそも音が高いとか低いということが感覚としてつかめないという人がいるかもしれない。

1.1 高い・低いの感覚

高い低いの感覚がよくわからないという人にお勧めしたいのは，歌を手がかりに理解する方法である。

「海は広いな大きいな」で始まる『海』という文部省唱歌がある。メロディーは日本で育った人ならたいてい知っているだろう。出だしの「海」は，［ウ］が高く，［ミ］が低い。角かっこに入れたカタカナで書いたのは，それが発音であることをはっきりさせるためだが，音の高い低いを字の上と下に線を引くことであらわすと ［ウ⌐ミ］ となる。これは東京式の「🎧海」の言いかたそのものになっている。ハミング，つまり鼻歌でゆっくりと何度もこのメロディーを繰り返すと，［ウ］が高く，［ミ］がそれより低いという感じがだんだんわかってくると思う。小さくてもよいので，はっきりと声に出してほしい。頭の中だけで考えたり，ささやくように言うだけでは音に高さがつかないので，高さの動きが本当にはわからない。

この歌は，「海は」のあと「広いな」と続く。「広い」のメロディーは，［ヒ］を低く，［ロ］で高く，そして［イ］でまた低くする。つまり，［ヒ⌐ロ⌐イ］だが，これも東京式の「🎧広い」の言いかたと同じである。先と同じようにハミングでメロディーを繰り返して，高さの感覚をつかんでほしい。

1.2 イントネーションとアクセントの違い

さて，イントネーションと聞くと，「雨」と「飴」の違いのようなものをまず思い浮かべる人がいるだろう。人によっては「質問の文は最後を上げ，言いきるときは上げない」というようなことを思い浮かべるかもしれ

ない。

　このうち，「雨」と「飴」の違いの方は，このふたつの単語がもともと持っているメロディーの違いである。たとえば「雨」は，東京など首都圏を含め，全国のかなり広い地域で［ア｜メ］，つまり［ア］を［メ］より高く言うことになっている。これに対して，「飴」は［ア｜メ］である。しかし，なぜこんなふうに言うのかに特に理由はない。そう言う習慣になっているだけである。実際，京都や大阪では違う言いかたになる。このように，単語にはそれぞれ決まった高さの動きがある。長い単語だとそれなりの規則はあるが，短いものだと，どのような高さの動きをつけて言うかは理屈抜きに単語ごとに覚えないといけない。

　これに対して，質問の文は最後で音を上げるというのは，たとえば雨が降ってきたのかどうか聞くときに「雨？」［ア｜メ╱ー］と言うことである。ところが，雨が降ってきたのを見て「あ，雨！」［ア｜メ］と言うときは最後は上げない。これは，単語ではなく文の意味にあわせて決まるメロディーである。したがって，単語ごとにいちいち覚えるというものではない。

　また，「けさ買ったばかりの傘をなくした」という文は，《傘をなくしたのがけさ》の意味にも，《傘を買ったのがけさ》の意味にもなる。第 2 章でくわしく説明するが，「買ったばかり」の［タバ］の部分をふつうの調子で言えば前者の意味で，ふつうよりも低く抑えて言うと後者の意味になる。このほか，うれしいときやていねいな話しかたをするときは声が高くなり，悲しいときやぞんざいな話しかたでは低くなるということもある。

　このように，ことばの高さの動きには，単語ごとにもともと決まっている部分と，そうでない部分——それは主に文の意味や話し手の意図や気持ちしだいで変わる——という，まったく異なる 2 種類のものがある。これを同じ名前で呼ぶと，ことばの分析の理論としてはもちろんのこと，教育や朗読などの実践の現場でも混乱が生じる。ボールを使うスポーツだからと言って，テニスとサッカーをごっちゃにするとまずいのと同じことである。

　そこで，「箸」と「橋」の違いのように，ひとつひとつの単語がもともと持っている高さの動きをアクセントと言うことになっている。英語でもdessért（デザート）と désert（砂漠）というふたつの単語はアクセントが

違うと言う。英語のアクセントは，高さだけでなく，強さ，長さ，音色も含めた総合的な音の特徴で単語の一部をきわだたせるが，やはりひとつひとつの単語がもともと持っている音の特徴のことである。

　これに対して，質問にするときはどんな単語でも最後で音を上げるというような，**単語とは無関係の高さの動きをイントネーション**と言う。

1.3　アクセント

　日本語の文の高さの動きは，アクセントとイントネーションが合わさってできている。したがって，ある文のイントネーションが具体的にどういうものかを言うには，文の高さの動きからアクセントによる高さの動きを除いて考えないといけない。つまり，イントネーションのことを知るには，アクセントの知識も必要となる。

　アクセントには地域による違いがあるが，ここでは東京など首都圏の中央部で使われ，標準語のモデルになっている「東京式」のアクセントについて説明する。

■アクセントの上げと下げ

　例として「🎧山登り」ということばを考えよう。発音は［ヤマノボリ］だが，その［ヤ］，［マ］，［ノ］，［ボ］，［リ］のひとつひとつを拍と言う。この単語をそれだけ発音してみると，高さの動きとしては，まず出しやすい声の高さで［ヤ］と言い，そこから次の［マ］にかけて一段上げる。そして［マ］と［ノ］を同じ高さで続け，そのあと［ノ］から［ボ］にかけて一段下げているように感じられる。高さの動きを線を使って書くと［ヤマノボリ］である。高さの動きの感覚をつかむために，かならずハミングで声に出して確認してほしい。この上げ下げが「山登り」のアクセントである。

　上げ下げするなかで，特に下げの場所が重要である。東京式のアクセントは，その単語に音の下げがあるかないか，そして下げがある場合はそれがどこかということを手がかりに分類する。アクセントを示すときにも，

┌───┐
　　　　　　コラム1　アクセントの上げ下げの大きさ

　単語をそれだけ発音するときには，アクセントの上げ下げの大きさに特
に決まりはない。音楽のように，ドからミとか，ドからソなどと決まって
いるわけではない。ただ，第2章で説明するように，文の中では前後と
の意味の関係しだいで上げ下げが大きくなったり小さくなったりする。ま
た，命令口調で言うときや，驚いたり喜んで言うときは上げ下げが大きく，
気分が落ちこんだときや，ぼそぼそ言うときは上げ下げが小さくなる。
└───┘

［ヤマノ˥ボリ］のように，下げる場所だけを記号で書きこむことがある。
これは読む原稿に手書きでアクセントを書きこむときに特に便利である。
また，③のような形で，何拍めのあとで下げるかを示すこともある。

　これに対して，上げをどこにするかはかなり規則的に決まっている。単
語の最初から高いタイプのもの（次に説明する「頭高形」）以外は，原則と
して，単語のひとつめの拍からふたつめの拍にかけて——たとえば「山登
り」で言えば［ヤ］から［マ］にかけて——上げる。ただ，「🎧手軽な山登
り」と言うときの発音は ［テ│ガルナ　ヤマノ│ボリ］ となる。このように，
文の中では単語の最初の上げが消えてなくなることがある。

　上げはアクセントでないと考える研究者もいる。しかし本書では，上げ
る動きも含めて，単語それだけを発音したときにあらわれる高さの動きを
アクセントと言うことにする。なぜなら，その方が文の実際の高さの動き
の実態に合っており，イントネーションを説明するにもその方が都合がよ
いからである[1]。

■アクセントの型

　アクセントは，下げがあるかないか，そして，下げがある場合はどこか
ら下げるかで，次のように頭高型，中高型，尾高型，平板型に分類される。
　頭高型：「🎧もみじ」という単語は ［モ│ミジ］，つまり最初の［モ］を
高く言い，そのあとで下げる。最初だけが高いので，これを頭高型のアク
セントと言う。「🎧箸」は ［ハ│シ］ なので，これも頭高。文の中で助詞
「が」がつくときは「🎧もみじが」［モ│ミジガ］，「🎧箸が」［ハ│シガ］で，

文節全体としてもひとつの頭高型の高さの動きになる。

中高型：「🎧山登り」［ヤ｜マ｜ノ｜ボ｜リ］は，単語の途中で下げる。これを中高型と言う。「🎧斜め」［ナ｜ナ｜メ］も中高型。助詞「が」がつくと「🎧山登りが」［ヤ｜マ｜ノ｜ボ｜リ｜ガ］，「🎧斜めが」［ナ｜ナ｜メ｜ガ］となり，文節全体としても中高型の高さの動きになる。

尾高型：「🎧妹」のアクセントは［イ｜モ｜ート⌐］である。最後に下げる印がついているが，これは「妹」とだけ言うときは［イ｜モ｜ート］だが，助詞「が」がつくと「🎧妹が」［イ｜モ｜ート｜ガ］と，助詞にかけて下げるという意味である。このように単語の途中では下げず，終わったところで下げるアクセントを尾高型と言う。ここで［イモウト］ではなく［イモート］と書いているのは，実際の発音を忠実に写すためである。「🎧橋」［ハ｜シ］も尾高型で，助詞「が」がつくと「🎧橋が」［ハ｜シ｜ガ］となる。ただし，単語としては尾高型であっても，助詞「が」がついた「妹が」［イ｜モ｜ート｜ガ］や「橋が」［ハ｜シ｜ガ］は，文節全体としては中高型の高さの動きである。

平板型：「🎧乗り物」［ノ｜リモノ］は下げずに平らに言う。助詞の「が」をつけた「🎧乗り物が」［ノ｜リモノガ］も平らに言う。このタイプのアクセントを平板型と呼ぶ。「🎧端」［ハ｜シ］も平板型で，「が」をつけると「🎧端が」［ハ｜シガ］となる。助詞「が」がついた「乗り物が」［ノ｜リモ｜ノガ］や「端が」［ハ｜シガ］も全体として平板型の高さの動きになる。

■最初が重音節になっている単語での上げかた

さきほど，アクセントの上げは単語のひとつめの拍からふたつめの拍にかけてだと言った。ところが，「大昔」のような単語だとすこし話が違う。

「大昔」のアクセントは中高型で，［ム］のあとで下げる。ところが上げの方は，［🎧オ｜ーム｜カシ］のようにひとつめの拍からふたつめの拍にかけて上げることもあるが，最初から高い［🎧オーム｜カシ］と言うこともよくある。これは，文の中ではなく，この単語だけを発音するときでもある。「王様」も，最初が低い［🎧オ｜ーサマ］もあるが，最初から高い［🎧オーサマ］も多い。このことはアクセントを説明する本には書いてい

コラム2　尾高型の単語はすこしやっかい

　尾高型の単語が入った文を読むときの注意点がある。それは，助詞「の」がつくときである。たとえば，「🎧妹の名前」は ［イ￤モートノ ナマ エ］，「🎧橋の修理」は ［ハ￤シノ シュ￤ーリ］ と言う。つまり，「の」がつくときは単語の最後を下げず，平板型のようになるのである。そのため，尾高型の「橋」と平板型の「端」は，助詞「が」をつけて文にすると，「🎧橋が折れた」［ハ￤シ ガ￤オ￤レ タ］ と「🎧端が折れた」［ハ￤シ ガ オ￤レ タ］ で区別できるが，助詞「の」をつけると「橋の修理」も「端の修理」もどちらも ［ハ￤シノ シュ￤ーリ］ となって区別できなくなる。

　ただ，この規則の例外となる単語もある。たとえば，「次」「よそ」「8」は尾高型だが，これらは「の」がついても ［ツ￤ギ ノ］［ヨ￤ソ ノ］［ハ￤チ ノ］ のままにする。また，「…するための」の「ための」のように ［タ￤メ ノ］ にも ［タ￤メ ノ］ にもなる語もある。また，「こと」「とき」は頭高型になることもある（p. 61 で説明）。

　ないことが多いが，文のイントネーションを考える際にあてはめる規則が変わってくるので知っておいてほしい（p. 28「最初から高いアクセントの注意点」）。このほか，両者の中間的な ［オ￤ーサマ］ や ［オー￤サマ］ になることもある。

　単語の最初から高い発音になりがちなのは，最初が「大昔」や「王様」の ［オー］ のように長い音になっている場合，「簡単」［カンタン］ の ［カン］ のように，撥音の「ン」を含む音が最初にある場合，そして「平ら」［タイラ］ の ［タイ］（tai）や「おいしい」［オイシー］ の ［オイ］（oi），「水道」［スイドー］ の ［スイ］（sui）のような ai, oi, ui といった，全体として1母音に近い母音連続を含む音が最初にある場合の特徴である。こういう音が単語の最初にあることを，単語の最初が重音節（じゅうおんせつ）になっていると言う。単語の最初が重音節だと最初から高い発音もよくあることについては，以下ではいちいちことわらない。現実の会話の例を説明に使うときは，その実際の高さにあわせて上げの場所を書くことにする[2]。

　なお，「買った」［カッタ］ の ［カッ］ のように，促音の「ッ」を含む音が最初にある単語がある。この場合も単語の最初が重音節になっていると

言うが，これは最初を高くせず，［🎧カッ|タ］と発音する。

■アクセント辞典について

　ある単語のアクセントがわからないとか，自信がないということはよくある。その場合は，アクセントを記した辞典で調べることになる。次の 6 種類をあげておく。

1. 『NHK 日本語発音アクセント新辞典』日本放送出版協会（全国共通語的な言いかたを重視）
2. 『新明解日本語アクセント辞典』三省堂（伝統的な東京の言いかたを重視）
3. 『全国アクセント辞典』東京堂出版（京都と鹿児島のアクセントも掲載）
4. 『新明解国語辞典』三省堂（スマートフォンなど携帯情報機器で使用可能）
5. 『大辞林』三省堂（携帯情報機器版あり：NHK 放送文化研究所関係の協力）
6. 『集英社国語辞典』集英社（アクセントは 1998 年の『NHK 日本語発音アクセント辞典新版』に準拠するが，そこにはない約 2 万語についても独自にアクセントを記載）

　読みの現場でよく使われているのは NHK と三省堂のアクセント辞典である。2016 年に出た『NHK 日本語発音アクセント新辞典』（上記の 1）ではアクセントの書きかたがそれ以前のもの（右ページの表の「旧」）から変更されており，下げの場所だけを書くようになっている。三省堂と東京堂出版のアクセント辞典（上記の 2 と 3）の書きかたは非常に近い。『新明解国語辞典』と『大辞林』（上記の 4 と 5）はふつうの国語辞典だが，アクセントの下げが単語の最初から数えて何拍めのあとにあるかを四角囲みの数字で示し，下がり目がない平板型は四角囲みの 0 で示している。それぞれの辞書のアクセントの書きかたを本書での書きかたと比べると，表 1–1 のようになる。

　このほか『角川新国語辞典』（角川書店）ではノリモノのような形で音が高いところを太字にすることでアクセントを示しているが，あいにく太字とそうでないところの違いがすこしわかりにくい。

表1-1　アクセントの記載がある辞典でのアクセントの書きかたと本書での書きかた

	新明解アクセント辞典・旧NHKアクセント辞典・全国アクセント辞典	NHKアクセント新辞典	新明解国語辞典・大辞林	集英社国語辞典	本書
	音が高い箇所と下がり目を示す	下がり目だけを記号＼で示す	下がり目を数字で示す（何拍めまで高いか）	下がり目をカナで示す（どこまで高いか）	高さの動きをそのまま示す
山登り	ヤマノ「ボリ	ヤマノ＼ボリ	③*	⟦ノ⟧	ヤ「マノ」ボリ
乗り物	ノリモノ￣	ノリモノ￣	⓪	⟦平⟧	ノ「リモノ
大昔	オーム￣「カシ	オーム＼カシ	③	⟦凸⟧	オーム「カシ（実際の発音にあわせて［オーム「カ」シ］も使用）

＊『新明解国語辞典』には「山登り」は掲載されていないが，あるとすればこの書きかたになる。

■助詞・助動詞のアクセント

　さきほどアクセントの型を解説する際に，助詞「が」をつけて説明した。「が」を「で」「と」「に」「は」「へ」「も」「を」に変えても同じである。助詞や助動詞にもアクセントはあるが，「の」を例外として名詞につく1拍の助詞は独自の動きを持たない。しかし，そのほかの助詞や助動詞のアクセントにはさまざまなタイプのものがあって複雑である。三省堂のアクセント辞典には見出し語として助詞と助動詞のアクセントが掲載され，巻末にも表としてまとめられている。NHKと東京堂出版のアクセント辞典では巻末に表としてまとめられている。

1.4　高い・低いの感覚と実際の高さの動き

　ここまで，アクセントの動きを音が高いか低いかの感覚を手がかりに説明してきた。そして，その動きを文字の上下に線で階段状に書いてきた。しかし，物理的な意味での実際の高さの動きには，感覚としての上げ下げとはすこし違うところがある。

　それはイントネーションでも同じである。本書ではイントネーションの高さの動きを線で階段状に書くとともに，より正確なイントネーションの理解に役立てるために，必要に応じて実際のくわしい動きを図にしたものも参考にしながら話を進める。そうした図の見かたに慣れていただくために，ここで「山登り」の例を使って，感覚的な上げ下げと実際の高さの動きがどう違うのかを見ておこう。

■「山登り」の実際の高さの動き

　「🎧山登り」の実際の高さの動きを図にしたのが図1-1である。これは，録音した声をパーソナルコンピュータの音声分析ソフトウェアで分析し，その結果を図にしたものである。本書ではPraatというソフトウェアを利用した[3]。

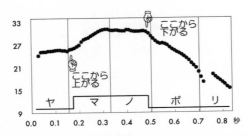

図1-1　「山登り」[ヤ|マノ|ボリ]の実際の高さの動き

　この図で，小さい黒丸がつながって，全体として太い線のようになっているのが実際の高さの動きである。図は縦軸が高さをあらわす。図の上の方ほど声が高い。縦軸の目盛りに9とか15などと書いてあるが，これは半音値というもので，あとであらためて説明する。横軸は時間で，秒であ

らわしている。

　発音するときの感覚としては，「山登り」という単語は［ヤ］から［マ］へと一段高くする。図1-1を見ると，確かに［マ］の最初，上向きの指さし記号（☞）をつけたところから上がりはじめているが，上がりかたはゆっくりとしていて，［マ］の中ですこしずつ高くなっている。

　このように，すぐには上がらず，ゆっくりした上がりかたになるのは，実は生理現象である。人の声の高さを作り出しているのは喉のいちばん奥にある声帯という器官で，これが肺からの息を受けて1秒間に何十回，何百回という速さで震えることで音を作っている。そして，その震える速さが声の高さを決めている。その速さを急に変えようとしても，人間の体のことなのですっぱりとは変わらない。変わりきるまでに多少時間がかかる。そのため，急に音を上げようと思っても，実際に上がりきるまでに0.1秒程度，あるいはそれ以上が必要になる。

　0.1秒と言うとずいぶん短いようだが，実はふつうの速さで話すとき，ひとつの拍を発音している時間が平均で0.1秒強である。つまり，高くしようと思っても，高くなりきるには，ひとつの拍を言う時間の全部が必要だということである。「山登り」の例で言うと，［ヤ］のあとで［マ］を高くしようと思っても，［マ］の最初からすぐ高くならず，徐々に高くしてゆくしかない4)。

　音を下げるときも同じである。発音するときの感覚としては，「山登り」では［ノ］から［ボ］へと下げる。図1-1を見ると，下げはじめるのは［ノ］と［ボ］の境目あたり，図で下向きの指さし記号（☞）をつけたあたりだが，下げようと思ってもやはりすぐに下がりきるはずはなく，［ボ］全体がすこしずつ低くなっていく。そればかりか，その下げを引き継ぐ形で次の［リ］も下がってゆく。耳がよい人なら，ふつうの発音では［リ］は［ボ］よりも低く，また最初の［ヤ］よりも低いことを感じるだろう。

　このように，この「山登り」のアクセントは，感覚としては［ヤ］から［マ］へと急に一段上げ，［ノ］から［ボ］へと一段下げるように感じるわけだが，実際の高さの動きは非常になめらかなのである。

　逆に言うと，図1-1のような高さの動きは，耳には ［ヤ｜マノ｜ボリ］

のように聞こえるということである。

　そして，1拍の中で実際の高さの動きが図1-1の［マ］のように右上がりの形（／）になっていると，感覚としてはその拍全体が高く感じられる。逆に，同じ図の［ボ］や［リ］のように右下がりの形（＼）になっていると，その拍全体が低く感じられる。

■「肩たたき」と子音の影響

　もうひとつ，こんどは「🎧肩たたき」という単語の実際の高さの動きを図1-2で見てみよう。アクセントは［カ│タタ│タキ］で，さきほどの「山登り」と同じく，2拍めから上げて，3拍めのあとで下げる。実際，図1-1と図1-2を見比べると，全体としての動きかたは同じだということがわかるだろう。ただ，図1-2の「肩たたき」では高さの動きが途中で何箇所も途切れている。

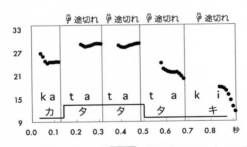

図1-2　「肩たたき」［カ│タタ│タキ］の実際の高さの動き

　「肩たたき」をアルファベットで書くとkatatatakiだが，ここにはkとtという「無声子音」がある。無声子音というのは，発音するときに声帯を震わせないで言う子音である。声帯を震わせないということは，その部分だけ声が出ていないということなので，図でも音が途切れるのである。こうした無声子音のあとでは，この図で［カ］や［タ］の動きを見ればわかるように，kやtのあとがすこし高いところから始まるのがふつうである[5]。

　ここで，図1-1に戻って「山登り」の実際の動きをもう一度見ると，

最後の［リ］の冒頭がすこしへこんでいる。これは［リ］の子音 r のせい
である。「肩たたき」の場合もそうだが，このように子音のせいで細かい
高さの動きが生じるのである。ただ，それは耳に感じられるものではない。
こうした図を見るときには，0.1 秒程度以上の大きな流れを見ることが大
切なので，いま説明したような速くて細かい動きは無視してほしい6)。

■高さの尺度

　ここまで見てきた図には，縦軸の目盛りに 9，15 のような数字が書かれ
ていた。この数字は，50 Hz という音の高さ，これは非常に低い（通常の
88 鍵のピアノで出せるいちばん低い）ソの音にだいたいあたるが，それに比
べて何半音高いかをあらわしている。
　Hz というのは物理学で使う音の高さの単位で，声の高さについて言う
ときは，声帯が 1 秒間に何回震えるかにあたる。日本人の成人男性でもと
もと声が非常に低い人なら，出せるいちばん低い音は 60〜70 Hz 程度で
ある（65 Hz がほぼピアノなどの楽器のドの音にあたる）。女性の高い声だと，
会話では 500 Hz〜600 Hz を超える。歌だと 1000 Hz（これも，ほぼド）を
使うこともある。
　これに対して，半音というのは本来は音楽用語だが，音の高さの違
い —— ある音が別の音に比べてどれぐらい高いか低いか —— をあらわす単位で
ある。英語の semitone（セミトーン）を省略して st と書くこともある。ド
レミファソラシドのミとファ，あるいはシとドの違いが 1 半音になる（図
1-3）。ドとレ，レとミ，ファとソ，ソとラ，ラとシの違いは 2 半音，つ
まり 1 音である。ドレミファソラシドの低いドから高いドまでは，合計す
ると 12 半音の違いがある。これが 1 オクターブである。そして，音が 1
オクターブ高いというのは，Hz の値が倍になることを意味する。本書の
図では，縦軸の 0 という目盛りが 50 Hz をあらわすことになるので，12
という目盛りが 50 Hz の倍，つまり 100 Hz，24 の目盛りがそのさらに倍，
つまり 200 Hz，36 の目盛りなら 400 Hz にあたる。どれもおよそ「ソ」
の高さになる。

1 オクターブ

半音　半音　半音　半音　半音　半音　半音　半音　半音　半音　半音　半音

ド　#ド　レ　#レ　ミ　ファ　#ファ　ソ　#ソ　ラ　#ラ　シ　ド

図 1-3　音階

　本書で半音を使うのは，これがイントネーションの動きをあらわすのに
ふさわしいからである。図 1-1 でも図 1-2 でも縦の幅は 24 半音分，つま
り 2 オクターブの幅にしているが，それは，ふつうの会話だと声の高さの
変化幅は男声でも女声でも 24 半音以下，つまり 2 オクターブ以下のこと
がほとんどだからである[7]。

1.5　イントネーションの種類

イントネーションにも図 1-4 のようにいくつか種類がある[8]。

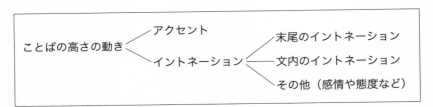

図 1-4　日本語のことばの高さの動きの種類

■末尾のイントネーション

　イントネーションのひとつは，文の最後，あるいは文の中にある文節や
単語の最後の高さの動きである。文の最後の動きと言うのは，たとえば雨
が降ってきたのかどうか聞くときに「雨？」と最後を上げることである。
また，うながすときの「早く！」は最後で上げて下げることがあるし，感
心したときの「なるほど！」は最後を下げることがある。このように，質

問か，うながしか，感心かなどの意図にあわせて，文の最後で音を上げたり下げたりする動きがある。そして，文の中にある文節の最後の動きと言うのは，たとえば「いまはね，そういうのはね，はやらないんです」の「ね」を上げるようなことである。こうした高さの動きを，本書では文と文節の末尾などのイントネーション，略して末尾のイントネーションと呼ぶことにする。

■文内のイントネーション

　もうひとつのイントネーションが文の中での高さの動きである。たとえば「けさ買ったばかりの傘をなくした」という文は，《傘をなくしたのがけさ》の意味にも，《傘を買ったのがけさ》の意味にもなる。こうした文をあいまい文と言うが，このふたつの意味は，「買ったばかり」の［タバ］の部分の高さを調節するだけで言い分けることができる。

　こうした高さの動きを，本書では文の内部のイントネーション，略して文内のイントネーションと呼ぶことにする。どんな文でも，伝えたい意味に応じて，それにふさわしい文内のイントネーションがある。

　このほかイントネーションには感情や態度など気持ちをあらわす働きもある。

1.6　イントネーションの地域差

　日本語と言っても地域によってさまざまである。その中で，東京など首都圏の中央部のことばづかいが一般的には模範と考えられている。単語のアクセントにも地域差が大きいが，東京式の言いかたが文を読む際の実質的な模範になっている[9]。

　イントネーションについては，文内のイントネーションの基本の部分は日本全国で共通性がかなり高いようである。ところが，末尾のイントネーションについては，首都圏中央部での使いかたは他の地域ではあまりよく知られていないし，全国の実態がどうなのかについてもいまのところ断片的なことしかわかっていない。それでも，地域によっては質問で最後を上

げるだけでなく，そのあとで下げるところがあることなどが知られており，全国の共通性は高いとは言えない[10]。

　本書では，ひとつのよりどころとして東京など首都圏中央部でのイントネーションについて説明してゆく。説明に使う例は，実際の会話からものと，私が作って首都圏中央部成育の方々に発音していただいたものである[11]。

コラム3　イントネーションの働き

　イントネーションを決める要因には，大きく分けると以下の5つがある（郡 2006a 参照）。それは，⑴文の構造・意味と，会話の中での文の役割，⑵話し手の心理的状態，身体的状態，社会的属性，⑶話し手と聞き手の社会的・心理的関係，⑷発話環境，⑸特定場面に定まった話しかたの型，個人性，時代性，である。言い換えると，イントネーションには上の⑴から⑸までの5つをあらわす働きがあるということである。このほか，文全体の下がり傾向（第2章注6の「自然下降」の項参照）もイントネーションを形づくる要素として存在する。本書で扱うのは主に上の⑴で，ここに末尾のイントネーションの多くと文内のイントネーションが含まれる。本文で「このほかイントネーションには感情や態度など気持ちをあらわす働きもある」としたが，それが上の⑵から⑸までにあたる。

　⑵と⑶についてごく簡単に説明すると，たとえば，うれしさや楽しさ，驚きの気持ちがあると声は高くなり，悲しいときは高低変化が小さくなる。また，目上の人と話すときには高い声を使う傾向がある。魅力的な声だと思われるには男性の高い声は不利で，女性は低い声の方が不利なようである。ただし，以上は典型的な場合の話で，いつもそうだというわけではない[12]。

第2章
文を読むときに重要な
「文内のイントネーション」

◇この章で説明する内容◇

・どんな文にも，伝えたい意味にふさわしい文内のイントネーション
がある。書かれた文を読みあげるときは，文内のイントネーションを
自然なものにする必要がある。その使いかたしだいで，「けさ買った
ばかりの傘をなくした」のようなふたつの意味にとれるあいまい文も
言い分けができる。

・文内のイントネーションとは，文のひとつひとつの文節を発音する
ときに，そのアクセントを弱めて言うか，それとも弱めないで言うか，
あるいは強めて言うかということである。アクセントを弱めるという
のはアクセントの高さの動きが目立たないように発音することである。

・文内のイントネーションは，話し手がその文で伝えたい意味で決ま
る。なかでも「意味の限定」と「フォーカス」ということが重要にな
る。

　文内のイントネーションのつけかたには規則がある。規則を知れば正し
いイントネーションをつけて文を読むことができる。この章では，その中
でもっとも重要なふたつについて説明する[1]。

2.1　文内のイントネーションとは

■あいまい文の言い分けと文内のイントネーション

　イントネーションは，言いきるときの「雨！」と質問するときの「雨？」の違いのような文末のものだけではない。そのことがよくわかるのが，ふたつ以上の意味にとれるあいまい文（多義文）の言い分けである。

　あいまい文と言ってもさまざま種類があるが，ここでは「けさ買ったばかりの傘をなくした」という文を考えよう。この文の意味には，次のふたつの可能性がある。

　　① けさのことだが，つい最近買った傘をなくした，つまり《傘をなくしたのがけさ》。
　　② けさ買った傘をさっきなくした，つまり《傘を買ったのがけさ》。

　このふたつの意味は文内のイントネーションで言い分けができる[2]。それは，どんな文にも伝えたい意味にふさわしい文内のイントネーションがあるからである。

■アクセントを弱める・弱めない・強めるの違いが作る文内のイントネーション

　文内のイントネーションというのは，文のひとつひとつの文節，つまり，さきほどのあいまい文なら「けさ」「買ったばかりの」「傘を」「なくした」のように，単語単独か，そのあとに「は」「が」「の」「ね」などの助詞や「た」「です」「ます」などの助動詞がついたものだが，そうした文節のそれぞれに対して，そのアクセントを弱めて発音するか，弱めないで発音するか，あるいは強めるかということである[3]。特に，弱めるか弱めないかの違いが重要になる。

　それぞれの文節を別々に発音したときの高さの動き，つまりアクセントをそのままつなぐだけでは，文として正しい発音にならない。「けさ買ったばかりの傘をなくした」の各文節のアクセントをそのままつなぐと次のようになるが，これでは「なくした」を変に強調しているように聞こえ，

コラム4　文内のイントネーションの重要性

　子供のときから日本語を話している人なら，ふつうに話すときは自然な文内のイントネーションを無意識のうちに使っている。ところが，人前で話すときや書かれたものを読むときには，ぎこちない不自然なイントネーションになりがちである。特に，書かれたものを読みあげるときは文内のイントネーションが自然なものになるように意識する必要がある。

　日本語の文内のイントネーションのつけかたには，英語とも中国語とも相当異なる点がある。日本語を母語とする人にはそれが身にしみついているので，外国語を使うときにも癖として出てしまう。これが日本語なまりの外国語発音のひとつの大きな原因である（コラム9参照，p. 85）。それを解消するためにも日本語の文内のイントネーションの知識は必要である。

さきほどの①②のどちらの意味としても不自然な発音である。必要なところでアクセントを弱めないといけない。

　　ケ｜サ｜カッ｜タバ｜カリノ｜　カ｜サオ｜ナ｜クシタ

　文内のイントネーションは話し手がその文で伝えたい意味で決まる。アクセントを弱めるか弱めないかを決める手がかりになっているのは，それぞれの文節が文の中で持つ意味あいである。

　まずは，さきほど見たあいまい文の言い分けかたをもとに，イントネーションが実際にどのように違うのかを見ていく。

2.2　イントネーションでのあいまい文の言い分け

2.2.1　言い分けかた

■「けさ買ったばかりの傘をなくした」

　この文を①《傘をなくしたのがけさ》の意味で言うときと，②《傘を買ったのがけさ》の意味で言うときはどのように言い分ければよいだろうか。

　「けさ」のあとでいったん休んで言えば，つまりそこにポーズを置いてくぎってしまえば，①の《傘をなくしたのがけさ》の意味になりそうである。しかし，休まなくても，次のような高さの動きをつけて言うだけで①

と②の意味を言い分けることができるし，聞き分けることもできる[4]。

🎧　① ケ｜サ｜カッ｜タバ｜カリノ｜カ｜サオ　ナ｜クシタ

（けさ買ったばかりの傘をなくした：《傘をなくしたのがけさ》の意味）

🎧　② ケ｜サ｜カッ｜タバ｜カリノ｜カ｜サオ　ナ｜クシタ

（けさ買ったばかりの傘をなくした：《傘を買ったのがけさ》の意味）

　①と②の違いは「買ったばかり」の［タバ］の高さである。②《傘を買ったのがけさ》の意味では［タバ］をあまり高く言わず，低めに抑える。

　低めに抑えるということがわかりにくい人がいるかもしれない。第1章の説明に使った文部省唱歌の「海は広いな大きいな」で言えば，「広い」のメロディーと「大きい」のメロディーをハミングで言っていただければわかると思うが，「広い」の［ロ］に比べると，「大きい」の［キ］の部分は低くなっている。これが低めに抑えるということである。

　このように，文の中の高低の動きをすこし変えることであいまい文の意味が言い分けられる。これが文内のイントネーションである。

　次に，もうひとつ，いまのとは違うタイプのあいまい文を見よう。

言い分け 中級 ■「夏目漱石のぼっちゃんに出会いました」

　この文にもふたつ意味がある。ひとつは，①夏目漱石の小説である『坊っちゃん』に出会ったということである。つまり，「ぼっちゃん」は《小説の『坊っちゃん』》で，これをたとえば教科書や図書館ではじめて読んだという意味である。もうひとつは，②夏目漱石の息子さんに出会ったということである。つまり，「ぼっちゃん」は《夏目漱石の息子さん》の意味である。このふたつの意味も文内のイントネーションで言い分けと聞き分けができる[5]。

🎧　① ナ｜ツメソ｜ーセキノ｜ボ｜ッチャンニ　デ｜アイマ｜シタ

（夏目漱石のぼっちゃんに出会いました：《小説の『坊っちゃん』》）

🎧　② ナ⌐ツメソ⌐ーセキノ　⌐ボ⌐ッチャンニ　デ⌐アイマ⌐シタ

　　（夏目漱石のぼっちゃんに出会いました：《夏目漱石の息子さん》）

　①と②の違いは「ぼっちゃん」の「ボ」の高さである。②《夏目漱石の息子さん》の意味では「ボ」を低めに抑える。

・言い分けをむずかしく感じる場合

　いまの「ぼっちゃん」の言い分けをむずかしいと感じる人もいると思う。そのひとつの理由は，②《夏目漱石の息子さん》の意味で言うときにも，お嬢さんではなくて息子さんというような対比を意識してしまうと，「坊っちゃん」を強調することになるからである。その場合は，①《小説の『坊っちゃん』》の言いかたと同じになってしまう。さきほど説明したのはそういう強調がない場合である。

2.2.2　アクセントを弱めることと弱めないこと，そして強めること

　ここまで見てきたあいまい文の言い分けは，何も特殊な例ではない。どんな文でも伝えたい意味にふさわしい文内のイントネーションがあることから生じる当然の結果である。つまり，同じ単語が同じ順番で並んでできた文でも，伝える意味が違えば文内のイントネーションも違うのである。

　「けさ買ったばかりの…」と「夏目漱石の…」では，イントネーションの違いは特定の箇所が相対的に高いか低いかという違いだった。こんどはこのことをアクセントの弱めということから説明しよう[6]。

　日本語の単語は，その単語ごとに決まった高さの動き，つまりアクセントを持っている。たとえば「ぼっちゃん」をそれだけ言うときは，［ボ］を［チャン］より高く言わないといけない。しかし，アクセントとして［ボ］を［チャン］よりどれだけ高く言わなければならないかという決まりはない。次のように，高さの違いが大きくても小さくても，［ボ］が［チャン］より高く聞こえるかぎり，正しい「ぼっちゃん」のアクセントである。

$$\boxed{ボ｜ッチャン} \quad \boxed{ボ｜ッチャン} \quad \boxed{ボ｜ッチャン}$$

　ところが，イントネーションとしては，［ボ］が［チャン］よりどれだけ高いかが問題になってくる。つまり，［ボ］が［チャン］より高いことがはっきり目立つように発音するか，それとも，それが目立たないように［ボ］の高さを抑えて言うかということが大事なのである。そのことで「夏目漱石のぼっちゃん」のふたつの意味が言い分けられる。

■アクセントを弱める，弱めない，強めるとは

　ある文節のアクセントの高さの動きが目立たないようにして，直前の高さの動きと一体化させる形で発音することをアクセントを弱めると言うことにする。音として弱く発音することではない。また，かならずしも低い音で言うことでもない。むしろ高いままのこともある。

　これに対して，アクセントを弱めないというのは，その文節だけを取り出してふつうに発音するときと同じ言いかたをすることである。文の中でその文節から新しく発音しなおすことと考えてもよい。単に弱めないだけでなく，高い部分をふつうよりも高くして目立たせることがあるが，それがアクセントを強めるである。これは強調するときの言いかたになる[7]。

■アクセントを弱める・弱めないの違いとあいまい文

　さきほどのふたつのあいまい文の高さの動きを，アクセントを弱めるか弱めないかという点からまとめると次のようになる。

・「けさ買ったばかりの傘をなくした」

　①の《傘をなくしたのがけさ》の意味なら「買ったばかりの」のアクセントは弱めない。つまり「買ったばかりの」を新しく言いなおす形で［カッ｜タバ｜カリノ］と言う。ところが，②の《傘を買ったのがけさ》の意味なら「買ったばかりの」の［タバ］の高さ（アクセントの山）が目立たないように低めに抑えて［カッ　タバ　カリノ］と言う。これが「買ったばかりの」のアクセントを弱めるということである。そして，①でも②でも「傘を」と「なくした」はアクセントを弱める。「けさ」のアクセントは弱めない。なぜこうなるかはあとで説明するが，これがこの文をそれぞれの意味で発音するときの文内のイントネーションになる。

・「夏目漱石のぼっちゃんに出会いました」

　①《小説の『坊っちゃん』》の意味なら「ぼっちゃんに」のアクセントは弱めない。しかし，②《夏目漱石の息子さん》の意味なら「ぼっちゃん」の［ボ］の高さ（アクセントの山）が目立たないように低めに抑えることで「ぼっちゃんに」のアクセントを弱める。そして，①でも②でも「夏目漱石の」のアクセントは弱めず，「出会いました」のアクセントを弱める。これがこの文をそれぞれの意味で発音するときの文内のイントネーションになる。

■アクセントを弱めるかどうかを記号で書きあらわす方法

　ここまで，高さの動きをカナに線をつける形で書いてきた8)。しかし，原稿を読みあげるときに，アクセントを弱めるか弱めないか，あるいは強めるかだけを手書きで書きこむためなら，もっと簡単な記号でじゅうぶんである。本書では，アクセントを弱める文節には⌣をつけ，弱めない文節

に∧，強める文節には𝔸をつける。縦書きの原稿にもそのまま使える。た
とえば，最初のあいまい文のイントネーションは次のように書く。

     ∧   ∧   ⌣ ⌣
  ① けさ買ったばかりの傘をなくした。《傘をなくしたのがけさ》

     ∧ ⌣   ⌣ ⌣
  ② けさ買ったばかりの傘をなくした。《傘を買ったのがけさ》

2.2.3 アクセントの2とおりの弱めかた

　ところで，アクセントを弱めると言っても，弱めかたには実は2とお
りがある。それは，

・高さの山を低めに抑える。
・文節の始まりの高さをそのすぐ前にそろえる。

のふたつである。このふたつはどちらでもよいのではなく，どちらになる
かは，弱める文節のすぐ前の文節がどのようなアクセントになっているか
で決まる。次にこれを説明するが，実はここがなかなか頭に入りにくいと
ころなので，じっくりと読んで理解してほしい。

■高さの山を低めに抑える場合（すぐ前の文節にアクセントの下げがあると
　き）
　これまで見てきた例文でアクセントを弱めると言ってきたのは，図2-1
の⑥の「買ったばかり」の［タバ］のようにアクセントの高い部分，つま
り「山」を低めに抑えることだった。弱めかたが大きい場合は山がほとん
ど平らになる。そのことで，その文節の高さの動きが目立たなくなり，直
前の高さの動きと一体化する。
　実は，このような形でアクセントを弱めるのは，そのすぐ前の文節
（「けさ」［ケ サ］とか「夏目漱石の」［ナ ツメソ ─セキノ］）にアクセントの
下げがあるときである。つまり，すぐ前のアクセントが頭高型（「けさ」）
か中高型（「夏目漱石の」），あるいは尾高型の場合である[9]。

　図2-1の@は「買ったばかりの」のアクセントを弱めない発音で，その文節だけを取り出して発音するときと同じように言う。

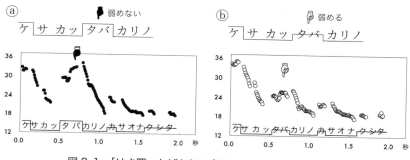

図2-1　「けさ買ったばかりの傘をなくした」の高さの動き
　　　　左は《傘をなくしたのがけさ》，右は《傘を買った
　　　　のがけさ》の場合

■**始まりの高さをそのすぐ前にそろえる場合**（すぐ前の文節にアクセントの下げがないとき）

　ところが，すぐ前の文節にアクセントの下げがない場合は，事情が違う。こんどは「七日に買ったばかりの傘をなくした」という文を考えよう。さきほどのあいまい文の「けさ」を「七日に」に変えただけで，今月の七日ということである。「七日に」［ナ￣ノカニ］のアクセントは平板型で，下げがない。この文は，③《傘をなくしたのが今月七日》の意味と，④《傘を買ったのが今月七日》の意味のふたつの場合がある。言い分けかたは次のようになる。

　③　七日に買ったばかりの傘をなくした。《傘をなくしたのが今月七日》
　　　ナ｜ノカニ　カッ｜タバ　カリノ　￣カ￣サオ　ナ￣クシタ

　④　七日に買ったばかりの傘をなくした。《傘を買ったのが今月七日》
　　　ナ｜ノカニ　カッタバ　カリノ　￣カ￣サオ　ナ￣クシタ

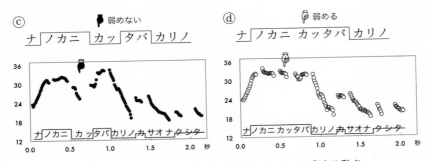

図2-2 「七日に買ったばかりの傘をなくした」の高さの動き
左は《傘をなくしたのが今月の七日》, 右は《傘を
買ったのが今月の七日》の場合

③の意味では, 図2-2の©のように「買ったばかりの」の最初の［カ］を低くする。そして［タバ］をはっきりと高くする。これは,「買ったばかりの」という文節をそれだけ取り出して発音するときと同じなので,「買ったばかりの」のアクセントは弱めていない状態である。

一方, ④の意味では, 図の⑩のように,「買ったばかり」の［カ］の高さを「七日に」の最後にそろえて,「七日に買ったばかりの」の［ノカニカッタバ］を平らに言う。そのことで「買ったばかりの」がすぐ前の「七日に」とひとつながりの高さの動きになる。これは,「買ったばかりの」の高さの動きを直前の高さの動きと一体化させる形で発音するということである。つまり, そのアクセントを弱めていることになる[10]。

・最初から高いアクセントの注意点

　頭高型アクセントなど最初から高い文節の場合は, 注意しなければならない点がある。

　こんどは「七日に読んだばかりの本をなくした」という文を考えよう。さきほどの「買ったばかりの傘」を「読んだばかりの本」に変えたものだが,「読んだ」［ヨンダ］のアクセントは頭高型である。これが頭高型であることで, そのアクセントを弱めないときの言いかたが変わってくる。文の意味は, ⑤《本をなくしたのが今月の七日》の意味と, ⑥《本を読んだのが今月の七日》のふたつの場合がある。言い分けかたは次のようになる。

⑤ 七日に読んだばかりの本をなくした。《本をなくしたのが今月の七日》

ナ／ノカニ　ヨ￣ンダバカリノ┌ホ￣ンオ　ナ￣クシタ

⑥ 七日に読んだばかりの本をなくした。《本を読んだのが今月の七日》

ナ／ノカニ　ヨ￣ンダバカリノ┌ホ￣ンオ　ナ￣クシタ

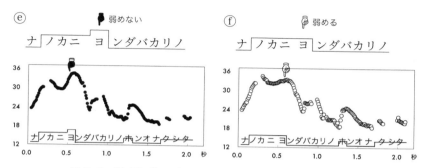

図 2-3　「七日に読んだばかりの本をなくした」の高さの動き
　　　　左は《本をなくしたのが今月の七日》，右は《本を
　　　　読んだのが今月の七日》の場合

　⑤の意味では，図 2-3 の ⓔ のように，「読んだ」の［ヨ］を「七日に」
の最後より一段高くする。これが「読んだ」のアクセントを弱めない言い
かたになる。ここがこれまでと違う注意点である。仮にここで一段高くし
なければ，同じ高さが続いてひとつの音のつながりになるので，アクセン
トを弱めることになってしまう。

　一方，⑥の意味では，図の ⓕ のように，「読んだ」の［ヨ］を「七日」
の最後にそろえる。図では［ヨ］がすこし高いが，ⓔ の場合に比べればご
くわずかである。これは「読んだ」の高さの動きが直前と一体化するとい
うことなので，そのアクセントを弱めていることになる。

2.3　すぐ前の文節から意味が限定されると
　　　アクセントを弱める規則

　次に，アクセントを弱めるのはどういう場合で，弱めないのはどういう

場合なのかについて説明する。主な決め手になるのは次のふたつである。

・すぐ前の文節から意味が限定されているかどうか（意味の限定）。
・伝えたい気持ちが強いかどうか（フォーカス）。

まず「意味の限定」から説明する。

2.3.1　意味の限定とアクセントの弱め

■意味の限定とは

　例として「🎧道に白い花が咲いていた」と言うことを考える。ここで「白い花」というのは，「花といってもさまざまなものがあるが，その中でも色が白いもの」を指している。つまり，「花」ということばが実際に何を指すのか可能性はいくつもあるが，いま言っている文では，ほかの色の花でも単なる花でもなく白い花だと限定している。このような場合，「白い」という文節が「花」の意味を限定していると言うことにする。そして，すぐ前の文節（ここでは「白い」）から意味が限定される単語（ここでは「花」）は，その単語が入っている文節全体（「花が」）のアクセントを弱める形で発音する。つまり，［シ￣ロ￣イ　ハ￣ナ￣ガ］となる。発音例の実際の高さの動きが図 2-4 である。

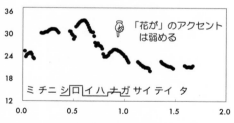

図 2-4　「道に白い花が咲いていた」の高さの動き

■意味が限定されるとアクセントを弱める理由

　意味が限定されるとなぜアクセントを弱めるのかと言うと，意味のまとまりを音のまとまりとしても表現するためだと考えるとよい。「白い花が」は「白い」が「花」の意味を限定することで全体がひとつの意味のまとま

コラム5　日本語のイントネーションのしくみ

　日本語の文内のイントネーションは，文のそれぞれの文節のアクセントを，あるときは弱めて発音し，あるときは弱めないで発音し，またあるときは強めて発音するということでできあがっている[11]。そして，これに文の最後や文節の最後で音を上げ下げする動き，つまり末尾のイントネーションが加わる。これが基本部分で，これにさらに感情や態度などを反映する部分が加わる[12]。基本部分のしくみが下の図である。私はこれを「日本語イントネーションの『アクセント連結モデル』」と呼んでいる。

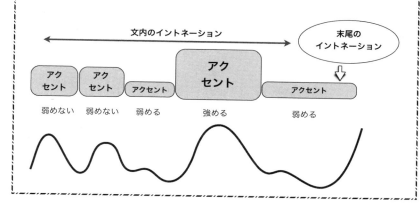

りになっているが，「花が」のアクセントを弱めてその高さの動きを目立たなくすることで，高さの点でも全体がひとつのまとまりになる。つまり，［シ￢ロ￢イ￢ハ￢ナ￢ガ］と言うことでその全体がひとまとまりだと感じられる。もし，「花が」のアクセントを弱めないで［シ￢ロ￢イ￢ハ￢ナ￢ガ］と言うと，同じ高さの山がふたつできることになって，全体でひとまとまりにならない。これは「花」であることを強調するときの言いかたになる。

■意味が限定されなければアクセントは弱めないこと（その1）

　ところが，同じ「白い」でも，「🎧道に白い雪が積もっていた」と言うときは話が違う。ここでは，「雪といってもさまざまなものがあるけれども，その中でも白いもの」という意味で「白い」と言っているわけではない。雪は白いのがふつうだからである。ここでは，「白い」を取り去って

単に「道に雪が積もっていた」と言っても，文が伝える内容に変わりはない。それは，この場合の「白い」が「雪」の意味を限定していないからである。「白い」ということばをわざわざ言うのは，雪が積もっている情景を聞き手の頭の中にイメージとして浮かびあがらせたいからである。つまり，ここでは「雪」というものの性質を思いおこさせるための補足として「白い」と言っている。そして，すぐ前の文節（ここでは「白い」）から意味が限定されない単語（雪）は，その単語を含む文節全体（雪が）のアクセントを弱めない形で発音する。そのため，この例では ［シ￣ロ￣イ ユ￣キ￣ガ］となる。つまり，「白い」と「雪が」は高さの動きとしてひとつにまとまらないということである[13]。発音例の実際の高さの動きが図2-5になる。

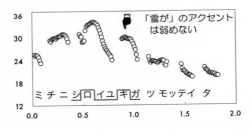

図2-5 「道に白い雪が積もっていた」の高さの動き

もしここで「雪」のアクセントを弱めて ［シ￣ロ￣イ ユ キ￣ガ］と言うと，「白い」ことを強調するやや特殊な言いかたになる。

いま見たような「白い」の働きの違いが，「白い花が」では「花が」のアクセントを弱め，「白い雪が」では「雪が」のアクセントを弱めないということを決めている。その結果，ふたつの文の文内のイントネーションが変わってくるのである。「白い」自体のアクセントは変える必要はない。

■意味が限定されなければアクセントは弱めないこと（その2）

「道に白い花が咲いていた」でも「道に白い雪が積もっていた」でも，「道に」と「白い」の関係を考えると，どのように「白い」のかを「道に」が説明しているわけではない。つまり「道に」は「白い」の意味を限定していない。そのため「白い」のアクセントは弱めない。

■「修飾」と「意味の限定」の違い

　ここまでの「意味の限定」の説明を読んで，文法用語の「修飾」との違いがわかりにくいと感じる方もいるだろう。実際，さきほど「白い花」では「白い」が「花」の意味を限定していると言ったが，同時に「白い」は「花」を修飾している。では，なぜここで「修飾」ということばを使わないで「意味の限定」と言うかというと，「白い雪」の「雪」のように，修飾されていても意味が限定されていないことがあるからである。そういう場合の「雪」は，修飾されていないときと同じく，アクセントを弱めない。したがって，修飾されているかどうかではなく，意味として限定されているかどうかがイントネーションを決めているのである[14]。

　「白い雪」の「白い」は「雪」の意味を限定していないということは，雪は白いという知識があってはじめてわかることである。つまり，文内のイントネーションは，形容詞だからこうだとか，助詞の「の」があるからこうだとかいうように文法の規則で決まっているのではなく，意味として限定関係があるかどうかで決まる。

　ただ，修飾されているならば意味が限定されている場合が多いのは事実である。そのあたりのことをもうすこし説明しておこう。

■意味の限定の種類

　ここで言っている意味の限定というのは，ある単語について，それが指し示すものや，それがあらわす動作や状態のありかたを限定することである。しかし，この説明だと抽象的なので，タイプ別に例とともに説明する。

・ ㋐《形容詞類＋名詞》

　「白い花」は，形容詞（白い）が名詞（花）の指し示す対象がどのようなものかを限定している例である。ふつう，形容詞が名詞のすぐ前にあるときは，その形容詞は名詞の指し示す対象を限定している。

　いま，形容詞と書いたが，これは「白い」とか「うれしい」のような「い」で終わる形容詞だけでなく，「はでな」「静かな」のように，最後が「な」の形で名詞に続く形容動詞や，「この・あの・その」とか「あらゆ

る」のような連体詞と言われるもの，そして「帰る時間」の「帰る」のような動詞の連体形も同じである。本書での説明の便宜として，こうしたものをまとめて形容詞類と言うことにする。

しかし，《形容詞類＋名詞》でも名詞が限定されない場合がある。さきほどの「白い雪」がそれで，ここでは形容詞類（白い）が名詞（雪）の意味を補足するだけで，限定していない。こういうものの見分けかたとして，「白い雪が積もっていた」なら単に「雪が積もっていた」と言っても文が伝える内容に変わりはないが，それと同じように，形容詞類を取り去っても文が伝える内容に変わりがないなら，その形容詞類は限定の働きをしていないということになる。この種の例外としてほかにどのようなものがあるかは，第3章（p. 63）で説明する。

・イ 《名詞＋の＋名詞》

これは，「きょうの天気」あるいは「海の生き物」のようなもので，あとの名詞が指し示す対象を最初の名詞が限定している。天気，生き物といっても実際にどんなものを指しているのか可能性はいくつもあるが，それを，「きょうの」「海の」という形で限定しているということである。

しかし，《名詞＋の＋名詞》でもあとの名詞が限定されない場合がある。その一例が，小説の意味の「夏目漱石の『坊ちゃん』」である。最初の名詞（夏目漱石）はあとの名詞（『坊ちゃん』）の意味を補足するだけで，限定していない。見分けかたは，小説の話であれば，「夏目漱石の『坊ちゃん』に出会った」も「『坊ちゃん』に出会った」も文が伝える内容に変わりはないが，それと同じように，最初の名詞（＋の）を取り去っても文が伝える内容に変わりがないなら，最初の名詞（＋の）は限定の働きをしていないということになる。この種の例外としてほかにどのようなものがあるかは，やはり第3章（p. 63〜64）で説明する。

・ウ 《副詞類＋形容詞類》

「いつも寒い」のように，形容詞類（寒い）の前に状態や程度をあらわす副詞（いつも）があるときも意味の限定関係がある。「すごく熱い」の

ような，形容詞の連用形（すごく）が前にあるときも同じである。まとめて副詞類と呼んでおく。

　しかし，形容詞の意味を限定しない副詞類もある。それは，「どうせまずい」の『どうせ』，「当然すくない」の「当然」など，取り去ってもその文が伝える内容の実質に変わりがないものである。

・エ《副詞類＋動詞》

　「ゆっくりしゃべる」とか「速く走る」のように，動詞（しゃべる，走る）の前に状態や程度をあらわす副詞類（ゆっくり，速く）があるときも意味の限定関係がある。

　しかし，動詞の意味を限定しない副詞類もある。それは，「あいにく帰りました」の「あいにく」，「まるで生きてるようだ」の「まるで」，「実は困ってるんです」の「実は」のように，取り去ってもその文が伝える内容の実質に変わりがないものである。

　副詞類ではないが「走って帰る」とか「歌いながら踊る」のように動詞が続く場合でも，あとの動詞があらわす動作のありかたを最初の動詞が限定することがある。

・オ《名詞＋助詞＋動詞》

　これは，「犬がいる」「食事をする」「5時に起きる」のようなものである。こうした表現では，動詞があらわす動作や状態（いる，する，起きる）のありようの可能性がいくつもあるところを，「犬が」「食事を」「5時に」という形で限定している。

　「鼻が高い」のような《名詞＋が＋形容詞類》の場合でも同じである。「鼻が高い」は，高いものが何なのかを「鼻が」が限定している[15]。

練習問題 1 限定しているか，いないか

　次の 10 種類の表現では，記号↔の前後に意味の限定関係はあるだろうか（答えと解説は p. 187）。

　　（1）広い↔リビング　　　　　　（2）広い↔宇宙

(3) 黒い↔犬 　　　　　　(4) 黒い↔カラス

(5) 東京の↔町並み 　　　　(6) 東京の↔世田谷

(7) 有名な↔絵画 　　　　　(8) 有名な↔銀閣寺

(9) 楽しみながら↔働く 　　(10) 起きて↔働く

■意味の限定が続くとき

「白い花」と言うとき，「白い」は「花」の意味を限定している。そのため「花」のアクセントは弱める。では，これに「咲く」を続けた「🎧白い花が咲く」はどう考えればよいだろうか。

ここでは「白い花が」全体が「咲く」の意味を限定しているので，「咲く」のアクセントも弱める。このように，隣どうしで意味の限定の関係がある文節（白い花が）は，その全体とそのあとの単語（咲く）との意味の関係を考えて，あとのアクセントを弱めるかどうかを判断する。

結局，「白い花が咲く」では意味の限定関係が続くことになるので，アクセントもそのたびに弱める。この場合はアクセントの山の抑えが繰り返され，山がどんどん低くなる。ただし，1 回めの抑えと 2 回めの抑えによる山の高さの違いを線で書いてもわかりにくいので，便宜的に ［シ￢ロイ ハ￢ナ￢ガ サ￢ク］ と書いておく。

「🎧道に咲く花」だと「道に」が「咲く」の意味を限定し，「道に咲く」が「花」の意味を限定している。この場合は，アクセントの性質のために文節の始まりの高さをそのすぐ前にそろえることが続くので，発音は ［ミ￢チニ サク ハナ］ となる。

しかし，「🎧その白い花」と言う場合はすこし話が違う。ここでは，「その」が「白い花」全体の意味を限定している。限定関係のまとまりは「その【白い花】】」である。イントネーションを考える上で大事なのは，ひとつの単語がすぐ前の文節（群）から意味が限定されているかどうかである。つまり，「その白い花」のイントネーションを考えるときは，まず「その」と「白い」の関係だけを考える。「その」はどのように「白い」かを説明しているわけではないので，「その」と「白い」には直接の意味の限定関係がないと考え，「白い」のアクセントは弱めない。そしてその次

に「白い」と「花」の関係を考える。すると，「白い」は「花」の意味を
限定しているから，アクセントを弱めるのは「花」だけになり，全体の発
音は ［ソ￩ノ￩シ￩ロ￩イ ハ￩ナ］ となる。

　「道に咲く白い花」なら「道に咲く」が「白い花」全体の意味を限定し
ている。「道に咲く」は「白い」の意味を限定しているわけではないので，
そこには直接の限定関係がないと考え，「白い」のアクセントは弱めない。
全体の発音は ［ミ￩チニ サク シ￩ロ￩イ ハ￩ナ］ となる。

■あいまい文の言い分けと意味の限定

　さきほど見たようなあいまい文が言い分けできるのも，意味の限定のし
かたが違うからである。「けさ買ったばかりの傘をなくした」を②の《傘
を買ったのがけさ》の意味で言うときには，「けさ」が「買ったばかり」
とはいつかを限定している。そして，「買ったばかりの」が「傘」の意味
を，「買ったばかりの傘を」が「なくした」の意味を限定している。その
ため，「買ったばかりの」「傘を」「なくした」のアクセントを弱める。

　これに対して，①の《傘をなくしたのがけさ》の意味では，「けさ」は
「買ったばかり」とはいつかを限定していない。そのため「買ったばかり
の」のアクセントは弱めないのである。

2.3.2　意味の限定関係を見て文内のイントネーションをつける手順

　ここまでで，意味の限定と文内のイントネーションの関係を一応説明し
たことになる。では実際の文章に文内のイントネーションをつけてゆくと
きはどうすればよいか。その手順をまとめておく。

■意味が限定されているかどうかのチェック

　まず，ひとつひとつの単語の意味がそのすぐ前の文節から限定されてい
るかどうかを，文の最初から順番に考えてゆく。

　意味の限定関係があることが多いのは，表2-1にまとめた⑦〜②の場
合である。ただし，例外として書いた「白い雪」「夏目漱石の『坊ちゃ
ん』」「あいにく帰りました」のように，前の文節が意味を補足しているだ

けの場合は限定関係がない。見分けかたとしては，前の文節を取り去っても伝える内容の実質が変わらないなら限定していない。また，「道に白い花が咲いていた」の「道に」と「白い」のあいだにも限定関係はない。

表 2-1　意味の限定関係があることが多い組み合わせ

> ㋐ 形容詞類＋名詞：「白い花」「はでなシャツ」「この人」「帰る時間」など
> 　　例外：「白い雪」など
> ㋑ 名詞＋の＋名詞：「きょうの天気」「海の生き物」など
> 　　例外：「夏目漱石の『坊っちゃん』」など
> ㋒ 副詞類＋形容詞類：「いつも寒い」「すごく熱い」など
> 　　例外：「どうせまずい」「当然すくない」など
> ㋓ 副詞類＋動詞：「ゆっくりしゃべる」「速く走る」など
> 　　例外：「あいにく帰りました」「まるで生きてるようだ」など
> ㋔ 名詞＋助詞＋動詞，名詞＋が＋形容詞類：「犬がいる」「食事をする」「5 時に起きる」「鼻が高い」など

■アクセントを弱めるかどうかとアクセントの弱めかたの決定

　次に，ひとつひとつの文節のアクセントを弱めるかどうかを考えていく。ある単語の意味がそのすぐ前の文節から限定されていたら，その単語を含む文節のアクセントを弱める。限定されていなければ弱めない。文の最初の文節のアクセントも弱めない。

　弱めかたは，すでに説明したとおり，隣りあう文節のそれぞれのアクセントの型によって違う。これを表 2-2 にまとめた。

■注意点

　文内のイントネーションをつけるときに注意することが 3 点ある。

注意Ａ：文の最初から順番に，直後の単語との関係だけを考えること

　すでに説明したように，「その白い花」では「その」が「白い花」全体

表2-2　アクセントの型の組み合わせと, イントネーションのつけかた

◆すぐ前の文節にアクセントの下げがある場合

　つまり, 前の文節が頭高型か中高型か尾高型の場合:「けさ」
［ケ サ］など。

　この場合, あとの方の文節のアクセントを弱めないというのは, それだけを取り出して発音するときの高さの動きをそのまま続けること（下のⓐ）。

　一方, あとの方の文節のアクセントを弱めるというのは, その高さの山を低めに抑えること（下のⓑ）。

ⓐ　弱めない　　ケ サ カッ タバ カリノ
（けさ買ったばかりの）

ⓑ　弱める　　ケ サ カッ タバ カリノ
（けさ買ったばかりの）

◆すぐ前の文節にアクセントの下げがない場合

　つまり, 前の文節が平板型の場合:「七日に」［ナ ノカニ］など。

　この場合, あとの方の文節のアクセントを弱めないというのは, それだけを取り出して発音するときの高さの動きをそのまま続けること（ⓒ）。ただし, あとの方の文節のアクセントが頭高型など最初から高い場合は（「読んだ」など）, そのすぐ前よりも一段高くなることに注意（ⓔ）。

　一方, あとの方の文節のアクセントを弱めるというのは, その最初の高さを, 前の文節の最後の高さと同じにそろえること（ⓓとⓕ）。

ⓒ　弱めない　　ナ ノカニ カッ タバ カリノ
（七日に買ったばかりの）

ⓓ　弱める　　ナ ノカニ カッタバ カリノ
（七日に買ったばかりの）

ⓔ　弱めない　　ナ ノカニ ヨ ンダバカリノ
（七日に読んだばかりの）

ⓕ　弱める　　ナ ノカニ ヨ ンダバカリノ
（七日に読んだばかりの）

の意味を限定している。しかし, イントネーションをつけるときには, 文の最初から順番に次との関係だけを考えてゆくので, ここでは「その」と

その直後の「白い」だけの関係を考える。すると，「その」は「白い」を限定していない。そして，その次に「白い」と「花」の関係を考える。すると，「白い」は「花」の意味を限定している。したがって，「その白い花」でアクセントを弱めるのは「花」だけとなる。

注意B：限定関係がある２文節は１セットと考え，その全体と次との関係を考えること

「白い花が咲く」では「白い」は「花」を限定しているが，そのあとのイントネーションをつけるときには，「白い花が」を１セットと考えて，それと次の「咲く」の関係を考える。「白い花が」が「咲く」の意味を限定しているので，「咲く」のアクセントは弱める。

「変わった形の建物」でも，「形の」ではなく「変わった形の」が「建物」の意味を限定しているので，「変わった形の」を１セットで考える。

注意C：補助動詞はアクセントを弱め，直前の動詞と１セットで考えること

「（…して）いる」とか「（…して）くる」「（…して）しまう」「（…して）みる」「（…して）もらう」などの補助動詞とその活用形はアクセントを弱める。そして，すぐ前の動詞とでひとまとまりのものとし，その全体とその前後の意味の限定関係を考える。

たとえば，「🎧帰ってくる時間」は，中学校で習う文法では「帰って」「くる」「時間」という３つの文節に分けるが，イントネーションを考える上では，まず補助動詞「くる」のアクセントを弱めて「帰ってくる」[カ エッテ クル]というひとまとまりとする。そして次に「帰ってくる」全体と「時間」との関係を考える。すると，「帰ってくる」は「時間」がどういうものかを限定しているので，「時間」のアクセントを弱めて[カ エッテ クル ジ カン]とする。「🎧本を読んでみる」なら文節は「本を」「読んで」「みる」という３つに分かれることになっているが，まず補助動詞「みる」のアクセントを弱めて「読んで」とセットで[ヨン デ ミル]とし，それと「本を」との関係を考える。すると，「読んでみ

る」のが何なのかを「本を」が限定しているので，「読んでみる」のアクセントを弱めて ［ホ｜ンオ 　ヨ｜ンデ｜ミ｜ル］ とする。

練習問題2 アクセントの組み合わせとイントネーションのつけかた

　次の6つの文の太字部分はどんなイントネーションになるだろうか。表2-2を見ながら考えてほしい。（1）から（3）はふたつの文節のあいだに意味の限定の関係があるもので，（4）から（6）は限定の関係がないもの。かっこの中は，文節をひとつひとつ分けて言うときの高さの動き，つまりアクセントである（答えと解説は p. 187）。

　（1）広いリビングが（ヒ｜ロイ　リ｜ビングガ）ほしい。

　（2）東京の町並みが（ト｜ーキョーノ　マ｜チナミガ）見える。

　（3）有名な絵画を（ユ｜ーメーナ　カ｜イガオ）見る。

　（4）美術館で絵画を（ビ｜ジュツ｜カンデ　カ｜イガオ）鑑賞する。

　（5）東京の世田谷に（ト｜ーキョーノ　セ｜タガヤニ）住んでいる。

　（6）あした京都に（ア｜シタ　キョ｜ートニ）行く。

2.3.3　短い文章へのイントネーションのつけかたの実際

　では，いま見たまとめを参考にしながら，次の文章に文内のイントネーションをつけてみよう。

ハ｜ルヤ｜スミニ　リョ｜ーシント　チュ｜ーゴクノ　シャ｜ンハイニ　イ｜キマ｜シタ
春休みに　　　両親と　　　　　中国の　　　　上海に　　　　行きました。

シャ｜ンハイニワ　カ｜ワッタ　カ｜タチノ　タ｜テモノガ　ア｜リマ｜シタ
上海には　　　　変わった　形の　　　　建物が　　　ありました。

ソ｜コデ　リョ｜ーシント　ショ｜クジオ　シ｜マ｜シタ
そこで　両親と　　　　食事を　　　しました。

　それぞれの文節の上にアクセントを書いておいたが，これらを文としてどうつないでいくかを以下に説明してゆく。このぐらいの文章なら，いちいち手順を考えなくても直感的に正しい文内のイントネーションをつけら

れる人はたくさんいるだろう。しかし，直感的にできてしまう方も，知識を整理するために読んでいただきたい。

■「春休みに両親と中国の上海に行きました。」

ひとつひとつの単語がそのすぐ前の文節から意味が限定されているかどうかを文の最初から順に考えながら，文内のイントネーションをつけてゆく。文の最初の文節のアクセントは弱めない。以下の四角で囲んだのが，1回の作業の対象部分になる。

《春休みに》↔《両親》と 中国の 上海に 行きました。

　　まず，文の最初と2番めの文節に注目し，↔の前後の「春休みに」という文節と「両親」という単語の関係を考える。「春休みに」はどんな「両親」かという意味を限定しているわけではないので，「両親と」のアクセントは弱めない。「春休みに」にはアクセントの下げがあるので，高さの動きは表2-2の@をあてはめる。「両親と」をそれだけ発音するときの高さの動きをそのまま続けるだけなので，この部分の高さの動きは次のようになる。「春休みに」は文の最初の文節なのでアクセントは弱めない。

　　ハ｜ルヤ｜スミニ　｜リョ｜ーシント

春休みに 《両親と》↔《中国》の 上海に 行きました。

　　次に，文の2番めと3番めの文節に目を移し，↔の前後の「両親と」と「中国」の関係を考える。「両親と」は「中国」の意味を限定していないので，「中国の」のアクセントは弱めない。「両親と」にアクセントの下げがあるので，高さの動きは表2-2の@をあてはめる。

　　リョ｜ーシント　｜チュ｜ーゴクノ

春休みに 両親と 《中国の》↔《上海》に 行きました。

　　文の3番めと4番めの文節に目を移し，↔の前後の「中国の」と「上海」の関係を考える。「中国の」は「上海」の意味を限定していないので，「上海に」のアクセントは弱めない。「中国の」にアクセント

の下げがあるので，高さの動きは表 2-2 の@をあてはめる。

チュ￢ーゴクノ　シャ￢ンハイニ

〈解説〉この文の意味は，「上海」といってもいろいろあるけれども，ほかの上海ではなく中国の上海に行ったということではない。「中国の」は「上海」がどこにあるかを補足して説明しているだけで，意味を限定していない。この文から「中国の」を取り去って，「春休みに両親と上海に行きました」と言っても同じことである。したがって「上海に」のアクセントは弱めない。

春休みに　両親と　中国の　《上海に》↔《行きました》。

　　最後に，「上海に」と「行きました」の関係を見る。ここでは，どこに行ったのかを「上海に」が限定している（表 2-1団）。そのため，「行きました」のアクセントは弱める。「上海に」にはアクセントの下げがあるので，高さの動きは表 2-2 の⑥をあてはめることになる。具体的には，「行きました」の［キマ］を低く抑える。

シャ￢ンハイニ　イ￢キマ￢シタ

結局，この文全体の高さの動きは次のようになる。

ハ￢ルヤ￢スミニ　リョ￢ーシント　チュ￢ーゴクノ　シャ￢ンハイニ
イ￢キマ￢シタ

アクセントを弱めるかどうかだけを記号で原文に書きこむと，次のようになる。∧は弱めない印，◡は弱める印。

　　∧　　　∧　　∧　　∧　　◡
　春休みに両親と中国の上海に行きました。

■「上海には変わった形の建物がありました。」

《上海には》↔《変わった》　形の　建物が　ありました。

　　↔の前後の関係を考える。両者には意味の限定関係はないので，あとの方の文節「変わった」のアクセントは弱めない。高さの動きは表 2-2 の@をあてはめる。文の最初の文節のアクセントは弱めない。

シャ￢ンハイニワ　カ￢ワッタ

上海には ⟪変わった⟫ ↔ ⟪形⟫ の 建物が ありました。

　　↔の前の文節とあとの単語に意味の限定関係がある（表2-1ⓐ）。そのため，あとの単語がある文節「形の」のアクセントは弱める。「変わった」にはアクセントの下げがないので，高さの動きは表2-2のⓓをあてはめる。そして，このあとのイントネーションを考える際に「変わった形の」を1セットで考える（表2-2のあとの注意**B**）。

　　カ⌐ワッタ　カタチノ

　　〈解説〉どんな「形」なのかを「変わった」が限定しているので，「形の」のアクセントを弱める。「変わった」はアクセントが平板型で下げがないので，「形の」の最初の［カ］の高さを「変わった」の最後の高さにそろえる。そして［カ］から［タ］にかけて音が高くならないようにする。「形の」のアクセントも平板型なので，平らな高さが続くことになる。

上海には ⟪変わった形の⟫ ↔ ⟪建物⟫ が ありました。

　　↔の前の文節群とあとの単語に意味の限定関係がある（表2-1ⓑ）。そのため，あとの方の文節「建物が」のアクセントは弱める。「形の」にアクセントの下げがないので，高さの動きは表2-2のⓓ。そして，このあとのイントネーションを考える際に「変わった形の建物が」を1セットで考える。

　　カ⌐ワッタ　カタチノ　タテ⌐モノガ

　　〈解説〉前の文で説明したように，ここでは1セットにした「変わった形の」と「建物」の関係を考える。どのような建物かを「変わった形の」が限定しているので，「建物が」のアクセントを弱める。「形の」はアクセントが平板型で，下げがないので，「建物」の最初の［タ］の高さを「形の」の最後の高さにそろえる。結局，「変わった」が「形」を限定し，「変わった形の」が「建物」を限定しているので，アクセントの弱めが続くわけである。「変わった」も「形の」もアクセントは平板型なので，［カ⌐ワッタ　カタチノ　タテ⌐モノガ］というように平らな箇所が続く。

上海には ⟪変わった　形の　建物が⟫ ↔ ⟪ありました⟫。

　　↔の前後に意味の限定関係がある（表2-1ⓒ）。そのため，あとの方の文節「ありました」のアクセントは弱める。「建物が」にアクセントの下げがあるので，高さの動きは表2-2のⓑ。

カ￢ワッタ カタチノ タテ￢モノガ ア￢サマ￢シタ

〈解説〉こんどは「変わった形の建物が」全体と「ありました」の関係を考える。「ありました」には，何があったのか，いつあったのか，どこにあったのか，どのような感じであったのかなどさまざまな可能性があるわけだが，それを「変わった形の建物が」が限定している。そのため，「ありました」のアクセントを弱める。

この文全体の高さの動きは次のようになる。

シャ￢ンハイニワ カ￢ワッタ カタチノ タテ￢モノガ ア￢サマ￢シタ

アクセントを弱めるかどうかだけを記号で原文に書きこむと：

∧　　　　∧　　　　⌣　⌣　　⌣
上海には変わった形の建物がありました。

■「そこで両親と食事をしました。」

《そこで》↔《両親》と 食事を しました。

　↔の前の文節とあとの単語に意味の限定関係はないので，あとの方の文節「両親と」のアクセントは弱めない。「そこで」にアクセントの下げがないので，高さの動きは表2-2の⒠をあてはめることになる。文の最初の文節のアクセントも弱めない。

ソ￢コデ リョ￢ーシント

〈解説〉「そこで」のアクセントが平板型で最後の［デ］がもともと高く，「両親と」のアクセントが頭高型なので，「両親と」の最初の［リョ］をすぐ前の［デ］より高くすることに注意。

そこで 《両親と》↔《食事》を しました。

　↔の前後に意味の限定関係はないので，あとの方の文節「食事を」のアクセントは弱めない。「両親と」にアクセントの下げがあるので，高さの動きは表2-2の⒜をあてはめる。

リョ￢ーシント ショ￢クジオ

〈解説〉「両親と」は「食事」がどのようなものかを限定していない。もし「両親との食事」なら「両親との」が「食事」がどのようなものかを

　　　限定していることになるが，ここは違う。

そこで　両親と　《食事を》↔《しました》。

　　　↔の前後に意味の限定関係がある（表2-1団）。そのため，あとの方
　　の文節「しました」のアクセントは弱める。「食事を」にアクセント
　　の下げがないので，高さの動きは表2-2の⑪をあてはめる。

　　　ショ┐クジオ　シマ┐シタ

　　〈解説〉何をしたかを「食事を」が限定している。

　　この文全体の高さの動きは次のようになる。

　　　ソ┐コデ　リョ┌ーシント　ショ┐クジオ　シマ┐シタ

　　アクセントを弱めるかどうかだけを記号で原文に書きこむと：

　　　　∧　　　∧　　　∧　　　⌣

　　　そこで両親と食事をしました。

練習問題3 イントネーションをつけてみよう（桃太郎）

　　　昔話『桃太郎』の冒頭である[16]。最初にそれぞれの文節のアクセント
　　を書いておいた。では，文としての高さの動きはどうなるだろうか。隣ど
　　うしの意味の限定関係を文の頭から考えていき，カタカナ書きの文に線で
　　書きこんでほしい（答えと解説は p. 187）。

　　　ム┐カシムカシ　オ┐ジ┌ーサント　オ┐バ┌ーサンガ　ア┐リマ┐シタ
　　　昔々　　　　　　おじいさんと　　おばあさんが　　ありました。

　　　　ムカシムカシ　オジーサント　オバーサンガ　アリマシタ

　　　オ┐ジ┌ーサンワ　ヤ┐マエ　シ┐バカ┐リニ　イ┐キマ┐シタ
　　　おじいさんは　山へ　　柴刈りに　　行きました。

　　　　オジーサンワ　ヤマエ　シバカリニ　イキマシタ

　　　オ┐バ┌ーサンワ　カ┐ワエ　セ┐ンタクニ　イ┐キマ┐シタ
　　　おばあさんは　川へ　　洗濯に　　行きました。

オバーサンワ　カワエ　センタクニ　イキマシタ

オ┐バ￣ーサンガ　カ┐ワ┌デ　セ┐ンタクオ　シ┐テ　イ┌ルト
おばあさんが　川で　　洗濯を　　して　　いると,

オバーサンガ　カワデ　センタクオ　シテ　イルト

カ┐ワカミカラ　オ┐ーキナ　モ┐モガ　ド┐ンブリコ　ド┐ンブリコト　ナ┐ガレテ
川上から　　大きな　　桃が　　どんぶりこ　どんぶりこと　流れて

キ┐マ┌シタ
きました。

カワカミカラ　オーキナ　モモガ　ドンブリコ　ドンブリコト　ナガレテ
キマシタ

オ┐バ￣ーサンワ　ソ┐ノ　モ┐モオ　ヒ┐ロッテ　ウ┐チエ　カ┐エリマ┌シタ
おばあさんは　その　桃を　　拾って　　家へ　　帰りました。

オバーサンワ　ソノ　モモオ　ヒロッテ　ウチエ　カエリマシタ

2.4　フォーカスがある文節はアクセントを弱めず,そのあとを弱める規則

　アクセントを弱めるか弱めないかの大きな決め手がもうひとつある。それが「フォーカス」である。ごく平たく言うと「強調したい箇所」のことだが,強調ということばは非常に身近な分,意味が広くてあいまいなので,誤解を避けるためにここではフォーカスということばを使う。

2.4.1　フォーカスとアクセントの強弱
■フォーカスとは
　文の中で伝えたいという気持ちが特に強い語句にはフォーカス（訴えかけの焦点）があると言う。話し手の立場からすると,伝えたいという気持

ちが特に強い語句にフォーカスを置くということになる[17]。

　フォーカスを置くのは，下の例1，2の「くずれにくい」「3時」のように新しく重要な情報をあらわす単語や文節のこともあれば，例3の「旅」のように，別のものと対比させて言う単語のこともある。また，フォーカスは単語の一部や助詞に置くこともあるし，文節と単語が続く語句の全体に置くこともある。

例　1. 木綿豆腐はくずれにくいのが特徴です。（料理番組で，材料に木綿豆腐を使うことを説明したあとで）

　　2. 会議は3時からです。（「会議は何時からですか」と聞かれて）

　　3. 旅行ではなく旅を私はしたい。（自由がない感じがする「旅行」と，気ままな感じがする「旅」を比べた上で，「旅」を選んでいる）

 ■「きょうはレモンでゼリーを作ったんです」のフォーカスの言い分け

　フォーカスと文内のイントネーションの関係を，まず「きょうはレモンでゼリーを作ったんです」という文で見てみよう。

　この文を，「自分はゼリー作りが趣味だが，今回はレモンを使って作ってみた」というような状況で言うとしよう。その場合，しっかりと伝えたいのは「レモンで」である。したがって，そこにフォーカスを置く。そのときのイントネーションは下に書いたものになる。

弱めない
〜強める　　　弱める　　　　弱める

キョ￢ーワ　│レ￢モンデ　┐ゼ￢リ￢ーオ　ッ┐ク￢ッタンデス

（きょうはレモンでゼリーを作ったんです）

　フォーカスをひとつの単語や文節に置くときは，フォーカスがある文節のアクセントは弱めない。単に弱めないだけでなく，強めることも多い（上の発音例は強める言いかた）。また，ややゆっくりめに，ていねいに言う[18]。そして，フォーカスのあとのアクセントを大きく弱めて平坦に近い形にし，それをやや速めに，さらっと言う。ただ，特に文章を読みあげる場合は，フォーカスのあともちゃんと聞き取れる程度にていねいに言う必要がある。発音例の実際の高さの動きが図2-6の左である。

ところが，同じ文を「自分はレモンでジュースばかり作ってきたが，今回はゼリーに挑戦した」という状況で言う場合はどうだろうか。この場合は「ゼリーを」がしっかりと伝えたいところなので，そこにフォーカスを置く。イントネーションは下に書いたものになる。

弱めない
〜強める 🖐弱める

キョ ー ワ レ モ ン デ ゼ リ ー オ ツ ク ッ タ ン デ ス

（きょうはレモンでゼリーを作ったんです）

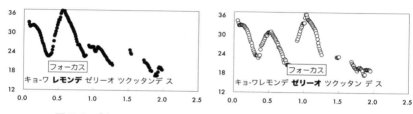

図2-6 「きょうはレモンでゼリーを作ったんです」の高さの動き
左は「レモンで」にフォーカス，右は「ゼリーを」にフォーカスを置いた発音

ここも，フォーカスがある文節のアクセントは弱めない，または強める（上の発音例は強める言いかた）。また，そこをややゆっくりめに，ていねいに言う。そして，フォーカスのあとのアクセントを大きく弱め，それをやや速めに言う。発音例の実際の高さの動きが図2-6の右である。

■「きょうは豚肉で肉じゃがを作ったんです」のフォーカスの言い分け

言い分け
中級

では，「きょうは豚肉で肉じゃがを作ったんです」という文だとどうだろうか。もしこの文を「家ではふつう肉じゃがには牛肉を使うが，今回は豚肉を使ってみた」という状況で言うなら，「豚肉で」にフォーカスを置く。イントネーションは下に書いたものになる。

弱めない
〜強める 👉弱める 👉弱める

キョ ー ワ ブ タ ニ ク デ ニ ク ジャ ガ オ ツ ク ッ タ ン デ ス

（きょうは豚肉で肉じゃがを作ったんです）

　ここでもフォーカスがある文節のアクセントは弱めない，または強める（上の発音例は強める言いかた）。また，そこをややゆっくりめに，ていねいに言う。そして，フォーカスのあとのアクセントを弱め，それをすこし速めに言う。ここでは，「豚肉で」も「肉じゃがを」もアクセントは平板型で下げがないので，［タニクデ　ニクジャガオ　ツク］の部分全体が高く平らに続くことになる。それが「豚肉で」にフォーカスを置くときの発音なのだが，そのことが「レモンでゼリー」の場合と違って感覚的にわかりにくいかもしれないので注意してほしい。発音例の実際の高さの動きが図2-7の左である[19]。

　ところが，これを「豚肉はいつもはトンカツや生姜焼きにするが，きょうは肉じゃがを作ってみた」という状況で言うならば，「肉じゃがを」にフォーカスを置く。イントネーションは下に書いたものになる。

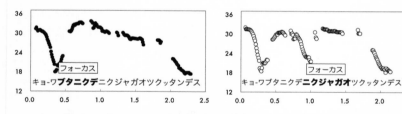

（きょうは豚肉で肉じゃがを作ったんです）

図2-7　「きょうは豚肉で肉じゃがを作ったんです」の高さの動き
　　　左は「豚肉で」にフォーカス，右は「肉じゃがを」にフォーカスを置いた発音

　ここでも，やはりフォーカスがある文節のアクセントは弱めない，または強める（上の発音例は強める言いかた）。また，そこをややゆっくりめに，ていねいに言う。そして，フォーカスのあとのアクセントを弱め，それをやや速めに言う。発音例の実際の高さの動きが図2-7の右である。

2.4.2 フォーカスとアクセントの強弱：補足

■フォーカスのあとのアクセントを弱めることの重要性

　フォーカスのあとにある語句のアクセントは，その文の最後まで弱めて平坦に近い形にし，それをやや速めに，さらっと言う[20]。フォーカスが文のどこにあるかを聞き手にわかってもらうためには，つまり，話し手が特に何を伝えたいのかがわかるようにするには，フォーカスのあとのアクセントを弱めることが肝心である。

■フォーカスがある文節自体のアクセントはかならずしも強めなくてよいこと

　伝えたいという気持ちが非常に強ければ，フォーカスがある文節のアクセントは強める。ただ，そこを強めなくても，そのあとのアクセントを弱めさえすればそこにフォーカスがあると感じられる[21]。

・特に文末のフォーカスは強めないでよいこと

　文末にフォーカスを置くときは，そのアクセントを強めるということをあまりしない。文末はその直前から意味が限定されているのがふつうなので，アクセントも弱められるのがふつうであるから，アクセントを弱めないで言うだけで，そこにフォーカスがあることがわかる。

　童話作家，新美南吉の代表作で，小学校の教科書にも使われている『ごん狐』の一節に，「雨があがると，ごんは，ほっとして穴からはい出ました」という文がある。雨のあいだは穴の中にいたが，そこから出たことを説明している。したがって，フォーカスは最後の「はい出ました」に置いて読むことになるが，後半部分のイントネーションは [🎧ゴ｜ンワ ホッ｜トシテ ｜ア｜ナ ｜カラ ｜ハイデマ｜シタ] でよい。

■プロミネンスという言いかたについて

　フォーカスを置くときにアクセントを強めることを「プロミネンス」または「卓立」と呼ぶことがある。しかし，すでに説明したように，フォーカスがあればかならずアクセントを強めないといけないわけではない。強

めるかどうか，どの程度強めるかは，伝えたい気持ちの強さしだいである。むしろ，フォーカスがどこにあるかを聞き手にわかってもらうためには，そのあとのアクセントを弱めることが大切である。「プロミネンス」「卓立」という言いかただとそうしたことがわからないので，本書では用いない22)。

■フォーカスがある文節の最後を一段高くきわだたせる発音

　フォーカスがある文節の最後の拍を一段高く言い，そのあとですぐ下げる言いかたがある。書かれた文を読むときや説明口調の話しかたに聞かれる発音である。たとえば「レモンでゼリーを作ったんです」を［🎧レモン↑デ￣ゼ￣リーオ￣ツ￣ク￣ッタンデス］のように言う。これは第5章で説明する「強調型上昇調」を「で」につけたもので，読みに慣れない人に多い。まちがった発音とは言えないが，熟練した読み手は避けている。

練習問題4 イントネーションをつけてみよう（実況中継）

　実況中継風の文章である。それぞれの文節のアクセントを書いておいたので，文としての高さの動きをカタカナ書きの文に線で書きこんでほしい。ここでは特に最後の2文でフォーカスをどこに置くかが問題になる（答えと解説は p. 194）。

コ￣コワ　セ￣タガヤ￣クノ　ア￣ル　カ￣ンセーナ　ジュ￣ータク￣ガイデス
ここは　世田谷区の　　ある　閑静な　　　住宅街です。

　ココワ　セタガヤクノ　アル　カンセーナ　ジュータクガイデス

コ￣ノ　ジュ￣ータク￣ガイノ　イッ￣カクニ　ジョ￣ユーノ　モ￣リタ￣ミ￣ドリサンノ
この　住宅街の　　　　一角に　　女優の　　森田みどりさんの

オ￣タクガ　ア￣リマス
お宅が　　あります。

　コノ　ジュータクガイノ　イッカクニ　ジョユーノ　モリタミドリサンノ

コラム6　フォーカスのあとのアクセントを弱めることの重要性

　フォーカスのあとのアクセントを弱めることの重要性は，文の読みかたやアナウンスのしかたを解説した本にはほとんど書かれていない。そこで，それがなぜ重要なのかを目で見てわかるように説明しておく。例として「きょうはレモンでゼリーを作ったんです」で「レモンで」を文字の大きさを変えて目立たせることを考える。

　　　（1）　きょうは　レモンで　ゼリーを　作ったんです
　　　（2）　きょうは　**レモンで**　ゼリーを　作ったんです
　☞　（3）　きょうは　**レモンで**　ゼリーを　作ったんです
　☞　（4）　きょうは　レモンで　ゼリーを　作ったんです
　　　（5）　きょうは　**レモンで**　ゼリーを　作ったんです

　上の（1）がふつうの書きかたである。（2）は「レモンで」だけを大きく書き，あとはふつうにしている。しかし，「レモンで」が目立つようにするには，それだけではなくその下の（3）のように，「ゼリーを」からあとを小さくしてやる方がずっと効果的である。あるいは，（4）のように「レモンで」の大きさは「きょうは」と同じままで，「ゼリーを」からあとを小さくするだけでも「レモンで」が目立つ。日本語の話し手は，ふだん話すとき無意識に（3）か（4）のような発音をしている。もちろん，（3）と（4）を比べると，（3）の方が「レモンで」を目立たせたい気持ちがいっそう強く感じられるだろう。さらに，（5）のように「きょうは」も小さくすれば「レモンで」がもっと目立つ。発音するときも，よほど強く伝えたいときは（5）のように言うことがあるが，ふつうは（3）か（4）のように言う。

　　オタクガ　アリマス

　モ｜リタサンノ　　オ｜タクワ　　コ｜ノ　　サ｜ンガイダテノ　　タ｜テ｜モノデス
　森田さんの　　お宅は　　この　　3階建ての　　建物です。

　　モリタサンノ　オタクワ　コノ　サンガイダテノ　タテモノデス

　イ｜マ　チョ｜ード　モ｜リタサン　ゴ｜ホ｜ンニンデショ｜ーカ　デ｜テ｜　イ｜ラッシャイ

マ|シタ

いま　ちょうど　森田さん　　ご本人でしょうか　　　出て　いらっしゃいました。

イマ　チョード　モリタサン　ゴホンニンデショーカ　デテ　イラッシャイマシタ

チョッ|ト　オ|ハナシオ　ウ|カガッテ　ミ|マショ|ー

ちょっと　お話を　　　うかがって　みましょう。

チョット　オハナシオ　ウカガッテ　ミマショー

コラム7　書きことばのフォーカス

文章を読む場合，ひとつひとつの文のどこにフォーカスを置くかは，そこでしっかりと伝えるべき語句は何なのかを考えながら，読み手が判断する必要がある。

その際にひとつの手がかりになるのは，省略できない語句はどれかということである。フォーカスを置く語句は省略できない。たとえば，「旅行ではなく旅を私はしたい」では「旅」は省略できない。話しことばなら，場面によっては「旅行じゃなくて旅！」でも十分である。

ただ，特に書きことばの場合は，フォーカスがなくても省略できない語句がある。たとえば「旅を私はしたい」で「したい」とか「私はしたい」を省略してしまうと文とは言えなくなってしまうが，「したい」や「私はしたい」にフォーカスがあるわけではない。書かれた文章のどこにフォーカスを置いて読むべきかを考えるのに役立つヒントは第3章（p. 73以下）にまとめる。

なお，フォーカスをどこに置くかは読み手が考えるということは，同じ文でも読み手によって解釈が違う場合があるということである。文芸作品ではそういうことがよくある。解釈の違いの具体例は，『ごん狐』を例として，第3章（p. 81）で説明する。

読みに役立つ実践知識

◇この章で説明する内容◇

　文が複雑になると，前の章で説明した基本原則だけでは適切な文内のイントネーションがつけにくい場合が出てくる。この章では，文章を読みあげるときに必要な細かい規則や，知っておくと便利なことがらを解説する。

3.1　意味の限定の実践知識

3.1.1　意味の限定が続くとき

　たとえば「ハワイのホテルの料金」という表現では，「ハワイの」が「ホテル」の意味を限定し，「ハワイのホテルの」が「料金」の意味を限定している。このように意味の限定関係が2回以上続くことはよくある。こういうものを読むときも，第2章で説明した規則をあてはめてゆけばよい。このことを，ここですこしくわしく見ておこう。アクセントの下げがある場合とない場合に分けて説明する。

■アクセントの下げがある文節が続く場合

　例　　ハ￣ワイノ　ホ￣テルノ　ショ￣ーキンワ　ニ　マンエンデ￣シタ　（ハワイのホテルの料金は2万円でした）【図3-1】

　「ハワイのホテルの料金」では，「ハワイの」も「ホテルの」も「料金は」も，アクセントはすべて頭高型で，アクセントの下げがある。こういう場合は，まず「ホテルの」のアクセントを弱めて低めにし，「料金は」のアクセントをもう一段低く弱める。1回めの弱めと2回めの弱めによる山の高さの違いを線で書いてもわかりにくいので，ここでは便宜的に［ハ￣ワイノ┌ホ￣テルノ┌リョ￣ーキンワ］と同じ高さで書くが，実際にはだんだんと下がっていくことが図3-1に示した発音例の高さの動きからわかる。

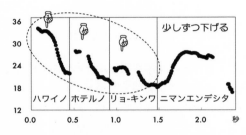

図 3-1　「ハワイのホテルの料金は…」の高さの
　　　　　動き

・読む際の注意点

　いまの「ハワイのホテルの料金は2万円でした」という文で，もしふたつめの「ホテルの」を低く抑えすぎると，そのあとの「料金は」をそれより低く抑えるのがむずかしくなる。それは，人の声として出せる低さには限度があること，また，ずっと低い声で言い続けるのは苦しいからである。そこで，図3-1の発音のように，まず「ハワイの」から「ホテルの」にかけてすこし下げ，そのあと「ホテルの」から「料金は」にかけてまたすこし下げるというふうにすればよい。それで自然な読みかたに聞こえる[1]。また，「ハワイの」をすこし高めの音域からはじめると，もっと言いやすくなる。

・アクセントの弱めが長く続くことを避ける傾向

例　キンキューノ ソ チオ トル ヒ ツヨーガ ア ルト イッ テイ マス（緊急の措置をとる必要があると言っています）

　　書きことばでは意味の限定関係がもっと長く続くことがある。上の例はNHK が出しているアナウンスの教科書によく取りあげられている文である（NHK 2005, 2006 など）。この文では，意味の限定関係が 6 つの文節にわたって続いている。これまで説明してきた原理から言えば，アクセントをどんどん弱めていくことになる。線で山の高さの違いを書いてもわかりにくいので，弱めた箇所を便宜的にみな同じ高さの線で示している。

　　ここで，アクセントとして音を下げるのは，「措置」「とる」「ある」「言っています」の 4 箇所である。すると，まず「措置を」から「とる」へ，次に「とる」から「必要が」へ，最後に「あると」から「言っています」にかけて合計 3 回，すこしずつ低くしてゆくのが理想である。熟練したアナウンサーならそれができるが，それには訓練が必要である[2]。

　　読みに熟練していない人は，深く考えず，「緊急の措置をとる」だけを発音するのと同じように，まず「とる」を非常に低く抑えてしまいがちである。すると，「必要が」からあとをさらに低く言い続けるのが苦しくなる。そして，その苦しさを避けるために，たとえば「必要が」を抑えるのをやめて，そこで高く言い直すというようなことをしがちである。つまり，

[キンキューノ ソ チオ トル ヒ ツヨーガ ア ルト イッ テイマ ス]

などと言ってしまいがちである。しかし，それだと「必要」ということばに特別に重要な意味があるように聞こえるので，不自然な発音になる。そうした誤解がないように文の意味をうまく表現するためには，「とる」を低く抑えすぎないようにすることが必要になる。

　　アクセントの弱めが長く続くことを避ける例は，第 4 章で紹介する『ごん狐』の熟練した読み手による発音にも見られる。たとえば，「〈ごん狐は森の中で〉穴をほって住んでいました」のように，理屈から言えば，

[ア ナ オ ホッテ スンデイ マ シタ] と 3 回弱めるべきところであるが，「住んで」や「ほって」を弱めることをやめてしまう読み手がいる。

■アクセントの下げがない文節が続く場合

例　イ｜ヌノ　ヌ｜イグルミノ　ネ｜ダンガ　｜ニ｜マンエンデ｜シタ（犬のぬいぐ
　　るみの値段が2万円でした）【図3-2】

　アクセントの下げがない文節が続く場合は，ずっと平らに言えばよいの
で言いやすい（ただし，外国人の日本語学習者には言いにくいところなので要
注意）。この文では，「犬の」［イ｜ヌノ］も「ぬいぐるみの」［ヌ｜イグルミ
ノ］も「値段が」［ネ｜ダンガ］も，アクセントは平板型で下げがない。意
味としては「犬の」が「ぬいぐるみ」を限定し，「犬のぬいぐるみの」が
「値段」を限定している。そのため，文の中では「ぬいぐるみの」の最初
の高さを「犬の」の最後の高さにそろえ，「値段は」の最初の高さを「ぬ
いぐるみの」の最後の高さにそろえる。すると，図3-2のように，「犬の
ぬいぐるみの値段が」全体が最初の［イ］以外は平らになり，この3つの
文節全体の高さの動きがひとまとまりになる。

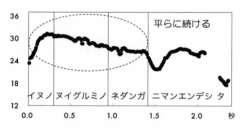

図3-2　「犬のぬいぐるみの値段が2万円でし
た」の高さの動き

3.1.2　アクセントを弱めることが多い語句

　いちいち前との意味の関係を考えなくても，もともと独立性が弱いため
に，アクセントを弱めて言うことが通例になっている語句がある。そうし
たものを以下にまとめておく。

■アクセントを弱めることが多い語句ⓐ：補助動詞

例　1.　マ｜ッテイル　ジ｜カンガ｜ナ｜ガスギ｜ル（待っている時間が長すぎ

> **コラム8 意味の限定があってもアクセントを弱めないとき，弱めか**
> **たがすくないとき**
>
> 　現実の話しことばでは，すぐ前の文節から意味が限定されているのにア
> クセントを弱めない発音が少なからずある3)。その理由にはいくつかある
> が，なかでも重要なのは，フォーカスの存在，そしてこの第3章（3.1.5）
> で説明する「実質的な補足」である。
>
> 　また，読みに慣れていない人の場合は，文字を読みあげるだけで精一杯
> で，文の意味をよく考えずに読むために，アクセントを弱めるべきところ
> で弱めないということが起こる。中堅クラスの舞台俳優でもそうした人が
> 少なからずあることを，演出家の岩淵達治が言っている（岩淵1970a, b, c)。
>
> 　また，ハイテンションな調子の話しかたでは，弱めるべきところで弱め
> ないということが起きやすい。しかし，熟練者なら弱めべきところはちゃ
> んと弱めている。
>
> 　このほか，熟練者でも，ひとつひとつの文節の発音が不明瞭にならない
> ようにていねいに発音するため，弱めるべきところでも大きくは弱めない
> ようにしていることがよくある4)。
>
> 　ところが，逆の場合，つまり，すぐ前の文節から意味が限定されていな
> いのにアクセントを弱める発音は，ほとんどない。

　　　　る）

🎧　例 2. タ┌クシーオ　┌ヨンデ モラウ （タクシーを呼んでもらう）

　これは第2章で一度説明した。補助動詞というのは，「見ている」の
「いる」[イ┌ル]，「見てくる」の「くる」[ク┌ル]のように，本来の動詞
（居る・来る）の意味が薄れ，別の動詞（見る）と結びついて，それにさま
ざまな意味をつけ加える動詞である。ほかに「あげる [ア┌ゲル]，ある
[ア┌ル]，いく [イ┌ク]，いただく [イ┌タダク]，いらっしゃる [イ┌ラッ
シャル]，おく [オ┌ク]，くれる [ク┌レル]，くる [ク┌ル]，みる
[ミ┌ル]，もらう [モ┌ラウ]」などがある。
　補助動詞はそのすぐ前の動詞との結びつきが強いので，発音としてもそ
の全体がひとつになるように，補助動詞のアクセントを大きく弱めて言う

ことが多い。例1の「待っている」は，補助動詞のアクセントの動きをなくして全体を1語のようにした発音である。

　そして，こうした独立性の弱いことばは，その前の単語と1セットとした上で，その前後との限定関係を考える。たとえば「待っている時間」なら，中学で習う文法では文節として「待って」「いる」「時間」の3つに分かれるが，イントネーションをつけるときは「待っている」と「時間」の関係を考えればよい。「タクシーを呼んでもらう」なら文節は「タクシーを」「呼んで」「もらう」の3つだが，「タクシーを」と「呼んでもらう」の関係を考えればよい。

言い分け 中級

・補助動詞とあいまい文

　① カ￢ゴニ ツ￢イタ ￢ロ￢ープオ ヒッ￢パ￢ッテ ア￢ゲマショ￢ー （かごについたロープを引っぱってあげましょう《引っぱることを手伝う》：補助動詞としての「あげる」）

　② カ￢ゴニ ツ￢イタ ￢ロ￢ープオ ヒッ￢パ￢ッテ ア￢ゲマショ￢ー （かごについたロープを引っぱって上げましょう《引っぱって上にもってゆく》：ふつうの動詞としての「上げる」）

　補助動詞として使うか，それともふつうの動詞として使うかで，文内のイントネーションが変わる。上の①のように「引っぱってあげましょう」を引っぱることを手伝う意味で言うなら，「あげる」が補助動詞なので，そのアクセントを弱めて ［ヒッ￢パ￢ッテ ア￢ゲマショ￢ー］ と言う。ところが，②のように引っぱって上にもってゆくの意味だと，「上げる」はふつうの動詞である。「上げる」のアクセントは弱めず，［ヒッ￢パ￢ッテ ア￢ゲマショ￢ー］ と言うことになる。

■アクセントを弱めることが多い語句ⓑ：「こと」「ため」「つもり」など 独立性が弱い名詞（形式名詞）

　例 1. ス￢キ￢ナ コ￢ト￢オ シ￢タ￢ カッタンデス ～ ス￢キ￢ナ コトオ （好きなことをしたかったんです）

🎧 2. イ‾マ オ‾トナノ タ‾メ‾ノ ピ‾アノキョ‾ーシツニ カ‾ヨッテイマ‾ス（いま大人のためのピアノ教室に通っています：[オ‾トナノ タメノ ピアノキョ‾ーシツ] とも）

「好きなこと」の「こと」や，「大人のための」の「ため」，「やめるつもり」の「つもり」のような単語は，その前に修飾する文節がほぼかならずつく。こうした単語はアクセントを大きく弱める。例1のように，直前の文節に下がり目がある場合はアクセントの動きをほとんどなくしてしまうことも多い。

そして，その前の文節と1セットにして，そのあとに続く単語との意味の限定関係を考える。たとえば，「大人のためのピアノ教室」なら，「大人のための」を1セットとして，それと「ピアノ教室」の関係を考える。

この仲間には，「こと」[コ‾ト‾]，「せい（所為）」[セ‾ー]，「ため」[タ‾メ‾]，「つもり」[ツ‾モリ]，「とおり」[ト‾ーリ]，「とき」[ト‾キ‾]，「ところ」[ト‾コロ‾]，「場合」[バ‾アイ]，「はず」[ハ‾ズ]，「方」[ホ‾ー]，「まま」[マ‾マ‾]，「もの（物）」[モ‾ノ‾]，「やつ」[ヤ‾ツ]，「わけ」[ワ‾ケ]などがある。

なお，このうち「こと」「とき」は本来は尾高型のアクセントだが，文中では頭高型で発音されることがある。これは特に平板型の文節に続ける場合に多いとされる。たとえば「そんなこと」[ソ‾ンナ コ‾ト] や「そのとき」[ソ‾ノ ト‾キ] のような言いかたである。平板型以外の文節に続ける場合でも，「小さいとき」[チ‾ーサイ ト‾キ] のように頭高型で言うことがある[5]。

■アクセントを弱めることが多い語句ⓒ：「という」

🎧 例 ナ‾カヤマサマト ユー オ‾ト‾ノサマガ オ‾ラレタソーデス
（中山さまというおとのさまが，おられたそうです：『ごん狐』）

直前の文節に下がり目がある場合は，「徳川というおとのさま」[ト‾ク‾ガワト ユー…] のようにアクセントの動きをなくしてしまうことも多い。

■アクセントを弱めることが多い語句ⓓ：同じ単語を繰り返すときの2回め

🎧 例　イ￣ツモ￣イ￣ツモ　ア￣リ￣ガトー　ゴザイマス（いつもいつもありがと
うございます）

「いつもいつも」「とてもとても」のように，同じことばを繰り返して強
調することがある。こういう表現では，繰り返しの2回めのアクセントは
弱めるか，なくすのが基本である。「いつもいつも」なら［イ￣ツモ￣イ￣ツ
モ］または［イ￣ツモイツモ］となる。「とてもとても」なら［ト￣テモト
テモ］となる。

ただ，繰り返す感じをはっきりと出したいときは，逆に2回めの方のア
クセントを弱めないということをする。さらに，1回めの方のアクセント
を弱めることもある。たとえば昔話の『桃太郎』で「大きな桃がどんぶり
こ，どんぶりこと流れてきました」を［ド￣ンブリコ　ド￣ンブリコト］と
か［ド￣ンブリコ　ド￣ンブリコト］のように言う場合である。

繰り返しの2回めのアクセントを弱めない発音は，「やれやれ」
［ヤ￣レ￣ヤ￣レ］または［ヤ￣レ￣ヤ￣レ］のような感情表現にもある（p.66）。

■アクセントを弱めることが多い語句ⓔ：ひとまとまりの物や動作の後半部

🎧 例　1. ハ￣ハノヒノ　プ￣レゼントワ　ア￣ニト　オ￣トート　デオ￣カ￣ネ
オ￣ダ￣シアッテ　カ￣イマ￣シタ（母の日のプレゼントは，兄と弟で
お金を出しあって買いました）

2. ハ￣ワイノ　デ￣ントーゲ￣ーノ￣デワ／ウ￣タエテ　オドレル￣ノ
ガ　ア￣タリマエラシ￣ー（ハワイの伝統芸能では歌えて踊れるのがあた
りまえらしい）

「キャベツと白菜」［キャ￣ベツト　ハ￣クサ￣イ］，「タコかイカ」［タ￣コ
カ￣イ￣カ］，「ペルーやチリ」［ペ￣ルーヤ￣チ￣リ］のようにふたつの名詞
を並べるときは，前後に意味の限定関係はないので，後半のアクセントは
弱めない。「夜でも昼でも」「朝から晩まで」のように，2文節全体で強調

表現として使うときは ［ヨ￣ルデモ ヒ￣ル￣デモ］［ア￣サカラ バ￣ン￣マ￣デ］のように前半を抑えて後半をきわだたせることもある。

　ところが，上の例1の「兄と弟」のように全体をひとまとまりのものとして言う場合は，後半のアクセントを弱め，音としても全体をひとまとまりにする。「私の兄と弟」は ［ワ￣タシノ　ア￣ニト　オ￣トート￣］になる。動詞が続く場合でも，ひとそろいの動作を言うときは，例2のように後半のアクセントを弱める。

言い分け 中級 ・並列表現とあいまい文

　意味としてひとまとまりかどうかで，たとえば「ぼくは花子と太郎の家に行った」という文のイントネーションは，下に示すように変わる。

 ① ボ￣クワ ハ￣ナコト ￣タ￣ローノ ウ￣チ￣ニ イッ￣タ（ぼくは花子と太郎の家に行った：《花子と太郎がいっしょに住んでいる家に行った》，つまり「花子と太郎」でひとまとまり）

② ボ￣クワ ハ￣ナコト ￣タ￣ローノ ウ￣チ￣ニ イッ￣タ（ぼくは花子と太郎の家に行った：《太郎の家に花子といっしょに行った》）

3.1.3　アクセントを弱めることが少ない語句

■アクセントを弱めることが少ない語句ⓐ：補足説明のあとにくるふつうの名詞

例　キ￣ーロイ テ￣ンジブロ￣ックノ ウ￣チガワマ￣デ オ￣サガリ￣ク￣ダサ￣イ（〈鉄道駅の構内放送〉黄色い点字ブロックの内側までお下がりください）

　第2章で説明したように，「白い雪」の「白い」は雪の性質を思いおこさせるための補足説明なので，「雪」の意味を限定していない。そのため「雪」のアクセントは弱めない。この仲間はいくらでもある。たとえば，「黄色い点字ブロック」，「非合法のヘロイン」，「南米原産のトマト」のような表現でも，「点字ブロック」「ヘロイン」「トマト」といった物が持つ性質を，そのすぐ前の文節が補足している。こうした場合は，補足される側，

つまりここで太字で書いた名詞（点字ブロック，ヘロイン，トマト）のアクセントは弱めない。

■アクセントを弱めることが少ない語句ⓑ：補足説明のあとにくる固有名詞

例 1. ナラノ　ホーリュージワ　ロッ　ピャクナナ　ネンニ　タ　テラレマシタ（奈良の法隆寺は 607 年に建てられました）【図 3-3】

2. アメリカノ　オ　バマダイトーリョーワ　キューバニ　トーチャクシマシタ（アメリカのオバマ大統領はキューバに到着しました）

例にあげた「奈良の法隆寺」や「アメリカのオバマ大統領」のように，固有名詞やそれに準じる単語の前に補足説明がついている表現もたくさんある。小説の意味の「夏目漱石の『坊っちゃん』」もそうである。そのほか，「イギリスのロンドン」「向かいの岡さん」「元ビートルズのポール・マッカートニー」「次男の祐介」「常任理事国のフランス」「城下町の小田原」「アニメの『もののけ姫』」「浄土宗の知恩院」「広島名物のもみじまんじゅう」「空海の真言宗」「三月三日のひな祭り」「さきほどの法隆寺」のようなものもこれにあたる。補足しているのは，所在地や居住地，所属，職業・地位・役割・カテゴリー，制作者，日付などさまざまな情報だが，補足される側，つまり，ここで太字で書いた固有名詞やそれに準じる単語のアクセントは弱めない[6]。

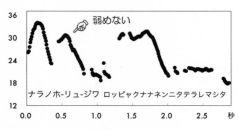

図 3-3 「奈良の法隆寺は 607 年に建てられました」の高さの動き

■アクセントを弱めることが少ない語句ⓒ：「全体と部分」の「部分」，
「物とその種類」の「種類」，「素材と製法」の「製法」

🎧　例 1. チューゴクノ｜ナ｜ンブニ｜ゴ｜ト｜ュー｜ク｜ニガ｜アリマ｜シタ（中
国の南部に呉という国がありました）

　　　2. カ｜マキリノ｜オ｜ス｜ッテ｜カ｜ワイソ｜ー（カマキリのオスって〈メス
に食われてしまうので〉かわいそう）

　「中国の南部」「舞台の中央」のような「『全体』の『部分』」という構成
の表現や，「カマキリのオス」「ワインの赤」のような「『物』の『種類』」
という構成の表現では，「部分」や「種類」にあたる箇所のアクセントを
弱めない。また，「かじきのクリーム煮」「仔羊の香草焼」のような素材と
製法の関係になっている表現でも同じである[7]。

　ただし，「中国の南部」でも，よその国の南部ではなくて，というつも
りで言うときは「中国」にフォーカスがあるので，「南部」のアクセント
は弱める。

■アクセントを弱めることが少ない語句ⓓ：「しみじみイントネーション」

🎧　例　　キ｜レーナ｜ウ｜ミダ⌒ナ｜ー（きれいな海だな：⌒は上昇下降調の印）
　　　　【図3-4】

　ここにあげた例のほかにも，「変な人！」とか「いやなやつ！」のよう
に，「形容詞類＋名詞」の形の感嘆文は，名詞のアクセントを弱めないで
言うことで情感を強めることがある。形容詞類のアクセントは発音例のよ
うに弱めることもある。こうしたタイプの感嘆文のイントネーションを
「しみじみイントネーション」と呼んでおく[8]。

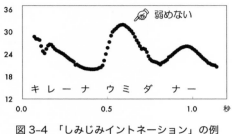

図 3-4 「しみじみイントネーション」の例

■アクセントを弱めることが少ない語句ⓔ：繰り返しによる感情表現で

例　　ヤ￣レ￣ヤ￣レ（〈あきらめの〉やれやれ）

　自分ではいやだと思っていたことを，あきらめの気持ちを込めて受け入れるときに，「やれやれ」［ヤ￣レ￣ヤ￣レ］と言うことがある。そのとき，ふたつめの「やれ」はアクセントを弱めない。あきらめの気持ちが強ければ，発音例のようにひとつめの「やれ」のアクセントを弱めることもある。

　似た言いかたとして，しかたがなく相手の意向を受け入れるときの「わかったわかった」［ワ￣カッタ￣ワ￣カッタ］，あきれたときの「おやおや」［オ￣ヤ￣オ￣ヤ］，「〈能力などが〉まだまだ」［マ￣ダ￣マ￣ダ］などがある。なぐさめるときの「よしよし」［ヨ￣シ￣ヨ￣シ］，たしなめるときの「こらこら」［コ￣ラ￣コ￣ラ］も同じイントネーションになる。

3.1.4　限定しているかどうかの判断がむずかしい場合

　事実関係がわかりにくいために，意味の限定関係があるかどうかの判断がむずかしい場合がある。

例　　エ￣ンガイニ￣ツヨ￣イ￣タ￣ロイモノ￣ドーニュー（塩害に強いタロイモの導入：https://ja.wikipedia.org/wiki/ ツバル）

　南太平洋のツバルという国では，地球温暖化にともなうとされる海面上昇で塩害が発生し，その対策が重要な課題になっていた（2010 年ごろ）。それを説明する記事にある「塩害に強いタロイモ」という表現である。

　もし，タロイモがもともと塩害に強い植物であれば，「塩害に強い」は

補足的な説明になる。その場合は限定ではないので、「タロイモの」のアクセントは弱めない。読みとしては ［エ］ンガイニ ツョ［イ タ］ロイモ［ノ ドーニュー］ となる。

　ところが，タロイモにもいくつか種類があって，そのうちの塩害に強い品種の話をしているなら，「塩害に強い」は限定の意味になる。もしそうならば，「タロイモの」のアクセントは弱めて ［エ］ンガイニ ツョ［イ タ］［ロイモノ ドーニュー］ とすべきである。

　ただ，タロイモの性質をよく知っている人は少ないだろうから，これを事前の調査なしで読む場合は，どちらのイントネーションで読むべきかわからないことになる。実際は塩害に強い品種の話のようなので，「タロイモの」のアクセントは弱めて言うべきである。

3.1.5　限定していても「実質的な補足」と考える場合

　特に文芸作品を読むときに注意しないといけないのがこれである。

　文芸作品には，意味を限定しているのに，同時に補足的な説明にもなっている表現がよくある。そのどちらの側面を読み手が重視するかで，次のアクセントを弱めて読むか，弱めないで読むかが決まる。補足的な側面を重んじる場合は，それを実質的な補足と見ていることになる[9]。どちらをとるかは，文脈から外れない範囲で読み手の判断に任されている。

　『ごん狐』で具体例を見てみよう。

🎧　例　1.　ハ［チ マキオ シ］タ カ オノ ［ヨ］コッチョーニ／マ［ル］イ ハ［ギ］ノ ハガ イ［チ マイ／オ ー］キナ ホ［クロミ タイニ へ］バリツ［イ テ］イ［マ］シタ（〈兵十の〉はちまきをした顔の横っちょうに，まるい萩の葉が一まい，大きな黒子みたいにへばりついていました：『ごん狐』）

　　　2.　モ［ズノ ［ヨ］エガ ［キ］ンキン ヒ［ビ ー テ］イ［マ］シタ（百舌鳥の声がきんきん，ひびいていました：『ごん狐』）

　例1の文字どおりの意味を要約すると，顔に萩の葉がはりついていたということである。この中の「大きな黒子（ほくろ）みたいに」に注目しよう。黒子の大きさにもさまざまなものがあるが，萩の葉ほどの黒子ならば特に大きい

ものなので，「大きな」は「黒子」の意味を限定していることになる。そこにだけ注目すると，「黒子みたいに」のアクセントは弱めて読むことになる。

　しかし，実はこの文は，顔に萩の葉がはりついているのにかまわず兵十が作業に熱中していることを説明するものだと考えると，「大きな」に格別重要な意味はなく，場面の視覚的なイメージを読者に持たせるための補足的な説明にすぎないということになる。そもそも萩の葉なので，わざわざ「大きな」と言わなくても黒子としては大きいことが常識的には明らかである。実際，「大きな」を省略して「まるい萩の葉が一まい，黒子みたいにへばりついていました」としても，文として伝えたい内容に変わりはないように感じられる。もしこのように「大きな」が補足的な説明であることを読み手が重視するならば，「黒子」のアクセントは弱めなくてよいことになる。

　熟練した読み手はどうしているだろうか。10人の熟練した読み手による11種類の朗読資料について調べてみると，すべてが「黒子みたいに」のアクセントを弱めないで読んでいる。したがって，「大きな」について，読み手はみな実質的な補足と考えて読んだものと思われる[10]。

　もうひとつ，上の例2にあげた「きんきん，ひびいていました」だが，「きんきん」はもずの鳴きかたがやかましいことを説明しているので，「ひびいていました」を限定していると言える。しかし，このことばがなくても，文として伝えたい内容に変わりはないとも言える。そのことを読み手が重視すれば，「きんきん」は実質的な補足だという解釈をすることになる。その場合は，「ひびいていました」のアクセントは弱めなくてよい。さきほど言った11種類の朗読資料のうち「ひびいていました」のアクセントを弱めていないものが5種類ある。

3.2　フォーカスの実践知識

3.2.1　文のどこにフォーカスがあるか

　文を読むときにどこにフォーカスを置くかは，文脈から想像しにくい新

しく重要な情報はどれか，別のものと対比させて言っている語句はあるか
などを考えながら，読み手が判断する必要がある。とは言っても，文脈や
場面の特殊性からフォーカスの場所が推測できる場合や，使う文型や単語
によってフォーカスの場所がだいたい決まってくる場合がある。

■文脈や場面の特殊性からフォーカスの場所が推測できる場合

🎧　例　1.　シ｜マ｜ル　ド｜ア　ニ　ゴ｜チュ　ー｜イ　クダサイ　（〈列車の発車時のアナ
　　　　　ウンスで〉閉まるドアにご注意ください）

🎧　　　　2.　ヒ｜ダリガワノ　ド｜ア　ガ　ヒ｜ラキマ｜ス　（〈列車内での到着時のアナウ
　　　　　ンス〉左側のドアが開きます）

　　例1は鉄道駅での列車の発車時のアナウンスである。この文では「ご注
意ください」ももちろん重要だが，注意すべきなのは通過列車かもしれな
いので，何に注意するかを言わなければ，このアナウンスの意味がない。
つまり，「ご注意ください」の重要性は低い。また，発車時であるからドア
がこれから開くことは考えられないので，「閉まる」の重要性も相対的に
は低いと言える。この文でいちばん聞き手に伝えたいのは「ドア」だろ
う。もしドアにはさまれそうな人がいたら，一言「ドア！」と叫ぶだけで
も意味が十分通じる。したがって，「ドア」にフォーカスを置くのが自然
だと思われる。

　　ただ，「閉まるドア」全体にフォーカスを置いてもおかしくはないので，
その場合は［シ｜マ｜ル　ド｜ア　ニ　ゴ｜チュ　ー｜イ　クダサイ］とも言える。
また，「閉まる」も「ドア」も同じぐらい重要だと考えて，それぞれに
別々にフォーカスを置くことも可能である。その場合の発音は例1に書い
たものと同じになる。

　　例2は，走行中の列車内でのアナウンスである。次の停車駅の案内とし
て「次は（どこどこ）にとまります」に続けて「左側のドアが開きます」
と言う場面である。ここでは，いちばん伝えたいのは「左側」である。単
に「ドアが開きます」ならあたりまえのことなので，この部分の重要性は
低い。そのため，「左側」にフォーカスを置くのが自然である。

■想定しやすい場面とフォーカス

言い分け
上級

その文を見るだけで，それをどんな状況で言っているのかが想像でき，そのためにフォーカスの場所がおのずと決まってくることがある。

① ア｜メガ　｜フ｜ッテル／ヨ（雨が降ってるよ）【図3-5】

② ア｜メガ　ヤ｜ンダ　ヨ（雨がやんだよ）【図3-6】

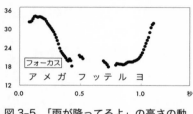

図3-5　「雨が降ってるよ」の高さの動き

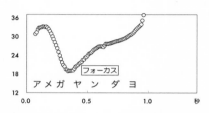

図3-6　「雨がやんだよ」の高さの動き

「雨が降ってるよ」という文を口に出すとすれば，それは，雨が降っているのを自分が見て，あるいは雨の音を自分が聞いて，そのことを知らない相手に教える場面だろう。それを伝えるには「雨！」と言うだけもよいぐらいである。つまり，この文では「雨」にフォーカスを置いて言う場面が考えやすい。そのイントネーションが①で，「降ってる」のアクセントを弱めている。

これに対して，「雨がやんだよ」は事情が違う。この文を口に出すのは，すぐ前に雨が降っていたことを話し手も聞き手も知っていて，その上で，いまはもう降っていないことを教える場面が考えやすい。つまり，「やんだ」にフォーカスを置く状況である。このイントネーションが②である。フォーカスは文末なので，アクセントを弱めさえしなければ，そこにフォーカスがあることがわかる（これは第2章（p.51）で説明した）。

■単語自体の意味がフォーカスを決める場合

言い分け
中級

① ヒ｜ト｜リニ　ナ｜レマ｜シタ（ひとりになれました：《他人といっしょにいる状態から解放された》）

🎧　　② ヒ｜ト｜リ｜ニ　ナ｜レマ｜シタ　（ひとりに慣れました：《1人での生活に慣れた》）

　何かの状態になることができるという意味の「なれる」と，順応するという意味の「慣れる」は，アクセントは同じだが違う単語である。何かの状態になる方の「（何々に）なれました」は，何になれたのかを言うことが重要なので，フォーカスは「何々」の部分に置くのがふつうだろう。これに対して，「慣れました」は，慣れない状態が終わったことを言っているわけなので，「慣れない」と「慣れた」の対比がその底にある。したがって，フォーカスは「慣れました」に置くのがふつうである。

3.2.2　フォーカスの場所によって変わる文の意味とニュアンス
■「旅が始まります！」：期待感の大小

🎧　例　　タ｜ビ　ガ　ハ｜ジマリマ｜ス　（旅が始まります！）

　全国各地に出かけてその土地の紹介をするテレビ番組がたくさんある。そうしたもののひとつで，冒頭のナレーションが毎回共通で，その最後が「旅が始まります」となっているものがあった。これを毎回違うアナウンサーが読んでいた。

　この文はどのようなイントネーションをつけて読むのがふさわしいだろうか。ふつうに考えると，テレビ番組の冒頭なので，これから何が始まるかを伝えることが大事なように思える。つまり，「旅」にフォーカスを置くということである。したがって，［タ｜ビ　ガ　ハ｜ジマ｜リマ｜ス］か［タ｜ビ　ガ　ハ｜ジマサ｜ス］でよいように思える。

　ところが，実際のナレーションで，「始まります」にフォーカスを置いて［タ｜ビ　ガ　ハ｜ジマリマ｜ス］と言う人がいた。実はその方が，旅がいまこれから始まる感じがする。そしてそのことで番組の内容への期待も高まり，じょうずなナレーションに聞こえる[11]。文末なので，アクセントを弱めさえしなければ，そこにフォーカスがあることがわかる。

■ 「降ると思った」：雨は実際に降ったのか，降らなかったのか

① フルト オ モッタ（〈雨は実際には降らなかったが，私は〉降ると思った）【図 3-7 左】

② フルト オ モッタ（降ると思った〈思っていたとおり降った〉）【図 3-7 右】

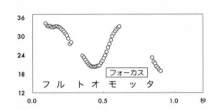

図 3-7 「降ると思った」のふたつの発音の高さの動き
左は実際には降らなかった場合，右は降った場合

フォーカスを置く場所を変えると，強く伝えたい語句が変わるのにともなって，別のニュアンスが生じることがある。

「〈雨が〉降ると思った」という文で，「降る」にフォーカスを置いて強く伝えたいのはどういう場合だろうか。それは，たとえば，雨は実際には降らなかったけれども，自分が予想していたのは降るということだったという場合だろう。つまり，降るという予想と，降っていないという現実とを対比する場合である。「思った」のアクセントは弱める。

これに対して，「思った」にフォーカスを置くのは，いま実際に雨が降っていて，そのことを自分が最初から思っていたこと，つまり思いが現実になったと言いたい場合だろう。

このように，「降ると思った」という文のイントネーションは，雨が実際に降った場合か，それとも降っていない場合かで変わることになる[12]。

■ 「私にはもうひとり娘がいます」：娘は何人いるのか

① ワ タシニワ モー ヒ トリ ム スメ ガ イ マス（私には〈その娘のほかに〉もうひとり娘がいます：つまり《娘が 2 人いる》）

🎧　　② <u>ワ</u>｜<u>タ</u><u>シ</u><u>ニ</u><u>ワ</u>｜モー｜ヒ<u>ト</u>リ<u>ム</u>｜ス<u>メ</u>｜<u>ガ</u>｜<u>イ</u>｜<u>マ</u><u>ス</u>（私には〈息子
のほかに〉もうひとり娘がいます）

　数詞の1（ひとつ，ひとり，1個など）と名詞の組み合わせでは，数の方
が重要な場合と，名詞の方が重要な場合がある。自分に子供が何人いるか
の話をしているとき，最初に長女の話をしたあとで，もうひとり，次女が
いることを言うなら，①のように「もうひとり」の部分が特に伝えたい箇
所になり，そこにフォーカスを置く。そのため「娘」のアクセントを弱め
る。これは数の方が重要な場合である。しかし，最初に息子がいる話をし
たあとで，そのほかに娘がいることを言うなら，②のように「娘」が特に
伝えたい箇所になり，そこにフォーカスを置く。その場合は「娘」のアク
セントは弱めない。これは名詞の方が重要な場合である。

　頻度を言うときの「1回」「1度」の重要性は相対的に低いことが多い。
「3日に1回」と言う場合と「1日に3回」では，どこが重要かが変わって
くる。「3日に1回」なら「3日」の方が重要で，「1日に3回」なら「3
回」の方が重要な場合が多いだろう。

3.2.3　フォーカスが置かれやすい語句

　コラム7（p.54）で，文の中で省略できない語句はどれかということが，
書かれた文のフォーカスの場所を考える際の手がかりになると言った。こ
のほか，文型や使われている単語を見るだけでフォーカスの場所がだいた
いわかることがある。文を読むときの参考になるように，そのような場合
をまとめておく。

■フォーカスが置かれやすい語句ⓐ：文の主題のすぐあとの述語

🎧　例　1. <u>ゴ</u>ン<u>ワ</u>｜<u>ホッ</u>｜<u>ト</u>シテ／<u>ウ</u>｜<u>ナ</u>ギ<u>ノ</u>｜<u>ア</u><u>タ</u><u>マ</u>｜<u>オ</u>｜<u>カ</u>｜<u>ミ</u>ク<u>ダ</u>｜<u>キ</u>　…（ご
んは，ほっとして，うなぎの頭をかみくだき…：『ごん狐』）【図3-8】

　　2. <u>マ</u>｜<u>ダ</u><u>ソ</u>レ<u>ワ</u>｜<u>ワ</u>｜<u>カ</u>ラ｜<u>ナ</u><u>イ</u><u>ノ</u>↑<u>ネ</u>（まだ，それはわからないの
ね：第5章で説明する会話資料⑨，話者1972f2）

　文の主題というのは,「何々は…だ」「何々は…する」という表現の「何々」にあたる語句で, その文が何について説明しているかをあらわす箇所である。そして, そのすぐあとの「…だ」「…する」にあたる語句が述語である。主題のすぐあとにある述語にはフォーカスが置かれやすい。

　例1では「ごん」が文の主題だが, そのすぐあとに述語の「ほっとして」がある。主題のすぐあとの述語は, その主題がどうなったのかという重要なことを伝える箇所なので, フォーカスが置かれやすい。

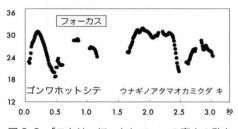

図3-8　「ごんは, ほっとして…」の高さの動き

言い分け 上級

・主題とあいまい文

　主題をあらわす単語には助詞「は」や「って」がついていることが多いが, 何も助詞がつかないこともある。その場合, 文の意味があいまいになることがあるが, それは次の例のようにイントネーションで区別できる。

🎧　① ア｜イツ　｜ソッ｜ク｜リダ (あいつ [は]〈別の誰かに〉そっくりだ)

🎧　② ア｜イツ　ソック｜リダ (〈誰かが〉あいつ [に] そっくりだ)

　「あいつそっくりだ」という文を上の①のように「そっくりだ」のアクセントを弱めないで言うと「あいつは別の誰かにそっくりだ」の意味になる (発音例では強めている)。この場合は「あいつ」が主題で, その次の「そっくりだ」にフォーカスがある。しかし, ②のように「そっくりだ」のアクセントを弱めて言うと, 「あいつ」は主題ではなく, 「誰かがあいつにそっくりだ」の意味になる。この場合は「あいつ」にフォーカスがある。

・例外：「…と〜は思う」「…と〜は言う」

　主題のすぐあとにある述語にはフォーカスが置かれやすいという規則には，いくつか例外がある。「あなたはそうかもしれないが，私は違います」のように，対比のためにフォーカスが主題にある場合がそのひとつである（次ページの「フォーカスが置かれやすい語句ⓑ」参照）。そのほか，「…と（誰々は）思う」「…と（誰々は）言う」の「思う」「言う」も例外になる。伝えたいのは思う内容や言う内容なので，内容にフォーカスを置く。それが下の例で，フォーカスは，ごん狐が思った内容である「兵十だな。」にある。そして，フォーカスのあとにくる「ごんは」も「思いました」もアクセントを弱める。

🎧　例　　ヒョ￢─ジューダ↑￣ / ト ￢ゴ￢ンワ オ￢モイマ￢シタ　（「兵十だな。」
　　　　と，ごんは思いました：『ごん狐』）【図3-9】

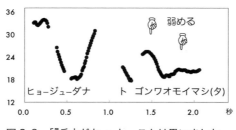

図 3-9　「『兵十だな。』と，ごんは思いました」
　　　　の高さの動き

・例外：感嘆文イントネーション

🎧　例　　ソ￢レワ タイヘンダネ↓─　（それは大変だね：矢印↓は急下降調で発
　　　　音されることをあらわす）

　別のタイプの例外が，「それはよかった！」「これは便利！」のような「それは・これは＋述語」の形の感嘆文である。これを述語のアクセントを弱める形で言うと，その気持ちをいま持っているのだと訴える感じがよく伝わる。こういう形の感嘆文に特有の感嘆文イントネーションである[13]。

■フォーカスが置かれやすい語句ⓑ：対比の「は」がつく語句

🎧 例 1. コッ チ ワ ダ イジョー ブダケド ソッ チ ワ↗ー（こっちはだいじょうぶだけど，そっちは？）

🎧 　 2. ワ タ シ ワ チ ガ イ マ ス（〈あなたはそうかもしれないが〉私は違います）

　助詞「は」には他と対比させる働きもある。対比の対象をはっきりさせたいときは，例1のように「は」がつくことばにフォーカスを置く。例2は，その「は」自体の対比の意味を強く伝えるために「は」を一段高くした発音になっている。例1の「↗」は疑問型上昇調の印。

■フォーカスが置かれやすい語句ⓒ：疑問詞

🎧 例 1. イ ツマデ コ ンナ セーカツ ツズケル キデ スカ（いつまでこんな生活続ける気ですか）

　 2. オ マエ ナ ンデ モー コ タ エ ミ テンダヨー（おまえ，なんでもう答え見てんだよ：第5章の会話資料⑩ 1986m）

　 3. エ パ スタダケ サ キニ タ ベ ルノ↗ー／ジャ サ ラダトカ ワ イ ツナノ↗ー（え，パスタだけ先に食べるの？　じゃサラダとかはいつなの？）

　質問の文でも，「いつ」「誰」「どう」「どこ」「なぜ」「何」などの疑問詞が入ったものは，疑問詞自身が伝えたいことの中心なので，そこにフォーカスが置かれやすくなる。ただし，例3のように，ほかと対比させながら聞くときは，対比の対象にフォーカスが置かれる（同時に疑問詞のフォーカスを残すこともある）。

■フォーカスが置かれやすい語句ⓓ：「はい・いいえ」の答えを求める文の述語

　ここから先は，正確にはフォーカスが比較的置かれやすいものの説明になる。

🎧　例　1.　キョー──｜ゴ｜ハン　イ｜ル｜ノ╱──　（きょう，ご飯いるの？）

🎧　　　2.　チ｜ャント　オ　ボ　エテ　┌キ｜タ╱──　（ちゃんと覚えてきた？）

　　質問の文でも「はい・いいえ」で答えるタイプのものは，平叙文と同じように，聞きたいことが何なのかしだいでフォーカスの場所が決まる。

　　しかし，例1のように，「いる」かどうか，つまり述語があらわす内容について，そのとおりかどうかを聞くという質問が実際には多い。そういうときは述語にフォーカスを置く。フォーカスは文末にあるので，アクセントは弱めさえしなければよい。ただ，例2の「覚えてきた」の「きた」のように補助動詞のアクセントは弱める。

■フォーカスが置かれやすい語句ⓔ：否定の文の述語

🎧　例　1.　マ｜ダ｜ジ｜カンワ｜キ｜マッテマセ｜ン　（まだ時間は決まってません）

🎧　　　2.　ク｜ワシクワ｜ヨ｜ク　オ｜ボ｜エテ　ナ｜インデスケド　（くわしくはよく覚えてないんですけど）

　　否定の文も状況しだいでフォーカスの場所が変わる。しかし，否定文は述語の内容を否定するものなので，例1,2のように，「ない」「ません」などの否定のことばと，それを含む述語にフォーカスが置かれることが多い。

■フォーカスが置かれやすい語句ⓕ：命令や依頼の文の述語

🎧　例　1.　ハ｜ヤク　ネ｜ナサ｜イ　（〈いつまでも遊んでないで〉早く寝なさい）

　　　2.　チョット　ミ｜テ　┌キ｜テヨ　（ちょっと見てきてよ）

　　命令や依頼の文もその場の状況しだいでフォーカスを置く場所が変わる。とは言え，命令や依頼をする場面では，いちばん強く伝えたいのはするべき動作であることが多いので，上の例の「寝なさい」「見てきて」のように述語となる動詞にフォーカスがある可能性が高くなる。「見てきて」の「きて」のような補助動詞のアクセントは弱める。なお，例1の発音例では，「早く」のアクセントを弱めて，「寝なさい」をいっそうきわだたせる形で言っている。

■フォーカスが置かれやすい語句⑨：強めるための語句

例 1. ニ ホ ン ワ ク ダ モ ノ ガ ス ゴ ク タ カ イ（日本は果物がすごく高い）

2. ダ サ レ タ モ ノ ワ 　ゼ ン ブ タ ベ マ シ タ（出されたものは全部食べました）

　程度を強調する「すごく」「とても」「おどろくほど」などのほか，量や頻度，割合の多さをあらわす「いっぱい」「いつも」「たくさん」や「全部」「1年中」などもフォーカスが置かれやすい。さらに，強調される方のことば，例1で言えば「高い」にも別にフォーカスを置いて ［ス ゴ ク タ カ イ］ とも言える。

　話しことばでは，強調の程度にあわせて「すんごく」「とっても」「いーっつも」のように，撥音か促音，または長音を入れた形でも使われる。

■フォーカスが置かれやすい語句ⓗ：擬音語・擬態語で，大きく感じられる音や顕著な動き，目立つ状態をあらわすもの

例 1. モ ズ ノ 　コ エ ガ 　キ ン キ ン ヒ ビ ー テ イ マ シ タ（百舌鳥の声がきんきん，ひびいていました：『ごん狐』）

2. シ ロ イ モ ノ ガ 　キ ラ キ ラ ヒ カ ッ テ イ マ ス（白いものがきらきら光っています：『ごん狐』）

　「どんどん（たたく）」「ころころ（変わる）」「びしびし（取り締まる）」などもこの仲間である。ただし，こうした擬音語や擬態語は省略しても文が伝える内容に変わりはないことがあるので（p. 67「実質的な補足」参照），そのことを重視する場合はフォーカスを置かず，それに続く「ひびいていました」「光っています」のようなことばのアクセントは弱めない。

■フォーカスが置かれやすい語句ⓘ：「だけ」「ばかり」などがつく語句

例 1. ア タ リ ノ ム ラ エ デ テ キ テ イ タ ズ ラ バ カ リ シ マ シ タ

（あたりの村へ出て来て，いたずらばかりしました：『ごん狐』）

2. キ￣ケンダケ ワ￣ ￣ナントカ サ ケタ イ（棄権だけはなんとか避け
たい）

　助詞の「こそ」「さえ」「しか」「だけ」「ばかり」がつく語句は，特に伝
えたいものであることが多い。そして，その際に助詞のアクセントも高く
きわだたせて言うことがある。例1の「いたずらばかり」[イ￣タズラ
バ￣カリ]は助詞のアクセントをきわだたせていない発音，例2の「棄権
だけは」[キ￣ケンダ ケ￣ ワ]は助詞のアクセントをきわだたせた発音であ
る。

3.2.4　フォーカスが2箇所以上ある場合

例　ト￣ド イタノワ ￣ナ ゼカ ￣マ フ ラ ーガ ￣ニ マイダッタンデス
（〈肩掛けを1枚注文したのに〉届いたのはなぜかマフラーが2枚だった
んです：「マフラー」と「2枚」に別々にフォーカス）【図3-10】

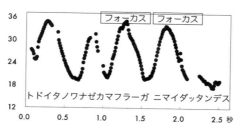

図3-10　「届いたのはなぜかマフラーが2枚だ
ったんです」の高さの動き

　通信販売では，注文した商品とは違うものが届くということがある。た
とえば，例のように，注文したのは肩掛けが1枚だったのに，マフラーが
2枚届いたことを言うとしよう。マフラーであることも枚数も違う。した
がって，このふたつともが注目させたい語句で，それぞれに対比のための
フォーカスを置く。

3.2.5　ふたつ以上続く語句の全体にフォーカスがある場合

　ふたつ以上の文節や文節と単語が続く語句の全体にフォーカスを置くこともよくある。その場合，最初の文節のアクセントは強めてよいが，ふたつめ以降の文節には，意味の限定関係にもとづくイントネーションのつけかたをする。

例 1.　オ｜バ￣サンガ　カ｜ワ｜デ　セ｜ンタクオ　シテ　イルト / カ｜ワカミカ ラ　オ｜ーキナ　モ｜モガ｜ナ｜ガ｜レテ　キマシタ（〈『桃太郎』で〉おばあさんが川で洗濯をしていると，川上から大きな桃が流れてきました）【図 3-11】

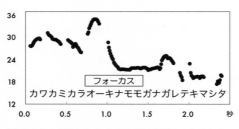

図 3-11　「川上から大きな桃が流れてきました」

2.　ケ｜ンオ｜ードー｜ノ　ウ｜チマ｜ワリワ　エ｜ビナ　ジャ｜ンクション デ　ハ｜チオージホ｜ーメンカラノ　ク｜ルマガ｜サ｜ンキロノ　ジュー｜タイデ｜ス（〈交通情報で〉圏央道の内回りは海老名ジャンクションで八王子方面からの車が 3 キロの渋滞です）

　例 1 は『桃太郎』の一節だが，この文は桃が登場したことを説明している。ただ，それは単なる桃ではなく，大きなものだったことも驚くべきこととして強く伝えたいところである。すると，この文ではフォーカスは「大きな桃」全体に置くことになる。この部分のイントネーションは意味の限定関係を手がかりにして考えることになるので，ここでは「大きな」の限定する働きを生かして「桃が」のアクセントを弱める。同じ状況でも「桃が」のアクセントを弱めない発音もできるが，それは「大きな」と「桃」の両方に別々にフォーカスを置いた言いかたになる。

　例 2 は道路の混雑状況を伝える交通情報だが，すべてが伝えるべき重要な情報で，文全体にフォーカスがあると言えよう。イントネーションは，やはり意味の限定関係を手がかりにして考える。「圏央道の内回り」は「全体と部分」の関係（p.65）なので，「内回りは」は弱めない。

3.2.6　文芸作品でのフォーカスの解釈の多様性：『ごん狐』の冒頭文

　文芸作品では，どこにフォーカスを置いて読むべきかの判断が，読み手の解釈しだいで変わってくることがある。ひとつの文に対して解釈が複数できる例として，『ごん狐』の冒頭の文，「これは，私が小さいときに，村の茂平というおじいさんからきいたお話です」を考えよう。

　この文は物語の最初なので，そこまでの文脈というものがない。そのため，文全体が新しい情報になっている。そのなかに他をさしおいて特に読者に注目させたい箇所はあるだろうか。そもそもこの文は何を伝えようとしているのだろうか。

■**考えかた**

　考えかた@：相当昔のできごとだということをしっかり伝えたい。

　ひとつ思いつくのは，この物語が相当昔のできごとだということをここでしっかりと伝えておこうとしているのではないかということである。この解釈にしたがえば，フォーカスを置いて読むことになるのは，昔の話であることを思いおこさせる「小さいとき」（「私が」は省略しても話は通じるので除外）と「おじいさん」ということになるだろう。

　考えかた⑥：どこで知った話かをしっかり伝えたい。

　もうひとつ，これは単に情報源を伝える文だという解釈もできる。この場合は，フォーカスを置いて読むことになるのは，「茂平というおじいさんから」あるいは「茂平というおじいさんから聞いたお話」だろう。

　考えかた©：昔のできごとだということも，どこで知ったのかもしっかり伝えたい。

　読み手によっては上の@と⑥のどちらか一方の解釈しか思いつかないことがあるだろうし，ふたつをあわせた解釈をする人もあるだろう。ふたつ

をあわせた解釈というのは，昔のできごとであることも，どこで知ったのかも，どちらもしっかり伝えておこうという読みかたである。

　そのほかの考えかたもできるかもしれないが，上の3つの考えかたを反映するイントネーションは次のようになる。ⓐとⓑのどちらの解釈でも「村の茂平」の「茂平」のアクセントは弱めていない。これは「村の」が補足的な情報で，「茂平」の意味を限定していないからである。なお，発音例では冒頭の「これは」のアクセントを弱めているが，これについては3.3.3（p.85）で説明する。

■それぞれの考えかたに対するイントネーション

・考えかたⓐのイントネーション（相当昔のできごとだということをしっかり伝えたい）

　コ｜レワ／ワ｜タシガ　チーサ｜イ　ト　キ　ニ／ム｜ラノ　モ｜ヘートユ
　ー　オ｜ジ｜ーサンカラ　キ｜ータ　オハナシデ｜ス

（これは，私が小さいときに，村の茂平というおじいさんから聞いたお話です）【図3-12】

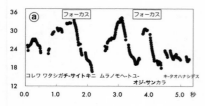

図3-12　考えかたⓐのイントネーション

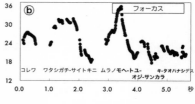

図3-13　考えかたⓑのイントネーション

・考えかたⓑのイントネーション（どこで知った話かをしっかり伝えたい）

　コ｜レワ／ワ｜タシガ　チーサ｜イ　ト　キ　ニ／ム｜ラノ　モ｜ヘートユ
　ー　オ｜ジ｜ーサンカラ　キ｜ータ　オハナシデ｜ス

（これは，私が小さいときに，村の茂平というおじいさんから聞いたお話です）【図3-13】

・考えかた©のイントネーション（相当昔のできごとだということも，どこ
　で知ったのかもしっかり伝えたい）

🎧　コ￣レ￣ワ / ワ￣タ￣シ￣ガ￣チーサ￣イ￣ト￣キ￣ニ / ム￣ラ￣ノ　モ￣ヘー￣ト￣ユ
　　ー　オ￣ジー￣サン￣カラ　キー￣タ　オ￣ハ￣ナ￣シ￣デ￣ス

　　（これは，わたしが小さいときに，村の茂平というおじいさんから聞いたお話
　　です）

　　第4章で，熟練した10人の読み手が朗読した11の朗読資料での『ごん
狐』の読みかたを紹介する。この文については，「おじいさんから」のア
クセントの強弱のつけかたの判断に困った1例を除くと，考えかた@にあ
たる読みかたが6例，©にあたる読みかたが4例で，⑥にあたる読みかた
はなかった。

　　このように，物語を朗読するという立場から見たフォーカスのありかは，
ひとつひとつの語句の存在意義をどのように理解するか，作者の意図をど
う解釈するかなどによって変わる。それによって文のイントネーションが
変わってくる。

3.3　文内のイントネーションを決めるさまざまな要因

　　文内のイントネーションを決める要因として特に重要なのが，これまで
説明してきた意味の限定とフォーカスだが，そのほかにもいくつかがある。

3.3.1　つけ加え

　　文の最後に，その一部として補足の語句をつけ加えることがある。最後
のつけ加えなので，そうした語句は特に伝えたい語句よりもあと，つまり
フォーカスがある語句よりもあとにつけ加えることになる。フォーカスよ
りもあとの語句なので，特に重要性が高くないかぎりアクセントは弱める。
その上で，補足する語句の前にポーズをはさむことをよくする。次の例2
のように，質問の文の場合でも同じである。

🎧　例 1.　ダ￣メ￣ヨ　サ￣ワ￣ッチャ￣ー　（だめよ，触っちゃ）【図3-14】

2. $\overline{\text{エーゴデシャベラナ}}$ $\boxed{\text{イトッテ シッ}}\overline{\text{テル}}$↗(小)ー / $\boxed{\text{エ}}$－$\overline{\text{ネエチケ}}$ニ

↑(小)ノー（「英語でしゃべらナイト」って知ってる？ NHK の：第 5 章で
説明する会話資料⑨ 1972f2）

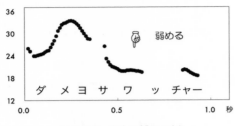

図 3-14　文末の補足の例

3.3.2　場面の転換

　話の場面が大きく変わるときは，そこに長いポーズ（間，休み）を入れる。そして，新しい場面の最初では冒頭の文節のアクセントを強めて，高めの音域から言いはじめるということをよくする。

例 1. $\boxed{\text{フ}}$$\boxed{\text{ト ミ}}$$\boxed{\text{ルト}}$ / $\boxed{\text{カ}}$$\boxed{\text{ワノナ カニヒ}}$$\boxed{\text{トガイテ}}$ / $\boxed{\text{ナ}}$$\boxed{\text{ニカヤ}}$
$\boxed{\text{ッ}}$$\boxed{\text{テ イマ}}$$\boxed{\text{ス}}$（ふと見ると，川の中に人がいて，何かやっています）

2. $\boxed{\text{シ}}$$\boxed{\text{バ}}$$\boxed{\text{ラクスルト}}$ $\boxed{\text{ヒョ}}$ー$\boxed{\text{ジューワ}}$ / $\boxed{\text{ハ}}$$\boxed{\text{リキリ}}$$\boxed{\text{アミノ イ}}$$\boxed{\text{チバ}}$
$\boxed{\text{ン}}$$\boxed{\text{ウシロノ}}$…（しばらくすると，兵十は，はりきり網の一ばんうしろの…）

　どちらの例も『ごん狐』からだが，例 1 では，そのすぐ前でごん狐が川の堤を歩いていることを説明している。そして，ここから兵十を見つける場面に変わる。その変わり目に長めのポーズを置いて，新しい場面の最初を高い音域で語りはじめる。例 2 では，すぐ前で兵十の作業の内容を説明している。それからしばらく時間が経過し，兵十の作業の内容が変わるところである[14]。

コラム9　日本語なまりの英語イントネーション

　英語の文内のイントネーションは日本語とまったく違う独特なものである。日本語を母語とする人には日本語の文内のイントネーションのつけかたが身にしみついているので，英語を発音するときにもくせとして出てしまう。特徴的な日本語なまりとして次の3点がある。

（1）日本語だと，たとえば「青い本」と言うとき，「青い」から意味が限定されているので「本」のアクセントは弱める。しかし，英語では“blue book”の“book”のアクセントは弱めない。日本語を母語とする人は日本語の規則が自然だと思うので“book”のアクセントを弱めて言ってしまう。

（2）日本語だとフォーカスのあとはアクセントを規則的に弱める。疑問詞や否定辞はフォーカスがあることが多いものなので，日本語を母語とする人は“**Where** <u>do you live</u>?”や“**I haven't** <u>thought about it</u>.”の下線部のアクセントをすべて弱めて言ってしまう。しかし，英語では疑問詞や否定辞のあとでも「内容語」，つまりふつうの名詞・形容詞・動詞のアクセントは弱めないので，上の文の“live”と“thought”のアクセントは弱めない。

（3）日本語だと文の最初の文節のアクセントは弱めないのが原則である。そのため，日本語を母語とする人は“I like English.”でも“I”を高く言ってしまいがちである。しかし英語では，代名詞などの「機能語」であればフォーカスを置かないかぎりアクセントは弱めるので，“I”で始まる文は低く始めるのがふつうである。

　なお，上にあげた日本人英語学習者の発音傾向は斎藤弘子・上田功（2011）の指摘にもとづくが，なぜそのような発音になるかの説明は私自身による。

3.3.3　文の最初の文節のアクセントを弱める特別な読みかた

　文の最初の文節のアクセントは弱めない。これが原則である。

　ところが，特に文芸作品の朗読やニュースでは，文の最初を低めに抑える読みかたがある。

例 1. ゴ￣ンワ／ヒ｜トリボ｜ッチノ　コ￣ギ｜ツネデ…（ごんは，一人ぼっちの小狐で…:『ごん狐』）【図3-15】

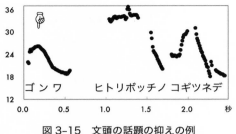

図 3-15　文頭の話題の抑えの例

2. ソ￣シテ / ヨ￣ルデモ ヒ￣ル デモ / ア￣タ リノ ム￣ラ エ￣ デ￣テ キ￣テ…（そして，夜でも昼でも，あたりの村へ出て来て…：『ごん狐』）

3. マ￣タ / ヨッ￣カ ノ　ロ￣ン ドン ゲ￣ンユ シ ジョーデ ワ…（〈ニュースで〉また，4日のロンドン原油市場では…）

　こうした読みかたが許されるには，いくつかの条件が必要である。それは，例1の「ごんは」のように，（a）その文節が，文の主題（何のことについてその文で説明するのかを言う文節で，助詞の「は」がついていることが多い）になっている場合である。そして，同時に，（b）そこにフォーカスがない場合である。ポーズをあとに置くことも多いが，ないこともある。

　これはふつうの読みかたではない。朗読の場合は，特別な発音をすることで聞き手の注目を主題に引きつけ，それがどうなるのかを期待させる効果があるのだと思う[15]。

　文の最初でなくても，文の主題であれば低めに抑えることがある。『ごん狐』で言えば，「雨があがると，ごんは，ほっとして穴からはい出ました」の「ごんは」がそれである。

　ニュースでも，「国は」「警察は」「市場関係者は」のような文の主題になる語句は，それらがその文以前の文脈にすでに登場している場合は低めに抑えて読むことがよくある。

　文の最初の文節を低めに抑える発音としては，例2と例3にあげた「そして」や「また」などの接続詞の場合もある。ニュースでは，「このため」「一方」のような接続詞的な語句で，意味として重要性が低いものも，低く抑えて読むことがよくある。

　ただ，このような場合でも，低く抑えないといけないというわけではない。むしろ，読みに慣れない人に多いまちがいのひとつが，いま言ったような条件を考えないで，文の頭をとにかく低く読んでしまうということである。このまちがいについては，第4章（p.91以下）であらためて説明する。

　会話でも，「きれいな海だな」(p.65)，「やれやれ」(p.66) などの感情表現にはよくあるが，文をつなぐ「それから」「それで」「だから」「だけど」「だって」「でも」などのような接続詞や接続表現も高さを抑えることをよくする。抑えることができるのは，そうしたつなぎことばを取り去っても伝えたい内容に変わりがない場合である。

3.3.4　文の内容と音域

　文芸作品の朗読では，物語の中での役割が小さい文や密かな行動を描写する文は，文全体の音域を低く抑えることをする。逆に，活気に満ちた場面やあわただしい情景を描写する文は高めの音域を使う。

例 1. ア タリノス スキノ ホ ニワ / マ ダ ア メノ シ ズク ガ ヒ カ ッテ イ マ シタ （〈降り続いた雨があがったあとなので〉あたりの，すすきの穂には，まだ雨のしずくが光っていました:『ごん狐』）

　 2. ゴンワ ミ ツカラナイヨ ーニ / ソ ーット ク サノ フ カイ トコロエ ア ルキヨ ッテ / ソ コカラ ジッ ト ノ ゾイテ ミ マ シタ （ごんは，見つからないように，そうっと草の深いところへ歩きよって，そこからじっとのぞいて見ました:『ごん狐』）

　 3. ゴンワ ビッ クリシテ ト ビアガリマ シタ // ウ ナギオ フ リス テテニ ゲヨ ート シ マ シタガ / ウ ナギワ ゴ ンノ ク ビニ マ キツ イタママ ハ ナレマセン // ゴンワ ソ ノママ ヨ コットビニ トビダ シテ / イッ ショーケ ンメーニ ニ ゲテ イ キマ シタ （ごんは，びっくりしてとびあがりました。うなぎをふりすててにげようとしましたが，うなぎは，ごんの首にまきついたままはなれません。ごんはそのまま横っとびにとび出して一しょうけんめいに，

　　にげていきました：『ごん狐』）

　長い話の中には，ひとつの文全体が情景描写や補足的な説明になってい
て，話の展開にかかわらないことがある。文芸作品の場合，熟練した読み
手は，そのような文は全体を低めの音域で言う傾向がある。

　例1はごん狐が川に向かう途中の情景描写だが，この話がどんな場所で
展開しているか，その視覚的なイメージを作る文である。ただ，この文で
説明している内容は，すぐ前の文脈（降り続いた雨があがった）から想像で
きるものである。また，これを知らないとあとの話がわからなくなるとい
うこともない。つまり，話の流れのなかでの役割が小さい。極論すれば，
この文全体をそのまま取り去ってもよいほどである。熟練した読み手は，
この文全体を低めに抑えて読んでいる。

　例2は，ごん狐が川の堤で人を見つけたので，用心しながら様子をうか
がおうとする場面である。熟練した読み手は，こっそりとのぞき見る様子
を，文全体を低めの音域で言うことで表現している。

　例3は，いたずらをしているところを見つかってしまったごん狐があわ
てて逃げる場面である。熟練した読み手は，この緊迫した様子を，全体を
高めの音域で言うことで表現している。同時に，読むテンポをすこし速く
している。

第4章

一般的な文章の音読と
文芸作品の朗読への応用

◇この章で説明する内容◇

・第2章と第3章で説明した文内のイントネーション規則の要点を
まとめ，読みあげ原稿へのイントネーションの書きこみかたの例を示
す。

・説明文や通知文など一般的な文章を読むときに内容がうまく伝わる
ように注意したい点，そして，しろうと読みにならないように気をつ
けたい点を説明する。

・文芸作品を朗読する際に注意すべきこと，そして具体的にどのよう
に読めばよいのかを，新美南吉の『ごん狐』の第1章を使って説明
する。

4.1　文内のイントネーション規則のまとめ

　第2章と第3章で，文内のイントネーションの基本的な規則と実践的な
知識を紹介した。全体像を確認していただくために，その要点を，アクセ
ントを弱める場合と，アクセントを弱めない，または強める場合に分けて
まとめておく。

　太字は特に重要な項目である。かっこの中に書いたのは説明した箇所の
ページ番号である。規則の例外についてもそれぞれの箇所を見てほしい。

■**アクセントを弱める場合**

・すぐ前の文節から意味が限定されるとき（p. 29〜35）。

　　ただし，限定されていても，実際には前の文節は補足する表現だと読み手が判断すれば，アクセントを弱めない（p. 67）。

・補助動詞（p. 40，58）。弱めかたが大きい。

・独立性が弱い「こと」「ため」「つもり」など（p. 60）。弱めかたが大きい。

・「という」（p. 61）。弱めかたが大きい。

・ひとまとまりと考える物や動作の後半部（p. 62）。

・フォーカスがある文節のあと（p. 51）。弱めかたが大きい。

・文の最後につけ加える語句（p. 83）。

■**アクセントを弱めない場合と強める場合**

・文の最初の文節。弱めない。

　　ただし，やや特殊な読みかたとして，文の最初が主題の場合などに低く抑えることがある（p. 85）。

・すぐ前の文節から意味が限定されていないとき（p. 31〜32）。弱めない。

　　特に，すぐ前の文節が補足説明になっているときに注意（p. 63〜64）。

・フォーカスがあるとき（p. 47〜50）。強めることが多いが，特に文末では強めなくてよい（p. 51）。

　　語句や構文の性質としてフォーカスを置くことが多いのは，ⓐ文の主題のすぐあとの述語，ⓑ対比の「は」がつく語句，ⓒ疑問詞，ⓓ「はい・いいえ」の答えを求める文の述語，ⓔ否定の文の述語，ⓕ命令や依頼の文の述語，ⓖ強めるための語句，ⓗ擬音語・擬態語で，大きく感じられる音や顕著な動き，目立つ状態をあらわすもの，ⓘ「だけ」「ばかり」などがつく語句（p. 73〜79）。

・「全体と部分」の「部分」，「物とその種類」の「種類」，「素材と製法」の「製法」（p. 65）。弱めない。

・新しい場面の最初（p. 84）。強める。

4.2　一般的な文章を読むときの６つの注意点

　次に，説明文や通知文など一般的な文章を内容がうまく伝わるように読みあげるときに注意したい点と，しろうと読みにならないように気をつけたい点をまとめておく。文芸作品の朗読についてはそのあとに説明する。

■こま切れに読まず，意味の大きな切れ目でしっかり休むこと

　しろうと読みの典型が，意味のつながりを無視して文節ごとに（あるいはそれに近く）ブツブツとこま切れにポーズ（間，休み）を置いて読んでしまうことである。日本語がじゅうぶんよくわからない方々にとっては親切だと言えるかもしれないが，それでは流暢さに欠け，意味のつながりがわかりにくい。そうではなく，ひとつの文の中でポーズを置くのは意味の大きな切れ目だけとし，あとは滑らかに続ける。ひとつの文が終わったらしっかり息を吸う。

　読点（、または，）があってもポーズを置くとおかしいことがある。どういうところでポーズを置けばよいのかは，あとで説明する。

　逆に，流暢に読もうとして早口になってしまう人もいる。流暢さと単なる早口は違う。単なる早口だと何を言っているのかわからなくなる危険がある。ただし，くせとして多少早口の人でも，長めのポーズを適切な場所に入れると話がわかりやすくなる。

■アクセントを弱めてはおかしいところは弱めないこと

　へたな読みかたについて「一本調子」「棒読み」だとか，「しゃくり」や「うねり」があると言うことがある。どれも文内のイントネーションの不適切さを指す表現である。読む文が何を伝える文なのかをよく考えた上で，さきほどの「文内のイントネーション規則のまとめ」にまとめた規則にしたがって，アクセントを弱める・弱めないということを適切におこなう。

　特に，不適切なところでアクセントを弱めると不自然な読みかたになり，場合によっては誤解を招くこともある。テレビのコマーシャルには，商品を使用した感想を一般視聴者が語るものがある。書いたものを読んでいる

ためか，そうした不自然なイントネーションがよく聞かれる。商店で流れる録音メッセージにも聞かれる。読み手は自分なりによいと思う抑揚をつけようと考えてのことなのだろうが，あいにくよい抑揚になっていない。

コラム10　原稿へのアクセントの弱め・強めの書きこみかた

　正しいアクセントがだいたいわかるなら，アクセントを弱めるか弱めないか，あるいは強めるかだけを記号で原稿に書きこんでおけば，正しい文内イントネーションをつけて読むことができる。ここでは第2章でも使った次のような記号を紹介する。ポーズと気をつけるべきアクセント，必要に応じて漢字の読みかたや，ガ行音が鼻濁音か破裂音かの指示も書きこむ[1]。全体を抑えるとか，ゆっくりなどの注釈は適宜工夫して書きこむ。これは縦書きの原稿にも使える。

- ⌣ 円の下半分の記号は，アクセントを弱める文節につける（unicode 25e1）。
- ⋀ 山形の記号は，アクセントを弱めない文節につける（22c0）。
- ⩓ 二重の山形の記号は，アクセントを強める文節につける（2a53）。
- / 短いポーズ。長いポーズは長さにあわせて//，///など。
- × 読点があっても，そこにポーズを置かない場合につける。
- ˺ アクセントの下げの場所（02fa）。
  下げがないことを示すには，その全体または最後の字の上に線を引くなどすればよい（縦書き原稿の場合は横に線）。

横書き原稿ではたとえばこんな感じで使う。

　　例：　おじいさんは，× 山へしばか˺りに行きました。//

　　　　おばあさんが，× 川で洗濯をしていると，/ 川上から大きな桃が…

記号は全部につけなくても，要注意だと思う箇所だけでよい。

　　例：　おじいさんは，× 山へしばか˺りに行きました。

縦書き原稿への書きこみの例

昔々、×おじいさんとおばあさんがありました。

おじいさんは、×山へしばかりに行きました。

おばあさんは、×川へ洗濯に行きました。

おばあさんが、×川で洗濯をしていると、

川上から、×大きな桃が、どんぶりこどんぶりこと、×流れてきました。

おばあさんは、×その桃を拾って、家へ帰りました。

　なかでも，文の最初を低めに抑えて読むことが，不自然なイントネーションとして耳につく。これは第3章（3.3.3，p.85）で説明したように，熟練者にも確かにある。ただ，それが許されるのは限られた場合だけである。ところが，読みに慣れない人ほどそれがじょうずな読みかただと思うのか，意味を考えずに文の最初をとりあえず低く抑えることをするようだ。しかし，それは滑稽でさえある2)。

　アクセントを弱めてはおかしいところで何度も弱めている例をあげておく。ある公共交通機関で流されていた録音メッセージの一部である。イン

トネーションが不自然だと私が判断した箇所をグレーの色で示す。ただし，その中にも許容範囲のものはあるかもしれない。

🎧 ・不適切なイントネーションのつけかたの例

　　現在 駅構内や 車内の 警戒を 強化しています。

　　ゲンザイ／エキコーナイヤ／シャナイノ／ケーカイオ／
　　キョーカシテイマス／

　　不審な 人や 物を 見かけられた ときは

　　フシンナ／ヒトヤ／モノオ ミカケラレタ トキワ／

　　係員 もしくは 警戒中の 警察官に お知らせ ください。

　　カカリイン／モシクワ ケーカイチューノ／ケーサツカンニ
　　オシラセクダサイ

　　この読みかたの問題点は，まず，ポーズ（/）の多さからわかるように，意味のつながりを考えないこま切れの読みになっていることである。そして，アクセントを弱めるとおかしいところなのに弱めていることが多い（「現在」「車内の」「不審な」「係員」「警戒中の」）。逆に，アクセントを弱めないといけないところなのに強めているところもある（「物を」）。結果として，「強化」「物」「警察官」がきわだって聞こえ，違和感があるだけでなく，全体として何を伝えたいのかが素直に耳に入ってこない読みになっている。

　　この文章の読みかたに唯一の正解というものはないが，一般的な読みかたとしてはどうするべきかを考えてみよう。

　　まず，こま切れにはせずに，大きな意味の切れ目だけにポーズを置くことにする。そして，意味の限定関係をもとに文内のイントネーションがどうなるかを考える。

　　次に，伝えたいという気持ちが他をさしおいて特に強いのはどこか，つまりどこにフォーカスを置くかを考える。解釈の可能性はひとつではないが，ここでは，駅の構内や車内での警戒を「強化している」こと，そして，

コラム11　アクセント辞典にない複合名詞のアクセント（その1）

　どの辞典にもアクセントが掲載されていない単語はたくさんある。なかでも，文章を読むときに悩むことが多いもののひとつが複合名詞である。

　複合名詞のうち，ふたつの単語の組み合わせで，もとの2語めが3拍以上の長さのものには，アクセントのつけかたが異なるふたつのタイプがある。多いのは，「台風情報」［タ｜イフー｜ジョ｜ーホー］，「ハワイ旅行」［ハ｜ワイリョ｜コー］，「試験休み」［シ｜ケンヤ｜スミ］のように，もとの単語のアクセントをそのまま言うのではなく，全体で［○｜○…○＃○｜○○…］という，高さの山がひとつの形にまとめる（融合させる）ものである。＃はもとの単語の切れ目を示す。「大型台風」［オ｜ーガタタイフ｜ー］，「スキンクリーム」［ス｜キンクリ｜ーム］のように，もとの2語めのアクセントが中高型の場合は，その下がり目を生かす形で融合させることが多い。「ドナルド・トランプ」など外国人名もこのタイプになる。

　ところが，もうひとつ，「台風接近」［タ｜イフ｜ーセッ｜キン］，「正体不明」［ショ｜ータイフ｜メー］，「中国南部」［チュ｜ーゴク｜ナ｜ンブ］，「豪華絢爛」［ゴ｜ーカケ｜ンラン］のように，融合せず，もとのそれぞれ単語のアクセントで言うものがある。このような非融合アクセントになるのは，(1)もとの2語めが動作や状態をあらわす場合（「台風接近」「正体不明」等），(2)もとの2語めが1語めの指示内容を限定する場合（「中国南部」「舞台中央」など，「佐藤花子」など姓名も），(3)どちらかが他方を意味的に補足する関係にある場合（「佐藤先輩」「港町横浜」等），(4)もとの2語が並列関係にある場合（「豪華絢爛」，地下鉄駅名の「白金高輪」［シ｜ロ｜カネ｜タ｜カナワ］など）である。

　ただし，(1)の場合は融合形のアクセントを使うこともあり，融合形と非融合形を使い分けることもある。『NHK日本語発音アクセント新辞典』の解説p.33では，非融合形（2単位形）の方が相対的に「動的なニュアンス」を帯び，融合形（1単位形）の方が「静的なニュアンス」を帯びることがあるとして，「権力集中」や「人口減少」の例をあげている。ただ，これは静的か動的かの違いと考えるよりも，もとの2語めがあらわす意味（「権力集中」「人口減少」の場合は状態が変化すること）をしっかり伝えようとする場合は，融合させないで2単位形で言うと考える方がよいようだ3)。

「不審な人や物」があれば，「係員か警察官に知らせろ」ということが大事だと考えよう。すると，「強化しています」「不審な」「係員」「警察官に」のアクセントは弱めないことになるので，結果として次のような読みかたになる。

🎧 ・修正後

現在 駅構内や 車内の 警戒を 強化しています。

　　ゲンザイ　エキ　コーナイヤ　シャ　ナイノ　ケーカイオ　キョー
　　カシテ　イ　マス／

不審な 人や 物を 見かけられた ときは 4)

　　フ　シンナ　ヒト　ヤ　モ　ノ　オ　ミ　カケラレタ　トキ　ワ／

係員 もしくは 警戒中の 警察官に お知らせ ください。

　　カ　カリ　イン／　モ　シクワ　ケーカイチューノ　ケーサツ　カン
　　ニ　オ　シラセ　クダサイ

■アクセントを弱めるべきところは弱めること

　不自然な強調をする読みかたは，いま見た公共交通機関の放送の「物を」にもあった。また，テレビやイベントの司会者の話しかたで，テンションを上げて場を盛り上げようとするときにもそういうことがある。しかし，それだと何を伝えたいのか，本当に重要なのは何なのかがわかりにくくなる。そうしたイントネーションが続くと，聞いている人は疲れる。現実の発音例ではないが，たとえば次のような感じのものである。

🎧 ・不適切なイントネーションのつけかたの例

　　キョー　ワ　マーボード　ーフノ　ツ　クリカタ　オ　ゴ　ショーカイシ
　　マ　シタ　（〈料理番組の最後に〉きょうは麻婆豆腐の作りかたをご紹介しました）

ここでは本来は「麻婆豆腐」だけが重要で，「作りかた」と「ご紹介し

┌───┐

コラム 12　アクセント辞典にない複合名詞のアクセント（その2）

　「参議院山口県選挙区選出議員補欠選挙」「日本語教育能力検定試験」といった長大な単語も辞典にアクセントが掲載されていない。こうした単語に対して使うアクセントはひととおりではないが，次のような手順で考えればよい。

(1) 長い単語から自分になじみのある複合語を取り出して，全体をいくつかの部分に分割する。その際，自分になじみのある複合語以外はそのままにする。上のひとつめの例で言えば，たとえば「〈参議院〉〈山口県〉〈選挙区〉〈選出〉〈議員〉〈補欠選挙〉」という6つの部分に分割する。ふたつめの例なら「〈日本語教育〉〈能力〉〈検定試験〉」でも「〈日本語〉〈教育能力〉〈検定試験〉」でもよい。分けかたはひととおりではないが，その違いが全体のアクセントの変異を生み出す原因となる。

(2) 分割した部分それぞれのアクセントを，アクセント辞典や，コラム11「アクセント辞典にない複合名詞のアクセント（その1）」を手がかりにして決める。

(3) 隣接する部分どうしの関係を冒頭から見てゆき，以下の@⑥の作業を繰り返す。

　@隣接する部分のうちあとの方がすでに複合語である場合は，隣接する部分どうしをアクセントとして融合させず，もとのアクセントのままにする。

　⑥あとの方が複合語でない場合は，先の方があとの方の意味を限定していれば両者を ［○| ‾○…○ # ‾○|○○…］ という山ひとつの形に融合させるが，限定していなければ融合させず，もとのアクセントのままにする。

　結果として，ひとつめの例は ［サ|ンギ|インヤ|マグチケンセンキョ|クセ|ンシュツギ|インホ|ケツセ|ンキョ］，ふたつめの例は，最初の段階の分けかたに応じて ［ニ|ホンゴキョ‾イクノ|‾リョクケ|ンテーシゲ|ン］ または ［ニ|ホンゴ|キョ‾イクノ|‾リョクケ|ンテーシゲ|ン］ となる。ただし，日本語教育の専門家には，「試験」で下げるまでは平板で言う人が目立つ[5]。

└───┘

ました」は重要ではなく，アクセントを弱めるべきところである。しかし，それを強める発音になっている。

■「助詞上げ」や「助詞のばし」はしないこと

　文の中の助詞を高くしたり，平らなまま長くのばすことも，しろうと読みに目立つ。下の例では高くする箇所の前に上向きの矢印（↑）をつけている。これらは末尾のイントネーションの一種である「強調型上昇調」（p. 148）をつけたものである。

🎧　・不適切なイントネーションのつけかたの例

　　モ｜メンド｜ーフ｜↑ワ｜/｜ク｜ズレニク｜イノ｜↑ガ｜ト｜クチョーデ｜ス
　　（〈料理の作りかたを紹介する番組で〉木綿豆腐はくずれにくいのが特徴です）

　これは無意識のうちにやってしまうものなので，よく気をつけてほしい。こういう読みかたをしているかいないかで，その人が読みに気を使っているかどうかがすぐわかる。熟練した読み手はこういう読みかたはほとんどしない。なお，「助詞上げ」「助詞のばし」という表現を，単に上げたりのばしたりするだけではなく，上げてから下げる発音（上昇下降調，p. 156）を指すために使う人がいるが，それは適切ではないので避けたい。

■高い声を効果的に使うこと

　じょうずでない読みかたのもうひとつの特徴として，ボソボソ言っているように聞こえるということもある。これは，声の高低の幅が狭く，口もあまり動かさないからである。そうした読みかたが朴訥で親しみやすく感じられる場合もあるが，内容が確実に伝わるようにするには，顎と舌を大きくていねいに動かし，高い声も低い声も使って高さのメリハリをつけることを心がけてほしい。高低の幅の広げかたはのちほど説明する。

■場や文章の内容にあわせて高さのレベルとテンポを調節すること

　聞く人がかならずいるわけなので，聞く人のことを考えながら読まなければならない。文章の内容にふさわしいトーンや速さを考えることも必要である。一般論としては，楽しく華やかにしたい場面では，高い声も低い

声もまんべんなく使って，すこし速めに話すのがふさわしく，厳粛さが求められる場面では，あまり高い声を使うのは避けて，ゆっくりめに話すのがふさわしい。

4.3　文芸作品の朗読とイントネーション・ポーズ・テンポ

　説明文や通知文など一般的な文章の読みあげと比べると，文芸作品をじょうずに朗読することは一段も二段もむずかしくなる。ここではまず，熟練した読み手は朗読するときに何を実践しているかを説明する。そのあとで，その人たちの読みには具体的にどのような特徴があるかを，新美南吉の『ごん狐』を使って見てゆく。

4.3.1　じょうずな朗読に必要な声の使いかた
■基本

　作品のひとつひとつの文があらわす意味をすなおな形で表現することが，まず何よりも必要である。つまり，意味がつながっている語句はそのつながり感が伝わるように読み，意味として重要な箇所とそうでない箇所がわかるように読む。地の文と会話文の読み分けや，楽しい場面と悲しい場面などの読み分けは自然な感じでおこない，誇張はしない。また，わざと作った声や，外国映画の吹き替えやアニメで聞かれるような「ハッ」と息の音を文の最後や文節の最後に加えたりするような，現実にはありえない言いかたはしない。

　もっと基本的なことになるが，人に聞かせる声の出しかたとして，はっきり聞き取られやすいように，顎と舌，つまり口全体をていねいに動かして発音すること——いわゆる「滑舌」をよくすることにつながる——，そして弱々しくない，しっかりした力強い声を出すことが求められる。しっかりした声を出すためには，背すじをのばし，腹の下の方の筋肉を大きく動かして，息をぐうっと，たっぷり吸いこんでから吐いてゆくこと，つまり腹式呼吸も必要である。その上で，個人的な読み聞かせなのか，大勢の前に立つのか，どういう聞き手なのかなどの違いへの配慮，そして十分な練

習が必要である。

　こうした基本をふまえた上で，熟練した読み手が実践していることがさらに3点ある。

■声の高低の幅を広くとること

　熟練した読み手は，高い声も低い声もまんべんなく使う。そのため声の高低の幅（音域）が広い。あまりじょうずでない人が朗読したものでも，人工的に高低の幅を広げてやるだけで，とたんにじょうずな読みに聞こえることがある[6]。高低の幅を広くとるというのはそのぐらい大事なことだが，そのためには意識して高い声を使うことを心がける必要がある。

　何も意識しないで自分の名前を言うとき，その声は自分が出せる高さの範囲（声域）のうちの低い部分しか使っていない。それは声を楽に出せるからだが，読みに慣れない人はそのままの調子で文章を読んでしまう。それでは高低の幅が狭い。ドレミファソラシドの下のドから上のドまでの高低の幅が1オクターブだが，その半分程度にしかならないのである。

コラム13　じょうずな朗読とは

　文芸作品を朗読するならじょうずに読みたい！　これは，人前で歌を歌うならうまく歌いたいというのと同じように，誰もが持つあたりまえの気持ちだろう。しかし，これがなかなかむずかしい。

　朗読では「気持ちを込める」ということをよく言う。しかし，朗読は芝居とは違う。気持ちを込めると言っても，悲しい場面をいかにも悲しげに読むとか，楽しい気持ちを聞き手にわかってもらおうと叫ぶように読むことではない。子供への読み聞かせではそうした派手な読みかたの方が受けがよいということはある。しかし，内容をじっくり味わおうとする大人からすれば，読み手の気持ちを押しつけるような朗読はうっとうしいだけで，肝心の内容が伝わらなくなる危険がある。

　じょうずな朗読と言ってもひととおりではないが，聞く人に気持ちよく聞いてもらえるように読むこと，そして聞く人が話の流れを理解しやすく，頭の中に物語の世界を作り上げやすいように読むことが重要ではないだろうか。

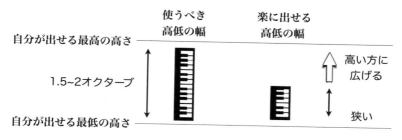

図4-1　朗読で使うべき高低の幅と，楽に出せる高低の幅

　ところが，熟練した読み手は1オクターブ半から2オクターブの高低の幅を文芸作品の朗読で使っている。これは，裏声を除くとふつうの人が出せる高低の幅のほとんど全部である。アナウンサーがニュースを読むときも，1オクターブ半程度は使っている。

　実は，会話が盛り上がるときは誰でもそのぐらい広い高低の幅を無意識のうちに使っているのである。しかし，書いたものを見ながら読むときは，それがなぜかできない人が多い。大事なのは，自分が思うよりも数段高い声を，文の最初から意識的に使う必要があるということである。

　図4-1の右側に示したように，楽に出せる音は自分の声の最低の音域に近く，そこからさらに低い方には大きく広げることができない。したがって，高低の幅を広くとろうとすれば，高い方に広げるしかない。自分の名前をふつうに言うときより，できれば1オクターブ上まで使うことを目指してほしい。

　と言っても，1オクターブ上というのがどのぐらいの高さなのか，ピンと来ない人も多いと思う。誰でも知っていそうな童謡の『赤とんぼ』で説明しよう。「ゆうやけこやけのあかとんぼ」という歌詞で始まるこの歌は，メロディーとしては「こやけ」の「け」がいちばん高い音になる（図4-2）。

図4-2　『赤とんぼ』のメロディー

声を出して歌ってみればすぐわかるが，この「け」は結構高い。これは「ゆうやけ」の「け」から数えると1オクターブ弱上の高さである。

高めの声を使って読む感じをつかむためにお勧めしたいのは，この『赤とんぼ』のメロディーを利用した次の練習である。

まず，あなたの名前が「けんじ」か「けいこ」だと思ってほしい。そして，ふつうに自分の名前を言うときのように「けんじです」[ケ|ンジデス]または「けいこです」[ケ|ーコデス]と口に出す。次に，その最初の「け」が「ゆうやけ」の「け」の高さにあうように，「ゆうやけこやけ」と歌う。そして，こんどは「こやけ」の「け」にあたる高さからはじめて「けんじです」または「けいこです」と続けて何度も言う。完全にこのとおりできなくてもよいが，このようにすれば高い声を使う感じがつかめる7)。

私の経験では，こういう練習をしない限り，高い声を出すようにと言っても，りきむだけで，実際には全然高くならない人が多い。

ただ，当然のことだが，読むときに最初から最後までずっと高い声で読めばよいというわけではない。どの単語もどの文もみな一所懸命に高く発音してしまうと，内容として大事な部分とそうでない部分の差がつかない。そういう単調な読みかたは逆にへたにしか聞こえない。文内のイントネーションの規則にあわせて，低く抑えるべきところは抑え，高くきわだたせるべきところは高くする必要がある。

また，高い声にもいくつか段階がある。これまで本書では文内イントネーションの基本を理解していただくために，アクセントは弱める場合と弱めない場合，そして強める場合の3段階で説明してきた。しかし，じょうずな朗読となると，強めや弱めの程度を少なくともそれぞれ2段階に分けて，文の意味にあわせてそれを使い分けることも必要になる。大きく弱めるのは補助動詞，独自性が弱い「こと」「ため」などや，「という」，そしてフォーカスのあとなどである。一方，大きく強めるのは伝えたい気持ちがきわめて強いところである。

■あわてず，すこしゆっくりめに読むこと

　熟練者の読みのテンポ（速さ）は，すこしゆっくりめである。昔話の『桃太郎』の冒頭で言えば，「むかしむかしあ」か「むかしむかしある」までを1秒で言う程度の速さだと思えばよい。ただ，熟練者は，場面にあわせて読む速さをすこし変えることで，単調にならずメリハリをつけている。緊迫した場面ならすこし速くする。また，ひとつの文の中でもしっかりと伝えたい部分はすこしゆっくりめに読む。そして，音楽で曲の終わりのテンポを落とすのと同じく（リタルダンド），段落の終わりなど終了感を出したいところでは文の最後の文節をすこしゆっくりめに読む。

■文の最後でしっかりと休みをとるが，単調にならないように心がけること

　もうひとつ，熟練者はポーズの置きかたに気を使っている。息が続かなくなったからと言って，意味の大きな切れ目以外にポーズを置くと不自然に聞こえる。そして，文と文のあいだではしっかり休んでたっぷり息つぎをしておく。

　熟練者が『ごん狐』のどこでどのようにポーズを置いているかの詳細はこのあと説明するが，文と文のあいだでは1.2秒から3秒程度休んでいる。これは実は結構長い時間である。『桃太郎』で「むかしむかしあるとこ」までを急がずに言うぐらいが1.2秒，そのあと「ろにおじいさんとおばあさんが」まで続けるぐらいが3秒である。しかも，いつも同じ長さだと単調になるので，状況にあわせてポーズの長さも変える必要がある。そのことでやはりメリハリがつく。

　さらに上のレベルのじょうずさとしては，ひとつひとつの文の読みがそれだけを聞けば完璧というだけでは不十分である。話の流れ，そして全体として作品をどのような感じにしあげたいのかを考え，それをひとつひとつの文に反映させる必要がある。

4.3.2　熟練者が読む『ごん狐』のくわしい特徴

　次に，じょうずな朗読にするには具体的にどうすればよいかを考えるために，熟練した読み手の方々の朗読にはどんな特徴があるかをくわしく見

てゆく。読み手によって読みかたはすこしずつ違うが，共通性も高い。その共通性に注目して，模範となる読みかたを知るのが目的である[8]。

　材料として新美南吉の『ごん狐』を使う。これは長いあいだ小学校4年の国語教科書に使われていて，よく知られた物語である。そのため，これを朗読した音源がいくつもある。

　ここでとりあげるのは，物語全体の最初の約三分の一（第1章），兵十にいたずらを見つけられたごん狐が巣穴に逃げ帰るまでの，時間にして5分から6分程度の分量である。これを10人の中堅以上の読み手が朗読してCDの形で販売されている11の音源を資料とする。読み手は，沼田曜一，岸田今日子，来宮良子，関根信昭，市原悦子，広瀬修子（2録音），神保共子，田原アルノ，高山みなみ，佐々木健の各氏のものである。音源の一覧を巻末に示すが（p. 237），できれば実際の音を聞きながら，このあとの説明を見てほしい。比較的手に入れやすいのは，沼田曜一，岸田今日子，市原悦子，広瀬修子，神保共子の各氏の朗読である。公共の図書館でもどれかひとつは所蔵しているところが多いと思う。

　この資料について，文のひとつひとつの文節のアクセントを弱めているかどうかなどを，私が自分の耳と音声分析ソフトの両方を使って判断した。そして，ひとつひとつの文節で音がいちばん高い箇所の高さの値と，文の長さ，ポーズの長さを測った。そのデータをこの章の説明で使う。

■イントネーションのつけかた

　文内のイントネーションのつけかたの原理はすでに説明したとおりだが，それを実際の文芸作品にあてはめようとすると，どうすればよいのか迷う箇所がいくつも出てくる。自分が納得できる判断をくだすには，いま読もうとしている文が意味として何を伝えるものなのか，そして，話全体の中で語句のひとつひとつがどういう位置づけになっているのかをよく考える必要がある。それをどのように考えるかしだいで，イントネーションのつけかたが何とおりもできる箇所が出てくる。音楽でも楽譜の解釈のしかたで演奏が変わるのと同じことである。

　『ごん狐』の語句のひとつひとつについて，熟練者はどう考えてイント

ネーションをつけたのか，そしてそれ以外にどういう考えかたが可能かは，あとで説明するので，その前に全体的な特徴をまとめておく。すべてすでに説明した規則どおりである。

・アクセントを弱めるべきところでの弱め

　本書の第 2 章と第 3 章で説明した規則のとおり。

・「実質的な補足」への注意

　実質的な補足とは何かについては第 3 章（3.1.5, p.67）で説明したが，文芸作品にはこれがたくさんある。『ごん狐』で言えば，「萩の葉が一まい，大きな黒子みたいにへばりついていました」という文で，「大きな」は「黒子」の意味を限定している。しかし，「大きな」は省略しても文全体の意味に変わりはなく，「大きな」は実質的には補足説明だと考えることもできる。補足という側面を重視するなら，「黒子」のアクセントは弱めない。

・フォーカスの置きかた

　フォーカスをどこに置くかの判断は，その文で作者は何を伝えたいのかを考えながらおこなう。文芸作品ではこれがなかなかむずかしく，読み手の解釈にゆだねられる部分も大きい。これが文芸作品の朗読をむずかしくしている原因のひとつであるが，同時に朗読のおもしろさ，奥深さでもある。『ごん狐』の一文一文に対する解釈は，この章の最後（p.122 以下）で説明する。

・場面が大きく変わったところの音域

　新しい場面の最初は高めの音域からはじめる傾向があることは第 3 章（3.3.2, p.84）で説明したが，ここでその実態を見てほしい。

　図 4-3 に，『ごん狐』の第 1 章の各文について，最初の文節の高さ（最大値：11 種類の朗読の平均）が第 1 章の全文の平均からどのぐらいずれているかを示した。横軸にはそれぞれ文の出だしを書いている。四角の印

（🔲）をつけたのは，段落の変わり目である。

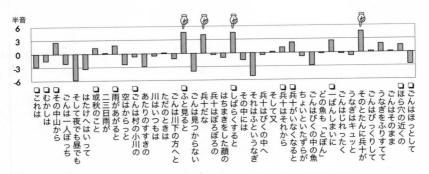

図4-3　『ごん狐』：文の最初の音節の高さ（11 の朗読の平均）

　この図の上の方に指さし記号（☞）をつけたのが，特に高めの音域で始まっている文である。具体的には，「ふと（見ると）」「兵十だな」「しばらくすると（兵十は）」「その（とたんに）」である。このほか，「その（中山から）」「或（秋のことでした）」「雨が（あがると）」「兵十が（いなくなると）」「いちばん（しまいに）」もすこし高くなっている。せりふの「兵十だな」を除くと，いずれも場面が変わるところである。段落の変わり目とおよそは一致するが，まったく同じではないことに注意。

・「助詞上げ」や「助詞のばし」はしないこと
　しろうと読みには，「中山というところ↑に／小さなお城があっ↑て」のように「に」や「て」を一段高くするような読みかたがよくある。しかし，熟練者はそうした読みかたはほとんどしない。また，「『ごん狐』と言う狐がいましたー」のように最後をのばすこともしないし，「『ごん狐』と言う狐がいましたっ」のように最後を切るように言うこともない。

■ポーズの使いかた
・読点とポーズの関係
　「朗読するときは読点（、または，）で 1 拍休み，句点（。）で 2 拍休む」と小学校で習った人もあるかもしれない。句点ではたしかにポーズを置い

て休む。しかし，読点で休むというのは正確ではない。

　ポーズを置くべきなのは，意味の大きな切れ目である。読点は，意味の大きな切れ目でなくても，目で見たときに文節の切れ目がわかりやすいようにつけるという側面もあるので，そういうところにポーズを置いて読むと不自然になる。逆に，読点がなくても必要なところにはポーズを置く。

　たとえば，熟練した読み手は「菜種がらの,× ほしてあるのへ」や「あたりの,× すすきの穂には」で読点にポーズを置かない（「,×」で記した箇所）。また，「『兵十だな。』/ と,× ごんは思いました」では，読点がある助詞の「と」のあとにはポーズを置かない読み手が半数程度いる。

・ポーズを置く場所

　『ごん狐』で熟練した読み手がポーズを置くのは次のようなところである。

　<u>文の最後</u>：ここで長めのポーズを置き，息つぎもする。ふたつ以上の述語がある文──いわゆる複文や重文──でも，ひとつの述語を含むまとまり（「節」，ただし連体節は除く）ごとに，長くはないがたいていポーズを置いている[9]。たとえば，「ごんは,× 一人ぼっちの小狐で，/ しだの一ぱいしげった森の中に…」「あたりの村へ出て来て，/ いたずらばかりしました」「雨があがると，/ ごんは…」。ただし，「はたけへはいって芋をほりちらしたり…」「びくをもって川から上り…」のように境目の前後が短ければポーズは置かない。たたみかけるように読む場合もポーズは入れないことがある。

　<u>発言や引用の前後</u>：たとえば「『兵十だな。』/ と,× ごんは思いました」「そのとたんに兵十が× 向こうから，/ 『うわァ / ぬすと狐め。』/ と,× どなりたてました」。こういうところでは，読点とポーズが合わないことが多い。文の中のポーズは長くない。

　<u>並列表現のあいだ</u>：たとえば「芝の根や，/ 草の葉や，/ くさった木ぎれなどが…」。

　<u>はじめて出てくる固有名詞や，聞き手になじみがなく伝わりにくいと思われる単語の前</u>：たとえば，「私たちの村のちかくの，/ 中山というところ

に」「その中山から，×すこしはなれた山の中に，／「ごん狐」と言う狐がいました」「魚をとる，／はりきりという×網をゆすぶっていました」。

　<u>文の最初で主題になっている文節や，文の最初の接続表現のあと</u>：かならずではないが，ポーズが入りやすい。たとえば，「これは，／私が小さいときに…」「むかしは，／私たちの村のちかくの…」「ごんは，／一人ぼっちの小狐で…」「あたりの，×すすきの穂には，／まだ雨のしずくが光っていました」（以上は文頭の主題のあと），「そして，／夜でも昼でも…」とか「一ばんしまいに，／太いうなぎを…」（以上は文頭の接続表現のあと）。ただし，「しばらくすると×兵十は，／はりきり網の一ばんうしろの…」「兵十はそれから，／びくをもって川から上り…」のように，文の最初に主題と接続表現が続いている場合は，ポーズを置くのはそのあとになる。

　<u>意味の限定関係が続いたあと</u>：たとえば，「袋のようになったところを，／水の中から…」。

・ポーズの長さ

　文の最後と途中ではポーズの長さが違う。

<u>文の最後のポーズ</u>

　ここで分析した『ごん狐』の朗読資料では，文の最後のポーズのほとんどが1.2〜3秒程度の長さである[10]。

　その中でも，大きく場面が変わる前ではポーズを特に長くしている。場面が変わったところでは音も高いところからはじめる傾向があるが，ポーズの点でも高さの点でも，物語の展開にあわせてメリハリをつけているわけである。

　その様子を図4-4に示した。これは，文ごとにその直前のポーズの長さをあらわしている。横軸が各文の出だしで，白い四角の印（□）をつけたのは，原文の段落の変わり目である。縦軸がポーズの長さで，11種類の朗読の平均である。この図を見ると，白い指さし記号をつけた「或秋のこと（でした）」と「しばらくすると（兵十は）」の前で特に長いポーズを置いている。平均で3秒近い。長い人だとこれが5秒にもなる。このほか，平均で2秒以上の長めのポーズを置いているのは，「雨があがると」，「ご

んは村の小川の（堤まで）」，「ふと見ると」，「兵十はそれから（びくを持って）」，「兵十がいなくなると」，「ごんはびくの中の魚（を）」，「ほら穴の近くの（はんの木の下で）」の前である。どれも場面が変わるところで，原文の段落分けとだいたいは一致している。

　逆に，続けて動作をするところなど文と文のつながりが強いところでは，その間のポーズは短めにしている。図 4-4 では黒い指さし記号で示したが，たとえば，「兵十がいなくなると，ごんは，ぴょいと草の中からとび出して，びくのそばへかけつけました。ちょいと，いたずらがしたくなったのです」，あるいは「うなぎは，キュッと言って，ごんの首へまきつきました。そのとたんに兵十が，向うから，『うわァぬすと狐め。』と，どなりたてました。ごんは，びっくりしてとびあがりました」のようなところである。こういうところではポーズの長さは平均で 1 秒強しかない。

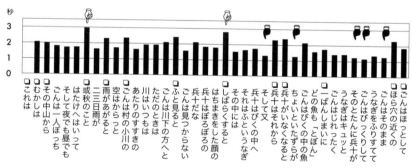

図 4-4　『ごん狐』：文末のポーズの長さ（11 の朗読の平均）

文の途中でのポーズ

　文の途中のポーズの長さはほとんどが 1 秒以下で，平均は 0.5 秒強である。その中でもふたつ以上の述語がある複文や重文の中の述語の最後に置くポーズは，それ以外のものよりもすこし長い。たとえば，「はたけへはいって芋をほりちらしたり，／菜種がらの，ほしてあるのへ火をつけたり，／…」「ふと見ると，／川の中に人がいて…」や「はんの木の下でふりかえって見ましたが，／兵十は追っかけては来ませんでした」のようなもの

は，0.5秒強以上で，およそ4拍相当分より長く，そこで息継ぎができるぐらいの中程度の長さのポーズが多い。これは聞き手に追体験させたり情景を思いうかべる時間をじゅうぶん与えることにも役立つ。これに対し，「黄いろくにごった水に横だおしになって，／もまれています」や「びくをもって川から上り」のように，複文や重文の前半が後半の動作の状況を説明するだけの場合は，境目には0.5秒強以下，つまり4拍相当分以下の短いポーズか，ポーズなしの場合が多い。

　ポーズの長さは読み手による違いも大きく，読み手の個性のひとつになっている。読み全体の中でポーズの長さが占める割合は，多い人で約半分，少ない人で四分の一と，大きな違いがある（平均は37％）。

■テンポ（読む速さ）

　『ごん狐』を読む速さは，1秒に7拍から8拍程度である。物語でもナレーションでも，このぐらいが遅いとも速いとも感じない速さである[11]。

　熟練者は読む速さを物語の内容にあわせて変えていることはすでに説明した。『ごん狐』の第1章でその実態を見ておこう。

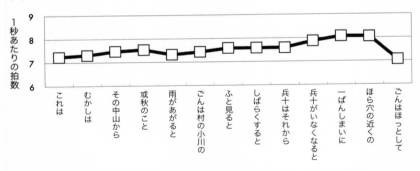

図4-5　『ごん狐』の段落ごとの読む速さの変化（11の朗読の平均）

　図4-5は段落ごとの読む速さの平均である。横軸は，それぞれの段落の最初の語句である。熟練者の多くは，物語の最初をすこし遅めのテンポではじめている（1秒あたり平均7拍強）。そのあとをすこしずつ速くしてゆき，そして，「一ばんしまいに」の段落，つまりごんのいたずらが兵十

に見つかって，ごんが逃げてゆく場面でいちばん速くしている。それでも
1 秒あたり平均 8 拍強なので，特に早口というわけではない。そこで音も
高くしている読み手もある。そして，ごんが逃げきってほっとしたところ
で，テンポを最初の速さまで戻している。要するに，緊迫した場面は速め
に読み，物語の出だしや落ちついた場面ではゆっくりめに読んでいるとい
うことである。

4.3.3　熟練者による『ごん狐』の具体的な読みかた

　最後に，熟練した読み手が『ごん狐』第 1 章のひとつひとつの文を具体
的にどう読んでいるかを紹介する。さきほどから説明している 11 種類の
朗読のうち 8 種類以上が一致した読みかたを多数派の読みかただと考え，
これを中心に記してゆく。

　ここには 2 種類の書きかたを並べて記す。ひとつは，朗読テキストに，
アクセントを弱めるか弱めないかと，ポーズの有無だけを書きこんだもの
である。

　その書きかたは，コラム 10（p. 92）で説明した「原稿へのアクセント
の弱め・強めの書きこみかた」と同じで，⌣はアクセントを弱める印，∧
はアクセントを弱めない印だが，∧・⌣のように並べて書いたのは，弱め
るか弱めないかについて多数派と言える読みかたがなく，どちらでもよい
と私が判断したものである。×は原文に読点があってもポーズを置きにく
い箇所（11 の朗読のうち休まないのが 4 以上）。

　テキストは『校定　新美南吉全集』第三巻（大日本図書）をもとに，漢
字の字体を現代のものに置き換え，かなも現代仮名遣いに準じたものにし
ている。ふりがなと圏点（□）は省略した[12]。

　ここに書いた読点の位置は全集版そのままだが，横書きにしているので
「、」ではなく「，」を使った。

　もうひとつの書きかたは，大まかな高さの動きを線であらわしたもので
ある。アクセントは原則として『NHK 日本語発音アクセント新辞典』
（2016 年版）の最初に記されたものを採用した。

これは，／私が小さいときに，／村の茂平というおじいさんからきいたお話です。//

コ┐レワ／ワ┐タシガ チ┐ーサイ トキニ（または ワ┐タシガ チ┐ーサイ トキニ）／ム┐ラノ モ┐ヘート ユー オ┐ジーサンカラ キ┐ータ オ┐ハナシデ┐ス（または オ┐ジ┐ーサンカラ キ┐ータ オ┐ハナシデ┐ス）

むかしは，／私たちの村のちかくの，／中山というところに／

ム┐カシワ／ワ┐タシタチノ ム┐ラノ チ┐カクノ／ナ┐カヤマト ユ┐ー トコロ┐二／

小さなお城があって，／中山さまというおとのさまが，× おられたそうです。//

チ┐ーサナ オ┐シロガ ア┐ッテ／ナ┐カヤマサマト ユ┐ー オ┐ト┐ノサ┐マガ オ┐ラ┐レタソーデス

その中山から，× 少しはなれた山の中に，／「ごん狐」と言う狐がいました。//

ソ┐ノ ナ┐カヤマカラ ス┐コ┐シ ハ┐ナ┐レタ ヤ┐マノナ┐カニ（または ヤ┐マノナ┐カニ）／ゴ┐ンギ┐ツネト ユ┐ーキ┐ツネガ イ┐マ┐シタ

ごんは，／一人ぼっちの小狐で，／

ゴ┐ンワ／ヒ┐トリボ┐ッチノ コ┐ギ┐ツネデ／

しだの一ぱいしげった森の中に／穴をほって住んでいました。//

シ┐ダノ イ┐ッ┐パイ シ┐ゲ┐ッタ モ┐リノ ナ┐カニ（または モ┐サ┐ノナ┐カニ）／ア┐ナ┐オ ┐ホ┐ッテ ┐ス┐ンデイ┐マ┐シタ

そして, / 夜でも昼でも, / あたりの村へ 出て来て, / いたずらばかりしました。//

ソ｜シテ / ヨ｜ルデモ ヒ｜ル｜デモ / ア｜タリノ ム｜ラ｜エ｜デ｜テキテ / イ｜タズラバ｜カリ シ｜マ｜シタ （または ム｜ラ｜エ｜デ｜テキテ）

はたけへはいって芋をほりちらしたり, / 菜種がらの,× ほしてあるのへ 火をつけたり, /

ハ｜タケ｜ー｜ハ｜イッテ イ｜モ｜オ｜ホ｜リチラ｜シタリ / ナ｜タネガラ ノ｜ホ｜シテ｜アルノエ｜ヒ｜オ｜ツケタリ /

百姓家の裏手につるしてあるとんがらしをむしりとって,× いったり, /

ヒャ｜クショ｜ー｜ヤ ノ｜ウ｜ラ｜テ｜ニ｜ツルシテ｜アル｜トン｜ガ｜ラ｜シ オ｜ム｜シリト｜ッテ イッ｜タリ /

いろんなことをしました。//

イ｜ロンナ コト オ シ｜マ｜シタ

或秋のことでした。//

ア｜ル｜ア｜キノ コ｜ト｜デシタ

二三日雨がふりつづいたその　間, / ごんは,× 外へも出られなくて /

ニ｜サ｜ンニチ ア｜メガ フ｜リッズ イタ ソ｜ノ アイダ （または フ｜サ ッズ｜イタ ソ｜ナ アイダ） / ゴン｜ワ｜ソ｜トエモ デ｜ラレ｜ナクテ /

穴の中にしゃがんでいました。//

ア｜ナノ ナ｜カニ シャ｜ガンデ イマ｜シタ

雨があがると，／ごんは，× ほっとして穴からはい出ました。//

アメガアガルト／ゴンワホットシテ アナカラ ハイデ
マシタ

空はからっと晴れていて，／百舌鳥の声がきんきん，× ひびいていました。
//

ソラワカラット ハレテイテ／モズノ ヨエガ キンキ
ンヒビーテイマシタ （または キンキン ヒビーテイマシタ）

ごんは，／村の小川の堤まで出て来ました。//

ゴンワ／ムラノ オガワノ ツツミマデ デテキマシタ
（または ムラノ オガワノ ツツミマデ デテキマシタ）

（次の文は全体をすこし低めで）

あたりの，× すすきの穂には，／まだ雨のしずくが光っていました。//

アタリノス スキノ ホニワ／マダ アメノ シズクガ ヒカ
ッテイマシタ

川はいつもは水が少ないのですが，／

カワワ イ ツモワ ミ ズガ スクナイノデスガ／

三日もの雨で，／水が，× どっとましていました。//

ミッカモ ノ テメデ／ミ ズガ ドット マシテイマシタ

ただのときは水につかることのない，／川べりのすすきや，／萩の株が，
／

タ ダノトキワ ミ ズニ ツカル コトノ ナイ／カ ワベリノ ス

スキヤ / ハ ギノ カ ブガ /

黄いろくにごった水に横だおしになって，/ もまれています。//

キーロク ニ ゴッタ ミズニ ヨ コダオシニ ナ ッテ / モ マレ テ イ マ ス

ごんは川下の方へと，/ ぬかるみみちを歩いていきました。//

ゴ ン ワ カ ワシモノ ホーエト / ヌ カルミ ミチオ アルイ テ イ キマ シタ

ふと見ると，/ 川の中に人がいて，/ 何かやっています。//

フ ト ミ ルト / カ ワノ ナ カニ ヒ トガ イテ / ナ ニカ ヤッ テ イマ ス

(次の文は全体をすこし低めで)

ごんは，× 見つからないように，/ そうっと草の深いところへ歩きよって，/

ゴ ン ワ ミ ツカラナイヨ ーニ / ソ ーット ク サノ フカイ ト コロ エ ア ルキヨ ッテ （または ア ルキヨ ッテ）/

そこからじっとのぞいて見ました。//

ソ コカラ ジッ ト ノ ゾイテ ミマ シタ

「兵十だな。」/ と，× ごんは思いました。//

ヒョ ージューダ↑ナ （または疑問型上昇調で ヒョ ージューダナ／ー）/ ト ゴ ン ワ オ モイマ シタ

兵十は／ぼろぼろの黒いきものをまくし上げて，／腰のところまで水にひたりながら，／

ヒョージューワ／ボロボロノ　クロイ　キモノオ　マクシアゲテ／コ　シノ　トコロ　マデ　ミ　ズニ　ヒタリナガラ／

魚をとる，／はりきりという，×網をゆすぶっていました。//

サカナオトル／ハリキリトュー　アミオユスブッテイマシタ

はちまきをした顔の横っちょうに，／まるい萩の葉が一まい，／

ハチマキオシタ　カオノ　ヨコッチョーニ／マルイ　ハギノハガイチマイ／（または　マルイ　ハギノハガイチマイ／）

大きな黒子みたいにへばりついていました。//

オーキナ　ホクロミ　タイニ　ヘバリツイテイマシタ

しばらくすると，×兵十は，／はりきり網の一ばんうしろの，／

シバ　ラクスルト　ヒョージューワ／ハリキリ　アミノイ　チバン　ウシロノ／

袋のようになったところを，／水の中からもちあげました。//

フクロノヨーニ　ナッタト　コロオ／ミズノナ　カカラ　モチアゲマシタ

その中には，／芝の根や，／草の葉や，／くさった木ぎれなどが，／

ソノナ　カニワ／シバノ　ネヤ／クサノハヤ／クサッタ　キギ

レナ　ドガ /

ごちゃごちゃはいっていましたが, / でもところどころ, /

ゴ チャゴチャ ハ イッテ イ マ シタガ / デ モ ト コロド コロ /

(または ゴ チャゴチャ ハ イッテ イ マ シタガ)

白いものがきらきら光っています。//

シ ロ イ モノガ キ ラキラ ヒ カ ッテ イ マス

(または キ ラキラ ヒ カ ッテ イ マス)

それは, / ふというなぎの腹や, / 大きなきすの腹でした。//

ソ レワ / フ ト イ ウ ナギノ ハラヤ / オ ーキナ キ スノ ハ ラ

デシタ

兵十は,× びくの中へ, / そのうなぎやきすを, / ごみといっしょにぶちこ
みました。//

ヒ ョージューワ ビ クノ ナ カエ / ソ ノ ウ ナギヤ キ スオ /

ゴ ミ ト イッ ショニ ブ チコミマ シタ

そして又,× 袋の口をしばって, / 水の中へ入れました。//

ソ シテ マ タ フ クロノ クチオ シ バ ッテ (またはフ クロノ

クチオ シバ ッテ) / ミ ズノ ナ カエ イ レマ シタ //

兵十はそれから, / びくをもって川から上り / びくを土手においといて,
/

ヒ ョージューワ ソ レカラ / ビ クオ モ ッテ カ ワカラ ア ガリ

/ ビ クオ ド テニ オイト イテ /

何をさがしにか，／川上の方へかけていきました。//

ナ　ニオ　サ　ガシニ　カ　／　カ　ワカミノ　ホ　ーエ　カ　ケテイ　キマ　シ
タ

兵十がいなくなると，／ごんは，／ぴょいと草の中からとび出して，／

ヒョージューガイ　ナクナルト　／　ゴンワ　／　ピョイ　ト　ク　サ
ノ　ナ　カカラ　ト　ビダ　シテ　／　（ピョイト，　ピョイトも）

びくのそばへかけつけました。//

ビ　クノ　ソバエ　カ　ケツケマ　シタ

ちょいと，×いたずらがしたくなったのです。//

チョ　イト　イ　タズラガ　シタク　ナ　ッタノデス

ごんはびくの中の魚をつかみ出しては，／

ゴ　ンワ　ビ　クノ　ナ　カノ　サ　カナオ　ツ　カミダ　シテワ　／

はりきり網のかかっているところより下手の川の中を目がけて，／

ハ　リキリ　アミノ　カ　カッテイ　ル　ト　コロ　ヨリ　シ　モテノ　カ　ワ
ノ　ナ　カオ　メ　ガケテ　／

ぽんぽんなげこみました。//

ポ　ンポン　ナ　ゲコミマ　シタ

どの魚も，／「とぽん」と音を立てながら／にごった水の中へもぐりこ
みました。//

ド ノ サ カ ナ モ ／ ト ボ ン ト オ ト オ タ テ ナ ガ ラ ／ ニ ゴッ
タ ミ ズ ノ ナ カ エ モ グ リ コ ミ マ シ タ

一ばんしまいに，／太いうなぎをつかみにかかりましたが，／
イ チ バ ン シ マ イ ニ ／ フ ト イ ウ ナ ギ オ ツ カ ミ ニ カ カ サ
マ シ タ ガ ／

（または フ ト イ ウ ナ ギ オ ツ カ ミ ニ カ カ サ マ シ タ ガ）

何しろぬるぬるとすべりぬけるので，／手ではつかめません。//
ナ ニ シ ロ ヌ ル ヌ ル ト ス ベ リ ヌ ケ ル ノ デ ／ テ デ ワ ツ カ メ マ
セ ン

ごんはじれったくなって，／頭をびくの中につっこんで，／
ゴ ン ワ ジ レッ タ ク ナッ テ ／ ア タ マ オ ビ ク ノ ナ カ ニ ツッ
コ ン デ ／

うなぎの頭を口にくわえました。//
ウ ナ ギ ノ ア タ マ オ ク チ ニ ク ワ エ マ シ タ

うなぎは，／キュッと言って，／ごんの首へまきつきました。//
ウ ナ ギ ワ ／ キュッ ト イッ テ ／ ゴ ン ノ ク ビ エ マ キ ツ キ マ シ タ

そのとたんに兵十が,× 向うから，／「うわァ ／ ぬすと狐め。／」と,× どな
りたてました。//

ソ ノ ト タ ン ニ ヒョ ー ジュ ー ガ ム コ ー カ ラ ／ ウ ワ ー ／ ヌ ス
ト ギ ツ ネ メ ／ ト ド ナ リ タ テ マ シ タ

（または ヌ｜ストギ｜ツネメ／ト ド｜ナサタテマ｜シタ）

（ここから4文は全体をすこし高めにし，すこし速めのテンポで）

ごんは，× びっくりしてとびあがりました。//

ゴ｜ンワ ビッ｜ク｜リシテ ト｜ビアガリマ｜シタ //

（または ゴ｜ンワ ビッ｜ク｜リシテ ト｜ビアガリマ｜シタ）

うなぎをふりすててにげようとしましたが，/

ウ｜ナギオ フ｜リス｜テテ ニ｜ゲヨ ート シ｜マ｜シタガ /

（または ウ｜ナギオ フリス｜テテ ニ｜ゲヨ ート シ｜マ｜シタガ）

うなぎは，× ごんの首にまきついたままはなれません。//

ウ｜ナギワ ゴ｜ンノ ク｜ビニ ーマ｜キツ｜イタママ ハ｜ナレマセ｜ン

ごんはそのまま横っとびにとび出して / 一しょうけんめいに，× にげてい

きました。//

ゴ｜ンワ ソ｜ノママ ヨ｜コットビニ トビダ｜シテ／イッ｜ショーケ｜ン
メーニ ニ｜ゲテ イ｜キマ｜シタ

（または イッ｜ショーケ｜ンメーニ ニ｜ゲテ イ｜キマ｜シタ）

ほら穴の近くの，× はんの木の下でふりかえって見ましたが，/

ホ｜ラ アナノ チ｜カクノ ハ｜ンノ キノ シ｜タデ フ｜リ カ エッ
テ ミ｜マ｜シタガ /

兵十は追っかけては来ませんでした。//

ヒョ ージューワ オッ｜カ｜ケテワ キ｜マセ｜ンデシタ

```
  ∧           ∧              ∧        ⌣      ∧
ごんは,× ほっとして, ／ うなぎの頭をかみくだき, ／

┌──┐         ┌──┐         ┌──┐ ┌──┐ ┌──┐
ゴ ンワ ホッ トシテ ／ ウ ナギノ アタマ オ カ ミクダ キ ／


  ∧           ⌣           ∧     ⌣        ∧・⌣  ⌣
やっとはずして ／ 穴のそとの, ／ 草の葉の上にのせておきました。／／

┌──┐              ┌──┐       ┌──┐           ┌──┐┌─┐┌──┐
ヤッ ト ハズシテ ／ ア ナノ ソトノ ／ ク サノ ハノ ウエ ニ ノ セ
┌─┐
テ オキマ シタ

（または ┌─┐                    ┌────────┐
        ク サノ ハノ ウエ ニ ノ セテ オキマ シタ）
```

■解説

　最後に，非常に細かくなるが，4段落めの最初までの部分について，ひとつひとつの文節についてなぜそのような読みかたをしているのか，読み手が実際にどう考えたかはわからないが，私の解釈を含めて理屈で言うとこうなるということを説明しておく。4列めの「提案」という欄は，アクセントを弱めるか弱めないかの判断が読み手によって分かれている場合の処理についての私の案。「両方」と書いたのは，どちらでもよいと私が考えるもの。

　説明の分量が多いが，これは，文内のイントネーションを決める規則をそこにどのようにあてはめるかについて，同じ内容であってもいちいち説明しているためである。規則の数自体はそんなに多くはないので，実例へのあてはめかたのパターンさえつかめば，あとはどんな作品にも応用できるようになると思う。

ポーズ	アクセントの強弱		説明
	多数派	提案	
コ￢レワ		◡	この物語の最初の文の役割として3つの考えかたができることを3.2.6で説明した。それは，ⓐこの文は話が昔のできごとだということを説明する文か，ⓑ話の出所を説明する文か，あるいはⓒその両方の役割があるかである。どれを取るかで文内のイントネーションがすこし変わる。ここで分析対象とした11種類の朗読音源での読みかたはⓐかⓒになっている。 「これは」は文の最初なのでアクセントは弱めないのが原則である。しかし，文芸作品の朗読では，文の主題になっていてフォーカスがない場合と接続表現の場合は，弱めて低く言うことがある。そのあとにポーズを置くこともよくある。この「これは」については，多数派の読みかたでは，物語冒頭を低い音域ではじめ，あとにポーズを置いている。そのことでこれから始まる話に期待感を持たせようとしているものかと思われる（3.3.3）。
	/		文頭で主題になっている文節のあとは，ポーズが入りやすい（4.3.2）。
ワ￢タシガ		∧	このアクセントは弱めない。すぐ前の「これは」が「私」の意味を限定していないからである（2.3.1）。
チーサ￢イ		∧	この「小さい」はすぐ前の「私が」から意味が限定されているが（2.3.2の表2-1ⓓのタイプ），多数派の読みではこのアクセントを弱めない。それは，これが昔の話であることをはっきりさせるために，「小さいときに」にフォーカスを置くためと思われる（2.4.1）。フォーカスを置くとき，伝えたい気持ちが非常に強ければアクセントを強める（以下この説明はいちいちしない）。 ※アクセント：「小さい」は［チ￢ーサイ］とも言うが，［チーサ￢イ］にもなる。この現象は，最初が重音節の場合，つまり2拍めが「ー」や「ン」のときや，最初に[ai][oi][ui]の音が入るときなどに起こる（1.3）。もし［チーサ￢イ］と言う場合は，すぐ前の「私が」のアクセントが平板型なので，最初のチの音は，すぐ前の最後から一段高くして［ワ￢タシガ　チーサ￢イトキニ］となる（2.3.2の表2-2ⓔ）。ここではその形を採用したが，もし［チ￢ーサイ］にすると［ワ￢タシガ　チ￢ーサ　イトキニ］（同

			じ表の©)。
<u>トキニ</u>		⌣	「小さいときに」という複数の文節からなる語句の全体にフォーカスがあるときは，その内部のアクセントを弱めるかどうかは意味の限定関係にもとづいて決める（3.2.5）。すると，この「ときに」のアクセントは弱めることになる。どんな「とき」かをすぐ前の「小さい」が限定しているためである（2.3.2の表2-1⑦）。そして，このあとのイントネーションを考える際に「小さいときに」を1セットで考える（3.1.2ⓑ）。 ※アクセント：「とき」のアクセントは本来は尾高型だが，3.1.2ⓑで説明したように頭高型で言うことがある。また，弱めかたが大きい場合は独自の高さの動きがない[<u>トキニ</u>]となる。ここでは弱めかたが大きい形をとった。
		/	この冒頭の文のように，ふたつ以上の述語がある複文や重文では，ひとつの述語を含むまとまり（「節」）ごとに，長くはないがポーズを置くことが多い。以下，この説明はいちいちしない。
<u>ム￢ラノ</u>		∧	アクセントは弱めない。「村」の意味が，すぐ前の「小さいときに」から限定されていないからである。 ※アクセント：「村」は尾高型だが，尾高型の名詞は助詞「の」がつくときは平板型のようになるものが多い（コラム2）。あとに出てくる「山」「川」「草」も同じ。
<u>モ￢ヘート</u>		∧	この物語の情報源をしっかり説明するなら「茂平というおじいさん」にフォーカスを置くことになるが，すぐ前の「村の」は，茂平が自分たちの村にいた人だという情報を補足しているだけで，「村の」はなくても文が伝える内容に変わりはない（3.1.5）。そのため，「茂平と」のアクセントは弱めない。 すぐ前の「村の」のアクセントが平板型で，この「茂平と」のアクセントが頭高型なので，「茂平」の最初の[モ]は，すぐ前の最後から一段高くして[<u>ム￢ラノ</u> モ￢ヘート ユー]となる（2.3.2の表2-2©)。
<u>ユー</u>		⌣	アクセントは弱める。「いう」の内容をすぐ前の「茂平と」が限定しているからである（2.3.2の表2-1⑦）。そして，このあとのイントネーションを考える際に，「茂平という」を1セットで考える。ここでは弱めかたが大きく，「いう」独自の高低の動きがなくなった形を書いている。一般に「（何々）という」で名前や内容を説明するとき，「いう」のアクセントは自動的に弱めればよい（3.1.2©)。
			「おじいさん」はすぐ前の「茂平という」から意味が限定

オ￢ジ￫ーサンカ ラ オ￢ジ￫ーサンカ ラ		両方	されているが，物語全体におけるこの文の位置づけをどう解釈するかによって，「おじいさんから」のアクセントを弱めるか弱めないかが変わる。ⓐ昔の話であることをはっきりさせたければ「茂平」とは別に「おじいさん」にもフォーカスを置き，「おじいさん」のアクセントは弱めない。ⓑしかし，物語の情報源を説明するためなら，「茂平というおじいさんから」あるいは「茂平というおじいさんからきいたお話」全体にフォーカスを置くことになる。文節と単語が続く語句の全体にフォーカスがあるときは，その内部のアクセントを弱めるかどうかは意味の限定関係で決める（3.2.5）。ⓑの場合「おじいさん」の意味は，すぐ前の「茂平という」から限定されているので（2.3.2の表2-1⑦），「おじいさんから」のアクセントは弱める。
キ￢ータ	∪		アクセントは弱める。すぐ前の「茂平というおじいさんから」から意味が限定されているからである（2.3.2の表2-1⑦）。そして，イントネーションを考える上で「茂平というおじいさんからきいた」を1セットで考える（2.3.1「意味の限定が続くとき」）。 ※アクセント：最初が重音節なので，最初から上がりやすい。
オハナシデ￢ス	∪		アクセントは弱める。「お話」の意味が，すぐ前の「おじいさんからきいた」から限定されているからである（2.3.2の表2-1⑦）。文末の［ス］は無声化する。つまり，母音のuがなくなって [ohanaʃides] のようになる。
	//		文末には長めのポーズを置く。
ム￢カシワ	∧		文の最初のアクセントは弱めないのが原則だが，この「昔は」も原則にしたがっている。
	/		文頭で主題になっている文節のあともポーズが置かれやすい。
ワ￢タシ￢タチ￢ノ	∧		この文で伝えたいことのひとつが話の舞台となる場所なので，このあとの「私たちの村のちかくの，中山というところ」の全体にフォーカスを置く。文節と単語が続く語句の全体にフォーカスがあるときは，その内部のイントネーションは意味の限定関係で決める（3.2.5）。
ム￢ラノ	∧		アクセントは弱めない。「私たちの村」という表現では「私たちの」が「村」の意味を限定しているが，この文脈では「村」と言えば自分が住んでいた村のことなので，「私たちの」はなくてもよいぐらいの補足的な説明と考えられるからである（実質的な補足：3.1.5）。実際，作者の草稿にも「私たちの」はない。

チ￢カクノ		⌣	アクセントは弱める。「ちかく」の意味がすぐ前の「村の」から限定されているからである（2.3.2 の表 2-1￢イ）。そして，このあとのイントネーションを考える際に「村のちかくの」を1セットで考える。全体として [ム￢ラノ　チ￢カクノ] となる。 ※アクセント：伝統的な発音とされるのは [チ￢カ￢ク] だが，実際には [チ￢カク] も多い。
	/		はじめて出てくる固有名詞（ここでは次の「中山」）の前や，聞き手になじみがなく伝わりにくいと思われる語の前はポーズを置きやすいところである（4.3.2）。
ナ￢カヤマト		⋀	アクセントは弱めない。「中山」の意味はすぐ前の「村のちかくの」から限定されているように見えるが，そうではない。これとは別の「中山」が話に出てくるわけではないからである。つまり，「私たちの村の近くの」は「中山」を補足しているだけである（2.3.1）。
￢ユー		⌣	「という」の「いう」のアクセントは自動的に弱めればよい（3.1.2ⓒ）。そして，このあとのイントネーションを考える際には「中山という」を1セットで考える。
トコロ￢ニ		⌣	独立性が弱い名詞のアクセントは弱める（3.1.2ⓑ）。そして，このあとのイントネーションを考える際に「中山というところに」を1セットで考える。
	/		
チ￢ーサナ		⋀	アクセントは弱めない。「小さな」の意味は，すぐ前の「中山というところに」から限定されていない。
オ￢シロガ		⋀	どんな城かをすぐ前の「小さな」が限定している。しかし，この先の話の流れにとって，城の大きさにはたいした重要性はないとも言える。そのように考えるなら「お城が」のアクセントは弱めない（実質的な補足：3.1.5）。しかし，このアクセントを弱める読み手もある。それは，城の大きさにもそれなりに重要な意味があると考えたものと思われる。
￢アッテ		⌣	アクセントは弱める。すぐ前の「お城が」から意味が限定されている（2.3.2 の表 2-1￢オ）。そして，このあとのイントネーションを考える際に「（小さな）お城があって」を1セットで考える。
	/		
ナ￢カヤマサマ￢ト		⋀	アクセントは弱めない。「中山さま」の意味は，すぐ前の「お城があって」から限定されていない。 ※アクセント：[ナ￢カヤマサ￢マト] もある。

ユー	⌣	「という」の「いう」のアクセントは弱める（3.1.2ⓒ）。そして，このあとのイントネーションを考える際には「中山さまという」を1セットで考える。
オ┐トﾉノサマガ	∧	アクセントは弱めない。「おとのさま」の意味はすぐ前の「中山さまという」から限定されている。しかし，この話を最後まで読めばわかることだが，殿様の名前には特段の重要性はない。したがって「中山さまという」はなくても文が伝える内容に変わりはないと考えることができる（実質的な補足：3.1.5）。また，この文で伝えたいことのひとつが殿様がいたことなので，ここにフォーカスを置く。
オ┐ラ┐レタソー┐デス	⌣	アクセントは弱める（すぐ前の「おとのさまが」から意味が限定されているということもあるし，フォーカスのあとでもある：2.4.1）。
	//	
ソ┐ノ	∧	いよいよごん狐が登場する場面である。場面が大きく変わることを感じさせるため，アクセントを強めて高い音域で文をはじめている。
ナ┌カヤマカラ	∧	アクセントは弱めない。「中山」の意味はすぐ前の「その」から限定されているように見えるが，実は違うからである。この文脈では「その」は「いま言った」という意味を補足しているだけである（2.3.1）。
ス┐コ┐シ	∧	アクセントは弱めない（すぐ前の「中山から」から意味が限定されていない）。音域がすこし高いところで読まれているが，これについては，このあとの「山の」の解説を参照。
ハ┐ナ┐レタ	⌣	アクセントは弱める（すぐ前の「少し」から意味が限定されている：2.3.2の表2-1⑦）。
ヤ┌マﾉ / ヤ┌マノ	両方	この「山の」のアクセントを弱める読み手とそうでない読み手がいる。その理由として，次のふたつの考えかたがまずできる。（1）どんな山かを直前の「少しはなれた」が限定しているので（2.3.2の表2-1⑦），「山の」のアクセントは弱める。これは通常のイントネーションのつけかたになる。（2）ここで説明するべき重要なことは，ごん狐が住んでいたのは山の中ということだと考えて，「山の中」にフォーカスを置き，「山の」のアクセントは弱めない。さらに別の理由も考えられる。それは，「少しはなれた山の中に」という表現では，意味の限定関係が長く続いていることである。そこで，最後が低くなって苦しくなるのを避けるために，最初の文節（少し）を高めの音域から言いはじめて，徐々にアクセントを弱めていくと言いやすい。

音調				説明
				実際，ここでも「少し」が高めの音域で発音されている。そして，同時に，途中のどこかでアクセントを弱めるのをやめることもしがちである（3.1.1）。そのために，上の(1)の解釈をとったつもりでも「山の」のアクセントを弱めなかったのかもしれない。また，このすぐ前の「はなれた」のアクセントを弱めていない読み手も実はいるが，それも弱めが続くのを避けようとしたためかもしれない。※アクセント：「山」は尾高型だが，尾高型の名詞は助詞の「の」がつくときは平板型のようになるものが多い。
ナ￣カニ ナ￣カニ		⌣		アクセントは弱める（「中」の意味がすぐ前の「山の」から限定されている：2.3.2の表2-1イ）。「山の中」は一見「全体と部分」の関係に見えるが（3.1.3ⓒ），実は違う。「の中」はなくても意味に変わりはないからである。
		/		この次に「ごん狐」ということばが来るが，はじめて出てくる固有名詞なのでその前にポーズを置いている。このように聞き手になじみがなく伝わりにくいと思われる語句の前にはポーズを置くことがよくある。
ゴ￣ンギ￣ツネト		Λ		ここがしっかり伝えたい箇所なので，フォーカスを置き，アクセントを弱めない。特に重要度が高いので，アクセントを強めて一段高く言っている。
ユー		⌣		「という」の「いう」のアクセントは弱める（3.1.2ⓒ）。そして，このあとのイントネーションを考える際に「『ごん狐』と言う」を1セットで考える。
キ￣ツネガ		Λ		多数派は「狐」もしっかり伝えたいということで，フォーカスを置きアクセントを弱めていない。「ごん狐」と「狐」に別々にフォーカスを置いているわけである。ただし，もうひとつ読みかたができると思う。それは「『ごん狐』と言う狐」全体にまとめてフォーカスを置くことである。「ごん狐」に「狐」ということばがすでにあるので，そのあとの「狐」を「ごん狐」とは別に強調する必要はないとも考えられるからである。文節と単語が続く語句の全体にフォーカスがあるときは，その内部のアクセントを弱めるかどうかは意味の限定があるかないかで決める（3.2.5）。その場合，「狐」の意味を「『ごん狐』と言う」が限定しているので，「狐が」のアクセントを弱める。実際そのように読んでいる読み手も少数だがいる。
イマ￣シタ		⌣		アクセントは弱める（すぐ前から意味が限定されているということもあるし，フォーカスのあとでもある：2.4.1）。
		//		
				ここは文の最初なので，アクセントは弱めないのが原則だ

ゴ￣ン￣ワ	∧	が，特に文芸作品の朗読では，新しい場面に変わったときは除き，文の主題になっていてフォーカスがない場合と，接続詞の場合は，弱めて低く言うことがある。そのあとにポーズを置くこともよくする（3.3.3）。ここはその条件に合致するが，「ごん」という形で出てくるのがはじめてであるためか，弱めた読み手は半数程度である。
	/	
ヒ￣トリボ￣ッチ￣ノ	∧	この文ではここがしっかり伝えたい箇所なので，ここにフォーカスを置き，アクセントを弱めない。
コ￣ギ￣ツネデ	∧	「一人ぼっちの」から限定されているが，「小狐」であることもしっかり伝えたい箇所なので，ここにも別にフォーカスを置き，アクセントを弱めない。つまり，「一人ぼっち」と「小狐」に別々にフォーカスを置く。
	/	
シ￣ダノ	∧	アクセントは弱めない（「しだ」の意味は，すぐ前の「小狐で」から限定されていない）。ここはフォーカスの直後である。しかし，この文のようにふたつ以上の述語がある複文や重文では，フォーカスのあとのアクセントの弱めがかかるのはひとつの述語を含む節の最後までなので，この「しだの」には弱めはかからない（第2章注20の「アクセントを弱める範囲」）。
イ￣ッ￣パイ	∧	アクセントは弱めない（すぐ前の「しだの」から意味が限定されていない）。
シゲ￣ッタ	⌣	アクセントは弱める（すぐ前の「一ぱい」から意味が限定されている：2.3.2の表2-1⑦）。
モ￣リノ モ￣サノ	両方	このアクセントを弱める読み手とそうでない読み手がいる。それは次のふたつの考えかたができるためと思われる。(1) どんな森かをすぐ前の「しだの一ぱいしげった」が限定していると考えて，「森の」のアクセントを弱める（2.3.2の表2-1⑦）。(2) しかし，森にはしだがたくさんあるのは当然だと考えると，「しだの一ぱいしげった」はなくても文が伝える内容に変わりはないとも言える。そう考えるなら「しだの一ぱいしげった」は実質的な補足の解釈となり，「森の」のアクセントは弱めなくてよい（3.1.5）。
ナ￣カニ ナ￣カニ	⌣	「中」の意味が，すぐ前の「森の」から限定されているのでアクセントは弱めるが（2.3.2の表2-1④），「森の」が弱められていなければ［モ￣リノ ナ￣カニ］，弱められていれば［モ￣サノ￣ナ￣カニ］になる。なお，「森の中」は一見「全体と部分」の関係に見えるが（3.1.3ⓒ），実は違

語			記号	解説
		/		う。「の中」はなくても意味に変わりはないからである。
ア￢ナ￩オ			∧	ごんが森のどこに住んでいたかを伝えたいところなので，「穴」にフォーカスをおき，アクセントは弱めない。多くの読み手はこれをむしろ強めているが，このことについては，次の次の「住んで」の解説を参照。
ホ￢ッテ			⌣	アクセントは弱める（すぐ前の「穴を」から意味が限定されているし，フォーカスのあとでもある）。
ス￢ン￩デ			⌣	どのような形態で住んでいたのかを「穴をほって」が限定しているので，この「住んで」のアクセントは弱めるべきところである。ところが，弱めない読み手が，弱める読み手と同じぐらいいる。その理由として考えられるのは次のことである。ここでは「穴をほって住んでいました」全体に限定関係が続いている。最後が低くなって苦しくなるのを避けるために，最初の文節（穴を）を高めの音域からはじめて（つまり，強める形にして），徐々にアクセントを弱めていくと言いやすい。実際，ここでも「穴を」のアクセントは強められている。しかし，途中のどこかでアクセントを弱めるのをやめることもしがちである（3.1.1）。ここではそのために「住んで」のアクセントを弱めなかった可能性が考えられる。
イ￢マ￩シタ			⌣	「…ている」「…てくる」など，補助動詞のアクセントは弱める（3.1.2ⓐ）。
		//		
ソ￩シテ	⌣		⌣	「そして」は文の最初なので，アクセントは弱めないのが原則だが，文の主題になっていてフォーカスがない場合と接続詞の場合は弱めることがある。そのあとにポーズを置くこともよくする（3.3.3）。ここはその条件に合致し，多数派は弱めて読んでいる。
		/		
ヨ￢ルデモ			∧	アクセントは弱めない（「夜」の意味は，すぐ前の「そして」から限定されていない）。最初の［ヨ］の音は，すぐ前の「そして」の最後から一段高くして［ソ￩シテ / ヨ￢ルデモ］となる（2.3.2 の表 2-2ⓔ）。
ヒ￢ル￩デモ			∧	アクセントは弱めない（「昼」の意味は，すぐ前の「夜でも」から限定されていない）。むしろ，「夜でも昼でも」の全体で「一日中」ということを強調する表現として使うときは，後半を相対的に強くすることがあり，ここはその例になっている（3.1.2ⓔ）。

130

	/	
ア￣タ￣リ￣ノ	∧	アクセントは弱めない（「あたり」の意味は，すぐ前の「昼でも」から限定されていない）。
ム￣ラ￣エ／ム￣ラ￣エ	両方	アクセントを弱めるか弱めないかが読み手によって異なる。理由として考えられるのは，すぐ前の「あたりの」の扱いについての次の違いである。(1) どんな村かを説明するのに「あたりの」と限定することが重要だと思えば，「村へ」のアクセントを弱める（2.3.2の表2-1ｲ）。(2)「あたりの」はなくてもよいぐらい重要性が低いと考えると，「あたりの」は実質的な補足となり，「村へ」のアクセントは弱めなくてよい（3.1.5）。
デ￣テ／デ￣テ	両方	ここもアクセントを弱める読み手とそうでない読み手がいる。これは，次のふたつの考えかたができるためと思われる。(1) どこへ出たのかをすぐ前の「村へ」が限定していると考えて，「出て」のアクセントを弱める（2.3.2の表2-1ｳ）。(2)「出て来て」と表現するぐらいだから，出現場所が人里であることは明らかだと考えることもできる。そもそも「あたりの村」自体が具体的にどこかを指定する表現ではなく，人里というほどのことなので，この場合は「あたりの村へ」は実質的な補足ということになり，「出て」のアクセントは弱めなくてよい。ただし，(1) の考えかたをとる場合，「あたりの村へ出て来て」で限定関係が続くことになる。どんどん弱めていくことで最後に低くなりすぎると苦しくなる。それを避けるためにどこかでアクセントを弱めるのをやめたくなる（3.1.1）。そのために，この「出て」のアクセントを弱めない読み手もいたかもしれない。
キ￣テ	⌣	「…ている」「…てくる」など，補助動詞のアクセントは弱める。そして，イントネーションを考える際に，すぐ前の動詞と1セット（出て来て）で考える。
	/	
イ￣タズラバ￣カ￣リ	∧	いたずらばかりしていたことがここで伝えたいことの中心なので，ここにフォーカスを置く。「ばかり」は助詞だが，ここではその意味も強く伝えるために，「ばかり」の最初のバを一段高くして［イ￣タズラ バ￣カリ］と発音している読み手もいる（3.2.3①）。
シ￣マ￣シタ	⌣	アクセントは弱める（すぐ前から意味が限定されていることもあるし，フォーカスのあとでもある）。
	//	

ハ￣タケ￣		⌣	文の最初の文節のアクセントは弱めないのが原則だが，一定の条件下では弱めて低く言うこともある（3.3.3）。ここはその条件に合致しないが，低く言っている読み手が多い。それは，この文が前の「いたずらばかりしました」の具体的内容の説明にすぎないためかもしれない。 「はたけへ」の発音を「へ」ではっきり言い直している読み手はいない。すべて［ハ￣タケ￣］に聞こえる。ただ，細かく見ると，11のうち4つの読みにおいて「へ」でわずかに音を強くしており，それらについては「はたけ」と「へ」を分けて言おうという気持ちはすこしあるように思われる。
ヘ￣イッテ		⌣	アクセントは弱める。すぐ前の「はたけへ」から意味が限定されているからである（2.3.2の表2-1団）。そして，このあとのイントネーションを考える際に「はたけへはいって」を1セットで考える。なお，この文のように複数の述語がある複文や重文では，ひとつの述語を含む節ごとにポーズを置くことが多い。しかし，ここでは「はたけへはいって」は短いためか，あとにポーズは入っていない。
イ￣モ￣オ		∧	アクセントは弱めない（「芋」の意味は，すぐ前の「はたけへはいって」から限定されていない）。
ホ￣リチラ￣シ￣タリ		∧	ここでは，いたずらの内容として芋をどうするのかを説明したいわけなので，ここにフォーカスを置き，アクセントを弱めない。フォーカスがあるからといってアクセントはいつも強める必要はないわけだが，述語にフォーカスがある場合は特にそうである（2.4.2の第2項）。 ※アクセント：伝統的な言いかたは［ホ￣リチラシタ￣リ］。
	/		
ナ￣タネガラノ		∧	アクセントは弱めない（すぐ前の「芋をほりちらしたり」から意味が限定されていない）。すぐ前にフォーカスがあるが，フォーカスのあとのアクセントの弱めがかかるのは，複文や重文では節の境目までなので，ここには弱めはかからない（第2章注20の「アクセントを弱める範囲」）。
ホ￣シテ		∧	このアクセントは弱めてもよさそうなところに見えるが，多数派は弱めていない。これは，すぐ前の「菜種がらの」と「ほしてあるの」の関係が「物とその種類」の関係にあるためと思われる（3.1.3ⓒ）。なお，ここでは，次の「ある」が補助動詞で独立性が弱いので，「ほしてあるの」を1セットで考える（3.1.2ⓐ）。 すぐ前の「菜種がらの」のアクセントが平板型で，ここが頭高型なので，最初の［ホ］はすぐ前より一段高くして，

アクセント			説明
			[ナ￣タネガラノ ホ￣シテ ￣テ￣ルノエ] とする（2.3.2 の表 2-2ⓔ）。
テ￣ルノエ	∨		「…ている」「…てある」など，補助動詞のアクセントは弱める。そして，イントネーションをつける際にすぐ前の動詞と 1 セットで考える（ほしてあるのへ）。なお，「のへ」を「野へ」と思っている人もいるようだが，それは無理がある。「野に火を放つ」とは言うが，それだと大ごとである。作者の草稿でも「菜種殻に火をつけたり」である。
ヒ￣オ	∧		いたずらの内容として菜種がらをどうするのかを説明したいわけなので，「火をつけたり」にフォーカスを置き，「火を」のアクセントは弱めない。アクセントを強めている読み手が多いが，なんと火をつけることまでするという気持ちで言うためかと思われる。
ツ￣ケタリ	∨		アクセントは弱める（すぐ前の「火を」から意味が限定されている）。
		/	
ヒャ￣クショー￣ヤノ	∧		アクセントは弱めない（「百姓家」の意味は，すぐ前の「火をつけたり」から限定されていない）。フォーカスのあとだがアクセントを弱めないのは，複文や重文ではフォーカスがかかるのは節の最後までのため（第 2 章注 20 参照）。
ウ￣ラテニ	∨		何の裏手なのかをすぐ前の「百姓家の」が限定しているので，「裏手」のアクセントは弱めてよさそうだが，弱める読み手と弱めない読み手が同数いる。弱めないのは，「裏手」であることもはっきり言おうとしたものかもしれない。
ツルシテ	∨		アクセントは弱める。すぐ前の「裏手に」から意味が限定されているからである（2.3.2 の表 2-1ⓓ）。ところが，弱めない読み手もいる。それは「百姓家の裏手につるしてあるとんがらしをむしりとって，いったり」では限定関係が続いているために，アクセントを弱め続けると低い音が続くことになり，読むのが苦しくなるのではないかという判断が働いて，ここでアクセントを弱めるのをやめたくなった可能性がある。
テ￣ル	∨		「…ている」「…てある」など，補助動詞のアクセントは弱める（3.1.2ⓐ）。そして，イントネーションを考える際にすぐ前の動詞と 1 セット（つるしてある）で考える。
トンガ￣ラシオ	∧		「とんがらし」の意味がすぐ前の「百姓家の裏手につるしてある」から限定されているので，アクセントを弱めてよさそうなところだが，多数派はこのアクセントを弱めていない。その理由としてひとつ考えられるのは，「百姓家の

アクセント	区切り	抑揚	説明
			裏手につるしてある」を実質的な補足説明と見たのではないかということである。もうひとつ考えられるのは，上の「裏手に」や「つるして」と同じく，アクセントの弱めが続くことを避けるためということである。
ム｜シリト｜ッテ		∧	ここでは，とんがらしをどうするのかを説明したいわけなので，ここにフォーカスを置き，アクセントを弱めない。
イッ｜タ｜リ		⌣	「…ている」「…ていく」など，補助動詞のアクセントは弱める（3.1.2ⓐ）。そして，イントネーションをつける際にすぐ前の動詞と1セット（むしりとっていったり）で考える。なお，全集版では「とんがらしをむしりとって，いったり」の形で読点が入っているので，これは「行ったり」ではなく「炒ったり」［イ｜ッタリ］だとも思えてしまう。実際そのように読んでいる読み手もある。しかし，単に火をつけるだけならいたずらになるかもしれないが，料理をするわけではないので「炒ったり」は考えにくいところである。作者の草稿でも「唐辛子をとって来たり」になっている。
	/		
イ｜ロンナ		∧	ほかにもいろいろいたずらをしたことを伝えたいので，「いろんなこと」にフォーカスを置いている。ここではほかにもいろいろあることを強く伝えようとしてか，アクセントを強めている読み手が多い。
コト｜オ		⌣	独立性が弱い名詞のアクセントは弱める（3.1.2ⓑ）。そして，このあとのイントネーションを考える際に「いろんなことを」を1セットで考える。
シ｜マ｜シタ		⌣	アクセントは弱める（すぐ前の「いろんなことを」から意味が限定されているし，フォーカスのあとでもある）。
	//		
ア｜ル		∧	場面がここから大きく変わる。そのため，アクセントを強めてすこし高い音域で文をはじめている（3.3.2）。
ア｜キノ		∧	どの季節の出来事を伝えたいので，ここにフォーカスを置く。多くの読み手がアクセントを強めている。
コ｜ト｜デシタ		⌣	アクセントは弱める（独立性が弱い名詞であるし，フォーカスのあとでもある）。
	//		

第5章

話しことばの
「末尾のイントネーション」

◆**この章で説明する内容**◆

・話しことばでは，文の最後，あるいは文の中の文節や単語の最後に
さまざまなイントネーションがつく。これを末尾のイントネーション
と呼ぶ。

・末尾のイントネーションは，自分の気持ちやニュアンスを伝える働
きや，相手との関係を調整して会話を円滑にする働きなど，人間生活
の中できわめて重要な働きを持ち，話しかたを人間らしく自然で生き
生きとしたものにしている。

・末尾のイントネーションには，「疑問型上昇調」「強調型上昇調」
「平坦調」「上昇下降調」「急下降調」「無音調」の6種類がある。

　この章では，文の最後，あるいは文の中の文節や単語の最後につけるイ
ントネーションについて説明する。本書ではこれを末尾のイントネーショ
ンと呼ぶ1)。日本語研究の世界では，かつてイントネーションと言えばこ
のタイプのものだけを指していた。

5.1　末尾のイントネーションの種類

文の最後，あるいは文節や単語の最後での高さの動きにはいくつかの型

がある。それが何種類あるかについて，これまでさまざまな説が出されているが，本書では基本の4つの型と，それにふたつの変種を加えた合計6つのイントネーションの型の分類を使う。これを表5-1にまとめた[2]。

　上昇調に2種類があること，そして無音調というものがあることに注意してほしい。

　この6つのイントネーションの型は，文の最後でも文の中にある文節の最後でも使う。ただ，同じ型でも，その働きは文の最後と文の中にある文節の最後で違う点があるし，また終助詞や間投助詞があるかないかでも違うので，それらを別々に説明してゆく。表5-1に書き入れた用法と用例は，終助詞のない裸の文末での使いかたである[3]。

　このほかに，あまり使うことはないが「上昇下降調＋疑問型上昇調」や「上昇下降調＋強調型上昇調」のような，ふたつの型が臨時的に組み合わさった複合イントネーションもある[4]。

■書きあらわしかた

　本書では，末尾のイントネーションを表5-1の2列めに書いた記号であらわす。コンピュータなど情報機器で使うときには，そこにいっしょに書きこんだ文字コード（unicode）を手がかりに探してほしい。用例では，その記号を ［ワ￤カ￤ッテル↗ー］（わかってる？）とか ［ワ￤カ￤ッテ↑ル］（わかってる！），［ヒ￤ロ〰シ￤ー］（〈呼びかけの〉ひろし！）のように，高さの変化が始まる箇所にいちばん近い文字の前につける[5]。

　用例に「(小)」や「(大)」の字がついているものは，それぞれ，上げかたが小さい，大きいという意味である[6]。斜めの線（ / ）はポーズである。

■用例について

　これから，末尾のイントネーションの使いかたを用例とともに説明してゆくが，用例は本書のために収録した会話資料から取ったもののほか，傍受した会話やテレビ，ラジオ等から得た例をそのまま，あるいは長いものを短くするなど手を加えたものを使う。インタビュー調査で教わったものもある。本書のために分析した会話資料の一覧は巻末（p. 237）に示すが，

表5-1　末尾のイントネーションの型

分類		記号	特徴	裸の文末での主な用法と用例
① 疑問型上昇調		↗ (2197)	連続的な上昇：どんどん高くしてゆく・音をのばすことが多い	答えを求める・反応を求める ワ⌐カ⌐ッテル↗─；マ⌐ッテ↗─
② 強調型上昇調		↑ (2191)	段状の上昇：直前より一段高く平らに言う・音をのばさないことが多い	わかってほしいという気持ちを込める
②′ 平坦調（強調型上昇調の変種）		→ (2192)	高くせず平らに言う・音をのばすことが多い	ワ⌐カ⌐ッテ↑ル，マ⌐ッテ→─
③ 上昇下降調		⌒ (21B7)	一段高くしてから下げる・音をのばすことが多い	気づいて反応してほしいという気持ちを込める ヒ⌐ロ⌒シ─，マ⌐モル↓─；ハ⌐ヤ⌒ク─
③′ 急下降調（上昇下降調の変種）		↓ (2193)	（平板型または尾高型アクセントのため末尾拍がもともと高い場合に）そのまま下げる	気づいて理解したという気持ちを込める ナ⌐ルホド↓─
④ 無音調	長い無音調	無記号	独自の高さの動きを持たない	主に文中で，間投助詞をつけない文節の末尾で使う
	短い無音調			中立的

用例には資料番号と話し手の生年と性別を「⑩1987f」という形で記す。

　用例を見るにあたって注意していただきたいことが3点ある。1点めは，ここにあげる用例は，首都圏の中央部ではこのような形で使うことがあることを示すにすぎないということである。用例と同じ文ならかならずそのイントネーションになるというわけではない。別のイントネーションをつけることができるものも多い。

　2点めは，上げ下げの大きさにはさまざまあって，それは込める気持ち

の強さしだいで変わるということである。用例に書いた大きさしかないということではない。一般論としては，込める気持ちが強いと上げが大きくなる。

　3点めは，ここには話し手の性別や世代によって使ったり使わなかったりする言いかたも含まれているし，不適切だと感じる人がいる言いかたも含まれていることである。

5.2　疑問型上昇調とその仲間

　疑問型上昇調（右上がりの矢印↗であらわす）はどんどん高く上げていくイントネーションである。自分が言ったことを相手が理解しているかどうかを聞くときの「🎧わかってる？」［ワ｜カ｜ッテル↗ー］や，雨がやんだかどうか聞くときの「🎧やんだ？」［ヤ｜ン｜　ダー］のように，「はい」か「いいえ」かの答えを求める質問で典型的に使う。「やんだ？」のアクセントは［ヤ｜ンダ］で，疑問型上昇調をつけなくても最後の音が高いが，そこからさらに上げる。発音例の実際の高さの動きが図5-1と図5-2である7)。

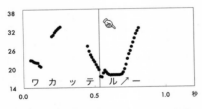

図5-1　疑問型上昇調の「わかってる？」

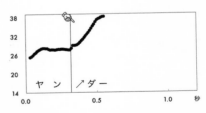

図5-2　疑問型上昇調の「やんだ？」

・疑問型上昇調という名前

　「疑問型」と名づけたのは，疑問文での使いかたが典型的だからである。しかし，これから見てゆくように疑問文だけで使うということではない8)。

コラム14　末尾のイントネーションの重要性

わかっているかどうか聞くときの「わかってる？」は最後を上げる。その質問に対して反発の気持ちを込めて答える「わかってる！」も最後を上げて言えるが，上げかたは質問のときとはすこし違う。また，「早く！」のように急かせるときに最後で上げてから下げる言いかたや，「なるほど！」と感心するときに最後で急に下げる言いかたがある。こうした例からわかるように，末尾のイントネーションには自分の気持ちやニュアンスを伝える働きがある。さらに，待つことを頼むときの「待って」のように，最後を上げることでやさしい言いかたにし，そのことで相手との関係を調整し，会話を円滑にする働きもある。このように末尾のイントネーションは人間生活の中できわめて重要な働きをしており，人間らしく自然で生き生きとした話しかたには欠かすことができない。会話の中で相手の本心を理解するためにも，また説得力のある話しかたを身につけるためにも，文の最後や文節の最後でどういうイントネーションの使いかたができるのか，それで何をあらわせるのかを，日本語を母語とする方も，日本語を外国語として学ぶ方も知ってほしい。

5.2.1　裸の文末での疑問型上昇調の使いかた

疑問型上昇調を使うのは，（1）答えを求めるとき，（2）反応を求めたり注目をひくとき，（3）とまどいの気持ちをあらわすときという3つの場面に大きく分けられる。

■答えを求めるとき

・「はい・いいえ」の答えを求める質問で

終助詞「か」などをつけずにイントネーションだけで問いかけの意味を持たせるのは明治時代からの言いかたのようだが，現在ではこれが疑問型上昇調の典型的な使いかたになっている[9]。終助詞の「か」をつけて問いかけるときもこの疑問型上昇調を使えるが，その場合は大きく上げる必要はない（p.170）。丁寧体で「…ですか？」「…ますか？」のように聞くときは，疑問型上昇調ではなく，あとで説明する強調型上昇調が多くなる。

例 1. ワ￬カ￬ッテル↗ー （わかってる？）

〈解説〉［ル］の最初から上げる［ワ￬カ￬ッテ↗ルー］でもよい。答えを求める気持ちが強いと上げが大きくなる。

2. コ￬レ￬マ￬ダ￬タ￬ベマ￬ス↗ー （これまだ食べます？）

〈解説〉助動詞の「ます」は，言いきるときはふつう最後の母音 u が無声化して mas になる。ところが，最後が「ます」のまま質問にするときは u をきちんと言うので masu になる。

3. ヤ￬ン￬ダー （〈雨は〉やんだ？）

〈解説〉［ダー］の途中から上げる［ヤ￬ン￬ダ↗ー］でもよい。

4. ゼッ↗タイ （絶対？）

〈解説〉「絶対」の最後の［タイ］は重音節である（p. 8）。文の最後が重音節の場合は，この例のようにその最初から上げることが多い。

5. ス￬マ￬イル￬ミ￬タ↗ー ／ ミ￬テ￬ナイ↗ー （〈テレビ番組名の〉『スマイル』見た？　見てない？：⑨1972f2）

・具体的な情報を求める質問で

例 1. イ￬マ￬ナ￬ンジ↗ー （いま何時）

〈解説〉疑問詞があれば質問していることはわかる。そのため，疑問型上昇調でなく短い無音調で言うこともあるし，長い無音調を使うこともあるし，強調型上昇調のこともある。なお，疑問詞があっても，とがめる言いかたの「いまごろ何やってるんだ」とか，困った気持ちをあらわす「どうしよう」などは質問ではないので疑問型上昇調はつけず，無音調にする。

2. オ￬ナマエワ↗ー （〈あなたの〉お名前は？）

〈解説〉疑問型上昇調を使うと有無を言わせず答えを求めている感じがするので，この例の「お名前は？」や「生年月日は？」のように相手の個人的な情報を聞くときにつけると，尋問のように聞こえる可能性がある。上げかたが大きい場合は特にそうである。聞き手と相手が対等な関係ならよいが，店頭や相談窓口などでサービスを提供する側が使うと，サービスを受ける側は気分を害しかねない。これを避けるには，疑問型上昇調の上げかたを小さくするか，無音調で言いさす形にする。

コラム 15　感謝，詫び，依頼，承諾のことばのイントネーション

　「ありがとうございます」「すみません」「お願いします」「お待ちください」「はい」のような日常よく使う感謝，詫び，依頼や承諾のことばは，短い無音調以外のさまざまなイントネーションをつけて使うことがある。

　そうしたイントネーションを使う人は，心からの気持ちであることや元気さをなんとかあらわそうとしているのかもしれない。しかし，真摯な気持ちでの発言であることを伝え，そのことで良好な人間関係を保持しないといけないときには，イントネーションとして標準的で無色な言いかた，つまり短い無音調を使うことが求められる。それ以外のイントネーションを使うと，聞き手からは否定的な印象を持たれやすくなる。商店での接客で使うと，上品さを欠くと判断される。心からの感謝や詫びが必要なときに「あざっす」だとか「お許しくだされ」などとふつうではない言いかたをしようものなら相手を怒らせてしまうが，イントネーションも同じなのである。

・相手の意図を問う表現や，聞き返しの表現で

例　1.　ソ―デスケド／―（〈質問に対して「はい，でもそれがどうかしましたか」の意味で〉そうですけど）

　　2.　ス｜マ｜イル／(小)―（〈相手が言った「スマイル」が何かわからなかったので〉スマイル？：⑨1972f1，「前ページの『はい・いいえ』の答えを求める質問で」の項の例5への応答）

・否定形を使った誘いの表現で

例　1.　ソ｜ロソロ　カ｜エラ｜ナ｜イ（そろそろ帰らない？）
　　　〈解説〉最後は［ナ―／イ］と言うこともある。

　　2.　イッ｜ショニ　イキマセ｜ン／―（いっしょに行きません？）

・「…たら・ば」の形での提案で

例　　　オ｜チャデモ｜ノ｜ンダラ／―（お茶でも飲んだら？）

■反応を求めたり，注目をひくとき

　疑問型上昇調をつけて反応を求める形にすることで，注目をひくと同時に，口調をやわらげたやさしい言いかたにもなる。

・呼びかけや呼びよせの表現で

🎧　例　1.　ヤ｜マ｜グチサ╱ーン　（〈人名の〉山口さん！）

🎧　　　2.　ミ｜ッキ╱(小)ー　（〈ミッキーマウスを振り向かせるために〉ミッキー！）

🎧　　　3.　モ｜シモシ╱ー　（〈電話で〉もしもし）

　　　〈解説〉呼びかけや呼びよせには，疑問型上昇調だけでなく，無音調，強調型上昇調，上昇下降調も使えるが，疑問型上昇調を使うときは，反応を求める形にして口調をやわらげるという役割もあると考えられる。例1と3の発音例の上げかたは大きめだが，かならずしもこのようにする必要はない。例2のように遠くに呼びかけるときは，全体を高い音域で言い，アクセントの下げも小さく，すこし平坦な感じになる。電話の「もしもし」は，短い無音調，つまり上げも下げもしないふつうの発音が中立的で，親しくない人や目上にも使えるが，疑問型上昇調をつけると，親しい人への言いかたか，さもなければ不審感があるように聞こえる。

・「…て」の形での依頼で

🎧　例　　　チョット｜マ｜ッテ╱ー　（ちょっと待って）

　　　〈解説〉「待って」とか「言って」のような，「て」をつけた形での依頼表現には，短い無音調や強調型上昇調・平坦調も使える。ただ，それだとぶっきらぼうで命令口調になる。そこで，疑問型上昇調をつけて相手の反応を求める形にすることで，口調をやわらげる言いかたにしているのだと思われる。耳慣れないと感じる人がいるかもしれないが，首都圏では特に新しい言いかたではない[10]。

・店頭での呼びこみ表現，接客の声かけ表現，声援などで

🎧　例　1.　イ｜ラッシャイマ｜セ╱(小)ー　（〈呼びこみの〉いらっしゃいませ）

　　　2.　ド｜ーゾ╱(小)ー　（〈呼びこみ，席へ案内する際などの〉どうぞ）

🎧　　　3.　ガンバ｜ッテ╱(小)ー　（〈声援で〉がんばって）

〈解説〉疑問型上昇調のほかに，強調型上昇調や平坦調，無音調（長・短）も使える。それらのあいだに働きとして大きな違いはないようだが，疑問型上昇調の場合は反応を求める形にすることで，やはり口調をやわらげたやさしい言いかたにしようとしているのではないかと考えられる。また，これも呼びこみ表現だが，店頭での「いらっしゃいませ」「いかがですか」で最後の母音を1秒以上のばして（例1の発音例は0.4秒強にすぎない），そこに疑問型上昇調をつける言いかたがある。私の知る範囲では1990年代から頻繁に耳にするようになった。これは，反応を求めるというよりは，注目をひいて自分の存在をアピールするためのひとつのふしまわしになっているように思われる。ただ，そうした言いかたをする店に対しては，上品なところという印象は持たれないようだ11)。短い方が上品に聞こえるが，その理由についてはコラム15（p. 141）参照。

・接客表現のひとつの型としての「つり上げ調」12)

例 1. ホンジツワ　ゴ｜ライテン　クダサイマ｜シテ　ア｜リ｜ガトーゴザイ↗マース△ （〈デパートのエレベーターガール〉本日はご来店くださいましてありがとうございます：最後の小さい三角は，「ます」がmasuではなく mas の状態になっている印）

2. サ｜ザエデ　ゴザイ↗(大)マース△ （サザエでございます：テレビアニメ『サザエさん』の番組冒頭のもので，2019年放送分の音声）

〈解説〉業務で同じアナウンスを繰り返す場合は，そこにふしがつきがちである。例1はそのひとつで，「です」「ます」で終わる文で［デ］や［マ］の最初から上げる形で疑問型上昇調をつけている。最後の［ス］は無声化させてsだけになる。特に女性から聞かれる。商店の店頭での「〈この商品は〉○○円と，お求めやすくなっております」のような形でも使われている。これも，注目をひく役割が大きいように思われる。

・「…んだ」で終わる告白の表現で

例 ア｜タシ｜カ｜メンラ｜イダー　ゼン｜ブ｜ミ｜テタンダ↗(小)ー （私，『仮面ライダー』全部見てたんだ〈テレビ番組『仮面ライダー』の最近のシリーズに出演の俳優が話題になっている中で：⑨1972f2)

〈解説〉親しい相手に自分の体験を語るときにこの例のような「んだ」文

を使うことがある。そして，そこに疑問型上昇調，強調型上昇調，上昇下降調をつけることがある。こうしたイントネーションは，聞き手の注目を引きつけ，話の続きに期待を持たせる効果があるようだ[13]。「全部」[ゼ｜ンブ]の高さの山がうしろにずれているのは強調のためと思われる。

■とまどいの気持ちをあらわすとき

・知らなかったという気持ちをあらわす表現で

🎧 例 1. エッ｜モ｜ー｜サンジ↗ー （〈時計を見て〉えっ，もう3時）

🎧 　　2. マ｜タ ア｜メ↗ー （〈天気予報を見て〉また雨）

　　　3. ナ｜ンダッテ↗ー （〈驚いて〉なんだって）

　　　4. テ｜ラ ホ｜ント ↗(小)ー （あら本当：⑨1972f1）

　　〈解説〉意外感が強いときや不満感があるときは，上昇を大きくしたり，最後を長くのばしたり，上昇する以前の部分の高低変化を大きくする。

・自信のなさをあらわすとき

🎧 例 　 エ｜ド｜ッチ↗ー （〈ひとりごと的に〉え，どっち）

・完全には納得や同意をしていないときの返答で

🎧 例 1. ソ｜ー↗ー （そう？：疑う気持ちを込めるときは大きく上げる）

🎧 　　2. タ｜シカニ｜ソ｜ーナンダケド↗ー （確かにそうなんだけど）

　　　3. ナ｜ルホ↗ドー （〈あるクイズに対する話し相手の解答案を聞いて〉なるほど：⑪1986m，話し相手の反応は「え，違う？」）

　　〈解説〉こうした言いかたは，相手の考えを全面的に否定しないための婉曲表現とも言える。逆に，強く納得したときはどうするかと言うと，アクセントの下げがない「なるほど」なら，急下降調をつけて［ナ｜ルホド↓ー］と言う。アクセントの下げがある「確かに」なら，強く納得したときでもふつうに（つまり，短い無音調で）［タ｜シカニ］と言うか，長い無音調をつけて［タ｜シカニー］と言う（p. 164参照）。

・感動詞の「不可解イントネーション」

🎧　例　1. ア／ラー　（あら）

　　2. ハ／イ　（〈聞き返しの〉はい？）

　　3. ／エー　（〈聞き返しの〉え？）

〈解説〉感動詞とは感動，応答，呼びかけに使う語である。その中でも「あら」[ア￣ラ]と「おや」[オ￣ヤ]は，もともと予想外の状況になったときに使うことばだが，その下げをなくして疑問型上昇調をつけると，理解や納得ができない気持ちがよくあらわせる。これを不可解イントネーションと呼んでおく。聞き取れないときや理解できないときの「はあ？」[／ハー]，「ん？」[／ンー]もこのイントネーションをつける。どこからどのぐらい上げるかは，気持ちしだいである。

・感動詞の「反語イントネーション」

🎧　例　1. ソ￣￣｜／ー　（そう？）

　　2. ソレワ　ナ￣ニ￣　サンゴクシマ￣　ニアノ　ヒ／(小)ト　（それは何，三国志マニアの人？）—— ン￣￣｜／(小)ー　（ううん）⑨1972f2, f1)

〈解説〉「そう？」[ソ￣]にそのまま疑問型上昇調をつけた[ソ￣｜／ー]つまり[ソ￣オ／オ]という高さの動きだと，完全には納得や同意をしていないときの返答になり，否定的なニュアンスをおびる。しかし，音が高い箇所をあとにずらして上の例1のように言うと「そうだろうか，いや違う」という意味，つまり反語になる。返事をするときの「うん」[ン￣]はふつうは肯定の意味だが，この反語イントネーションをつけて[ン￣｜／ー]と言うと，否定の意味になってしまう。「うん」の場合は，音が高い箇所をあとにずらさなくても，最後に上昇をつけるだけで否定の意味になる。上の例2はそのケースである。逆に，音が高い箇所がうしろにずれていれば，最後の上昇はなくても否定の意味になりうる（称賛の意味にもなりうる）。単に上げるだけなら，疑問に思う気持ちをあらわす言いかたになる。以上をまとめると次の表のようになる14)。

🎧

音	ン￣	ン￣｜／ー	ン￣｜／ー	ン￣｜￣｜	／ンー
意味	肯定	否定	否定	否定	疑問

・答えとして断言せず保留したいとき

例　　バ￤イト　―　〈〈直後の予定を聞かれた答えとして〉［アル］バイト）

〈解説〉答えが質問者の期待に沿えない可能性がある場面でのもので，口調をやわらげる言いかたとも言える。「半疑問イントネーション」（p. 185）と共通性がある新しい使いかたのようだ。

■裸の文末での疑問型上昇調の使いかたのまとめ

ここでは疑問型上昇調の使いかたを 3 つに大きく分けた[15]。裸の文末で疑問型上昇調を使う典型的な場面は，「わかった？」「〈雨は〉やんだ？」のように，肯定か否定の答えを求める場合である。こうした場合は疑問型上昇調をつけないと話し手の意図は通じない。ところが，呼びかけたり依頼をするときには疑問型上昇調の使用は必須ではない。しかし，疑問型上昇調をつけることで聞き手の反応を求める形にし，そのことで口調をやわらげた，やさしい言いかたにしているものと思われる。また疑問型上昇調を使うことで，話の続きに期待を持たせ，会話を協働的なものにし，いっしょに話をしたという気持ちにさせるのにも役立つと考えられる。女性は男性よりも疑問型上昇調を好んで使うということが言われるが，それはこうした対人態度にかかわる働きが疑問型上昇調にあることで理解できる[16]。ただし，上げかたが大きすぎると聞き手の反応を強く求めているように聞こえたり，疑う気持ちがあるように聞こえがちなので，やさしい言いかたではなくなる。

5.2.2　自分の考えに同意するかどうかをたずねるときの「たたきのばし上げ調」

質問でも，何を思って聞くかでイントネーションが変わることがある。自分の考えに相手が同意するかどうかをたずねるときに，自説を押しつけないようにと気をつけながら言うときに使うのが，ここで説明するたたきのばし上げ調である[17]。文の最後にアクセントの上げ下げがあっても，それをたたきのばす形で平らにしてから疑問型上昇調をつける。

言い分け
上級

🎧　① ［ヒ￣トリ￣タビッテ　サ￣ビシク　￣ナイ↗ー］ ―― ハ￣イ （〈「さびしくないというのは本当か」と聞く〉一人旅って，さびしくない？ ―― はい 〈＝さびしくはない〉：ふつうの疑問型上昇調）【図5-3】

🎧　② ［ヒ￣トリ￣タビッテ　サ￣ビシク　ナ↗イー］ ―― ハ￣イ （〈「私はさびしいと思うけど，あなたはどうなのか」の意味で〉一人旅って，さびしくない？ ―― はい 〈＝さびしい〉：たたきのばし上げ調）【図5-4】

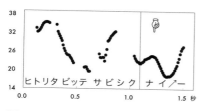

図5-3　ふつうの疑問型上昇調の「さびしくない？」

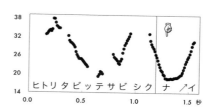

図5-4　たたきのばし上げ調の「さびしくない？」

　たたきのばし上げ調を使える文型は限られているが，典型的なのが「さびしくない？」「〈値段が〉高くない？」のような「形容詞（連用形）＋ない？」である。上の例①は，相手が一人旅はさびしくないと考えているように思えるときに，本当にそうなのかを相手に問いただす質問である。この場合は否定の意味がそのまま生きているので，言いきりの形に疑問型上昇調をつけて［サ￣ビシク　￣ナイ↗ー］と聞く。この質問に対して「はい」と答えると，「私はさびしくない」の意味になる[18]。

　ところが，一人旅はさびしいと質問者自身は思うが，相手はどうなのかを特に質問者の考えを押しつけることなく聞いてみたい場合がある。そのときの言いかたが上の例②で，「ない」本来の上げ下げをなくしてから疑問型上昇調をつけて［サ￣ビシク　ナ↗イー］と言う。「な」をすこしのばして［サ￣ビシク　ナー↗イ］のように言うこともある。これがたたきのばし上げ調である[19]。

　このたたきのばし上げ調の「さびしくない？」には「ない」ということばがあるが，実質は「さびしいでしょ？」に近い表現である。そのため，

この質問に対して「はい」と答えると「そのとおりだ，私はさびしい」という意味になる。逆に，「いいえ」と答えると，「私はさびしくない」という意味になる。過去のことについての同様の質問でも ［サ｜ビシ｜ク ナカ｜ッタ／ー］，丁寧体なら ［サ｜ビシ｜ク アリマセ／ン］ のように，「なかった」「ありません」の上げ下げをなくす言いかたができる[20]。

・「動詞＋てない？」で

　相手は隠しごとをしているだろうと内心では思いながらも，その思いをあからさまに出すことなく「私に何か隠してない？」と聞く場合も，たたきのばし上げ調を使って ［カ｜ク｜シテ ナ／イー］ と言える。きっと陰で笑っているだろうと思いながら聞く「陰で笑ってない？」なら ［ワ｜ラッテ＿／ナイ］ となる[21]。

・形容詞で

　「涼しい」［ス｜ズシ｜ー］ とか「あったかい」［アッ｜タカ｜イ］ のようなふつうの形容詞でも，自分は「涼しい」「あったかい」と思っているときに相手も同意するかどうかを聞くときは，たたきのばし上げ調の ［ス｜ズ／シー］［アッ｜タ／カイ］ という聞きかたをすることがある[22]。

5.3　強調型上昇調とその仲間

　上昇するイントネーションには，前節で説明した疑問型上昇調と，ここで説明する強調型上昇調の 2 種類がある。強調型上昇調は会話では頻繁に使われているが，言っている人も聞いている人も使っていることにあまり気がついていないという不思議なイントネーションである。

　強調型上昇調（上向きの矢印↑であらわす）は，最後の拍をその直前に比べて一段ポンと高くするように言うものである。典型的なのは，生活態度を注意されたときなどに反発の気持ちを込めて言う「🎧わかってる！」［ワ｜カ｜ッテ↑ル］ や，認めてもらえるまでは引き下がらないぞという態

度で小さい子供が親に物をねだるときの言いかた，たとえば「🎧ケーキ！」［ケ─↑キ］のような言いかたである。訴えかける気持ちが強いときは上昇を大きくし，最後に力を込めて強く言うことが多く，「わかってるっ！」「ケーキっ！」のように，小さな「っ」をつけて音を切る感じに聞こえることもある23)。訴えかける気持ちが弱めの「わかってる！」の発音例の実際の高さの動きが図5-5である24)。

図5-5 強調型上昇調の「わかってる！」　　図5-6 強調型上昇調の「知りません！」

・強調型上昇調という名前

　「強調型」と名づけたのは，「わかってる！」や「ケーキ！」のような一種の強調表現での使いかたが典型的だからである。しかし，これから見てゆくように，そうした強調の意味でのみ使うということではない25)。

5.3.1 裸の文末での強調型上昇調の使いかた

　反発の気持ちを込めた「わかってる！」［ワ│カ│ッテ↑│ル］や，認めてもらえるまでは引き下がらないぞという態度での「ケーキ！」［ケ─↑キ］など典型的な使いかたに共通するのは，わかってほしいという気持ちを込める表現だということである。ただ，そうした気持ちを込めるだけのことなので，どうしても必要なものではない26)。そのほか，勢いをつけるかけ声でも使う。

■わかってほしいという気持ちを込めるとき
・主張や断言で
🎧　例　1.　ワ│カ│ッテ↑ル（〈すこし反発の気持ちを込めて〉わかってる！）【図

5-5】

2. ワ￢カ￢ッテマ↑￢ス（〈反発の気持ちを込めて〉わかってます！：［ス］
の母音は無声化させず，masu で）

3. ケ￢ーキ カッ￢テー／ケ￢ー↑￢キ（〈子供が親にねだるときの〉ケーキ
買って，ケーキ！：／の記号はポーズ）

4. シ￢リ マ セ_↑(小)シ（〈「知らないと言ってるでしょ」の意味で〉知り
ません！：拍ごとに言い直す感じで，ていねいにゆっくり言い，最後は
［セ］のあとで下げてからまた上げる）【図 5-6】

5. ヲ￢カッ↑￢タ（よかった！：安堵感を伝える）

・告白や伝聞の表現で

例 1. チョ￢コ￢レート モ￢ラッチャッ↑￢タ（〈実は〉チョコレートもらっち
ゃった）

2. コ￢レ オ￢イシ￢ーンダッ↑(小)テ（これおいしいんだって）

3. ソ￢ーダト オ￢モッタン↑￢ダ（〈実は私は〉そうだと思ったんだ）

4. キ￢ノ￢ー ア￢キハ バラ イッ￢タン↑(小)ダ（きのう秋葉原［に］行
ったんだ。〈そしたら…〉）

5. ゲ￢ンキンオ ヌ￢スンダト シテ／オ￢ンナ ガ￢ タ￢イホサレマシ
↑(小)タ（現金を盗んだとして女が逮捕されました）

〈解説〉例 1 から 4 は，強調型上昇調をつけることで「あなたは知らない
と思うが実は」という気持ちを添えている。ほぼ同じ意味で上昇下降調
や疑問型上昇調を使うこともあるが，あとで説明する間投助詞や間投助
詞的イントネーションと同じく，聞き手の注意を自分の話に引きつける
手段としてそうしたイントネーションを使っているものかと思われる27)。
例 5 のように，ニュースで「ました」の最後を少し上げる読みかたが，
特に民放にはある。

・終了宣言として

例 1. ソ￢ノ￢コニ モ￢モ￢タロート ユ￢ー ナ￢ オ￢ツケマ￢シ↑(小)タ（その子
に桃太郎という名をつけました）

2. ビ￢ングクロ￢スビーデ / ホ￢ワイトクリス￢マスデシ↑ ⁽小⁾タ（ビング・クロスビーで『ホワイトクリスマス』でした）

3. テ￢ー↑ア（〈残念な結果に終わってしまったときの〉あーあ）

〈解説〉例1, 2では助動詞「た」の完了の働きを強調するために強調型上昇調をつけたものと思われる。例2のように、ラジオ番組などの音楽の曲名紹介やコーナーの終了宣言でもよく聞かれる。最後の「あーあ」は、強調型上昇調にすることで終わってしまった感じがよく出る。

・命令，依頼，提案の表現で

例 1. マ￢ッ↑テ あるいは マ￢ッ↑テー（待って）

2. ガンバ￢ッ↑テー（〈声援として〉がんばって）

3. カ￢エ￢レ / カ￢エ￢レ（〈抗議の「帰れコール」〉帰れ，帰れ）

4. ジャ￢ー ハ￢ダシデ カ￢エッタ↑ラ（じゃ，裸足で帰ったら：⑪ 1986m）

〈解説〉やさしく依頼する場合は疑問型上昇調で言えばよい。

・呼びかけで

例　ハ￢ル↑ ⁽小⁾ナー（〈呼びかけで，人名の〉はるな！）

・接客などの声かけ表現で

例 1. ド￢ー↑ゾ（どうぞ）

2. コンバン↑ ⁽小⁾ワ（〈テレビのニュース番組で，冒頭のあいさつ〉今晩は）

〈解説〉例にあげたような表現では、実際には特別なイントネーションをつけずに短い無音調で言うことが多いだろうが、それに「わかってほしい」という気持ちを込めるために強調型上昇調をつけたものと思われる。押しつけがましく聞こえないようにするときは、上げかたを抑える。感謝する場合はむしろ無音調の方が本気で言っているように聞き手は感じる28)。

■力を込めるかけ声で

🎧 例　ヨ￢イ↑￢ショ（よいしょ）

　　〈解説〉力を込める動作を［ショ］のところで終えるときの言いかた。

5.3.2 「です」の「で」，「ます」の「ま」をきわだたせる言いかた

■「で」「ま」を直前より高くする発音

　　自分の名前を言うときなどの「何々です」は，「で」を直前より高くしないのがふつうだが，これを高くすることがある。同時に「で」を長く言うこともある。ただ，現在の中年層以上の人からはあまり聞かないように思う。また，「わかってます」などの「ま」を高くする，あるいは高く長くする言いかたもある。いずれも訴えかける気持ちを込める言いかたと考えることができる。強調型上昇調と共通性があるのでここにまとめておく[29]。

🎧 例　1. エ￢リ￢カ￢デ￢ス△（〈私は〉えりかです）

🎧 　　2. マ￢ユミ￢デ￢ス△（〈私は〉まゆみです）

🎧 　　3. ダイジョ￢ー￢ブ￢デー￢ス△（〈だいじょうぶかどうか聞かれて〉だいじょうぶです）

🎧 　　4. ワ￢カ￢ッテ￢マ￢ス△（〈私は〉わかってます）

🎧 　　5. ア￢リ￢ガトーゴザイ￢マ￢ス△（ありがとうございます）

　　〈解説〉最後の母音は無声化して des, mas になる。すこし高くする発音は，特に民放のニュースでも聞かれる。ただ，真摯な気持ちをあらわすことを求められる場面では，はっきりと「です」「ます」を高くする発音は，元気さは感じられるとしても，軽いとか，上品ではない，本気で言っているように聞こえないなど，否定的な印象を持たれやすい。

■「で」「ま」をのばす発音

　　あいさつ，行動宣言，注意喚起をするときに「お疲れさまでーす」「おはようございまーす」「いただきまーす」「ドアが閉まりまーす」のように「で」や「ま」をのばした形で声をかけることがある。ただし，公的場面での使用を問題視する意見がある（インターネットで「語尾のばし」で探せ

ば見つかる）。

🎧　例　　ヨ⌐ロシク　オネガイシマー⌐ス△　（よろしくお願いします）

5.3.3　平坦調

　平坦調（右向きの矢印→であらわす）は，最後で特に高くも低くもしないまま，意図的にまっ平らの高さを保つ言いかたである。たとえば，置いて行かれそうになったときに「待ってー」と声をかける場合が典型的である。「ヤッホー」「がんばれー」「ファイトー」「どうぞー」などでも使う。音を長くのばすことが多いが，かならずではない。短い平坦調は街なかのアナウンスやテレビ・ラジオのニュースでも聞かれる。

　こうした平坦調は，強調型上昇調ほど強くないが，やはりわかってほしいという気持ちを込めている。また，強調型上昇調と同じく，終了の宣言や告白や伝聞の表現でも使う30)。

🎧　例　1.　マ⌐└→チー（〈呼びかけ〉待って：[マ]のあとを下げ，[テ]を平らに言う）【図5-7】

🎧　　　2.　チャント　ナラン→デー（〈呼びかけ〉ちゃんと並んで：[ナラン]と同じ高さで平らに言う）【図5-8】

🎧　　　3.　ガンバ└→レー（〈声援〉がんばれ）

🎧　　　4.　イ⌐ラッシャイマ└→セー（〈接客のかけ声〉いらっしゃいませ）

　　　5.　ハ⌐ル→ナー（〈呼びかけで，人名の〉はるな！）

　　　6.　ハイ⌐　ツ→ギー（〈2人でクイズを解いているときに，1問めがすぐに終わって次の問題に移る場面〉はい，つぎ！：⑩1986m）

　　　7.　ソ⌐ー⌐ナンカ　オッ⌐キ└ーノガ　ア⌐ッタ　キ⌐ガ　シタン→ダー（〈地図で屈斜路湖の場所を確認しながら，このあたりに〉そう，なんか[湖の]大きいのがあった気がしたんだ：⑪1986f，告白の表現）

　　　8.　ロ⌐イ⌐ターツ└ーシンガ／ア⌐メリカセ└ーフ　コ└ーカンノ　ハナシ⌐ト⌐シテ⌐ツ└タエマ┐シ→タ（ロイター通信がアメリカ政府高官の話として伝えました）

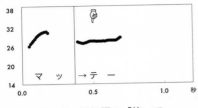

図5-7 平坦調の「待って」

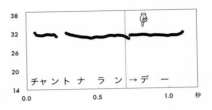

図5-8 平坦調の「ちゃんと並んで」

■感動詞の「感心イントネーション」と「考えこみイントネーション」

例　（男性）ヘ⌐→ー（女性）フ⌐ーン→ー（男性）ナ⌐ルホドネ（〈ビス
ケットとクッキーとサブレの違いを，女性が読みあげた記事で知って〉
へえ／ふーん／なるほどね：⑩1986m，1987f）【図5-9】

〈解説〉上の例のように，それまで知らなかったことを知ったときに口に
出る平坦調を「感心イントネーション」と呼ぶことにする。「へえ」と
「ふーん」は，感心の度合いが強いときは最後を強調型上昇調にして
[ヘ⌐↑ー][フ⌐↑ン]とも言う。考えこむときの「うーん」も平坦
調だが，こちらは「考えこみイントネーション」と呼ぶことにする。考
えるあいだ相手の発言を制するために音を出し続けることが必要だから
同じ高さの音を続けるのだろう。

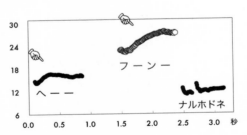

図5-9　感心イントネーションの例：色の濃い
方が男性，色の薄い方が女性

■平坦調と無音調の違い

　平坦調は最後を意図的に平らに言う。平坦調の「待って」[マ⌐ッ→テ
ー]と，ふつうに言いきるときの「〈私は〉待った」[マ⌐ッタ]の高さの

動きはすこし違う。

　ふつうに言いきる方は，あとで説明する無音調である（p. 160）。無音調の「待った」［マ｜ッタ］の［タ］は線で平らに書いているが，これは［マ］から下がるにまかせる言いかたであって，意図的に平らに言おうとしているものではない。そのため，実際には［タ］の中ですこし下がってゆく（図5-22の「ね」の例も参照）。

　ただし，p. 153の例2の「並んで」［ナラン→デー］のように，もともとアクセントの下げがない語での平坦調は，無音調と同じ発音になる。

5.3.4　口調をやわらげる「浮き上がり調」

　浮き上がり調というのは，本来は最後の2拍の中にアクセントの下げがある文でも，その下げをなくした上で，その2拍全体を直前より高く平らにする言いかたである。依頼・誘いの表現や同意求め，意思の確認に使う。「帰ろう」なら，本来の［カ｜エロー］を［カ｜エ↑ロー］あるいは［カエ↑ロー］に変える。「ください」なら，本来の［ク｜ダサイ］を［ク｜ダ↑サイ］あるいは［クダ↑サイ］に変える。

　これは，文末を直前より高く平らに言うものなので，発音のしかたからすれば強調型上昇調と共通であり，その一種と言える。しかし，ふつうの強調型上昇調のようにわかってほしいという気持ちを込める表現ではない。むしろ，口調をやわらげ，押しつけがましさを少なくする表現になる。名づけ親の川上蓁氏は「軽っぽい態度」をあらわすと言っている[31]。

　逆に言うと，誠実な対応や真剣な返事を求める場面には浮き上がり調はふさわしくない。たとえば，いやなことをされたときの「〈そんなことをするのは〉やめてください」とか，「〈私と〉結婚してください」は，無音調で［ヤ｜メテ　クダサ｜イ］［ケッ｜コンシテ　クダサ｜イ］と言うのがよく，浮き上がり調で［ヤ｜メテ　クダ↑サイ］とか［ケッ｜コンシテ　クダ↑サイ］と言うと，本気だと思ってもらえないだろう。

🎧　例　1. モ｜ー　カ｜エ↑ロー　（もう帰ろう）

2. ハッ｜シャマ｜デ｜アト｜ゴ｜フンホド オマチクダ↑サイ（発車ま
であと 5 分ほどお待ちください：鉄道の肉声での車内放送）【図 5-10】

〈解説〉例 2 に関して，浮き上がり調の使用はこのような情報提示の定型
アナウンスに多い。同じ「ください」でも，目前の危険への確実な認識
を求める「駆けこみ乗車はおやめください！」では浮き上がり調は使え
そうにない。

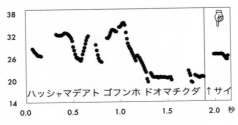

図 5-10　浮き上がり調の「お待ちください」

■「はい」の浮き上がり調

「はい」ということばの高さの動きには，下げる［ハ｜イ］と，平らに言
う［ハイ］あるいは［ハーイ］がある。平らな言いかたは浮き上がり調を
かけたものと考えられる。これは，「はい，次」とか「〈歌の出だしの指示
の〉3，はい」，あるいは「〈手渡すときの〉はい，これ」のような合図の
かけ声で特によく使うが，浮き上がり調をつけることで威圧感の少ない言
いかたにしているのだと思われる。返事の「はい」を平らに言うこともあ
るが，それは，きつく無愛想な言いかたにならないようにしたり，快諾す
る気持ちをあらわそうとするものだろう[32]。理解や納得ができないとき
に聞き返すときは［／ハイ］と言う。

5.4　上昇下降調とその仲間

上昇下降調（上げて下げる矢印⤴であらわす）は，一段高くしたあとすぐ
に下げる。気がついてくれない人に懸命に呼びかけるときの「🎧〈人名
の〉ひろし！」［ヒ｜ロ⤴シ｜ー］や，いらだちの気持ちを込めてうながす

ときの「🎧🎧早く！」［ハ￢ヤ⌒ク￢ー］あるいは［ハ￢ヤ⌒(小)タ￢ー］のような言いかたである33)。

「早く！」の発音例の実際の高さの動きが図5-11である。図の左は上げ下げが大きい発音，右は小さい発音である34)。上げが大きい方が懸命にうながしたり呼びかけている感じがする。音は長くなるのがふつうだが，それは上げてから下げるという動きにどうしても時間がかかるからである。

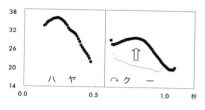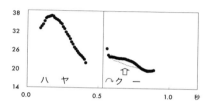

図 5-11　「早く！」の上昇下降調の例

上昇下降調の仲間に急下降調（下向きの矢印↓であらわす）がある。これは上昇下降調から上げの部分がなくなったものである。たとえば，気がついてくれない人に「🎧🎧〈人名の〉まもる！」と懸命に呼びかけるときには，上昇下降調ですこし上げてから下げる［マ￢モ⌒(小)ル￢ー］も言えるが，上げの部分のない［マ￢モル↓￢ー］とも言える（図5-12）。後者が急下降調で，この「まもる」［マ￢モル］のように，もともとアクセントの下げがないために最後が高い場合にできる言いかたである。納得したときに言う「🎧なるほど！」［ナ￢ルホド↓ー］も典型的な急下降調である（図5-13)35)。

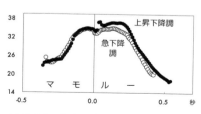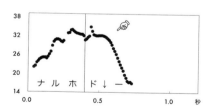

図 5-12　上昇下降調と急下降調の「まもる！」

図 5-13　急下降調の「なるほど！」

5.4.1　裸の文末での使いかた

　次に，裸の文末での上昇下降調の使いかたを急下降調とあわせて見てゆくが，実は裸の文末で使うことは多くない。使うときも，もっぱら親しい者どうしである。しかし，終助詞の「ね」だとこのイントネーションをつけることが多く，親しくない相手にもよく使うし，文の中の文節の最後で使うことも多い。そうした裸の文末以外での使いかたについては別に説明する。

　裸の文末では，（1）気づいてほしいという気持ちを込める使いかたと，（2）何かに気づいたことや，再認識したことを言うときの使いかたがある。

■気づいてほしいという気持ちを込めるとき

・呼びかけの表現で

例　1.　ヒ｜ロ⤳シ｜ー（〈人名の〉ひろし！）

　　2.　チョ｜ット｜ア｜ン⤳タ｜ー（ちょっとあんた！）

　　3.　オ｜カ｜ー⤳サン（お母さん！）

　　4.　マ｜モ⤳(小)ル｜ー　あるいは　マ｜モル↓｜ー（〈人名の〉まもる！：急下降調で言うことが多いが，上昇が小さい上昇下降調のこともある）

　　5.　ヤ｜マダク↓ン（山田君！）

　　〈解説〉人に呼びかけるときの上昇下降調・急下降調を耳慣れないと感じる人がいるかもしれないが，首都圏では特に新しい言いかたではない[36]。もっぱら親しい者どうしで使うが，「さん・くん」があれば親しくない相手に使うこともある。上げかたが大きいと，その分懸命に呼びかけている感じがする。疑問型上昇調での呼びかけは存在を確認する言いかたで，こちらは気づいて反応してほしいという気持ちを込めた呼びかけである。

・うながしの表現で

例　1.　ハ｜ヤ⤳ク｜ー　あるいは　ハ｜ヤ⤳(小)ク｜ー（早く！）

　　2.　モ｜ッ⤳ト｜ー（もっと！）

　　3.　ヤ｜メロ↓｜ー　あるいは　ヤ｜メ⤳(小)ロ｜ー（〈叫ぶように〉やめろ）

　　4.　カ｜エ⤳レ｜ー（〈抗議デモなどで〉帰れ）

・告白の表現で

例　キ⌐ノ─　ア⌐キハ│バラ│イッ│タン⌐〽(小)ダ─　（きのう秋葉原［に］
行ったんだ。〈そしたら…〉）

〈解説〉文の最後に「んだ」をつけて告白するときは，強調型上昇調，上
昇下降調，疑問型上昇調のいずれもつけることができる。聞いてほしい
気持ちが強いことを示すためにこうしたイントネーションをつけるもの
と思われる。

・その他の表現で

例　1.　ウ│ソ〽(小)ダ─／ソレ│⌐ウ│ソダヨ　（〈蚊にさされやすい理由は肉ばか
り食べるからだという記事を読みあげる相手に対して「そんなことはな
いだろう」の意味で〉嘘だ！　それ嘘だよ：⑩1987f）

2.　モ─│⌐ヤ│〽(小)ダ─　（〈女性的な甘えことば〉もう，［い］やだ！）

〈解説〉気づいて反応してほしい気持ちを込める働きは，特に例2から感
じられるような「甘え」につながりやすい。

■何かに気づいたことや，再認識したことを言うとき

　こうした表現をするときに使う語句は，文の最後にアクセントの下げが
ないときには急下降調か，上げかたの大きくない上昇下降調をつけること
がよくある。やはり特に新しい言いかたではない37)。

🎧　例　1.　ナ│ルホド↓─　（なるほど！）【図5-13】

2.　ホ│ント↓─　（本当！）

3.　サ│スガ↓─　（〈相手の能力を再認識して〉さすが！）

4.　ア⌐カ│ンコ│⌐コ│コダ↓─　（〈地図を見ながら〉阿寒湖，ここだ！：⑪
1986f）

5.　ヤッ│タ↓─　（〈達成したことを知って〉やった！）

🎧　6.　ア─│マ│モル↓─　（〈相手がまもる君であることが判明して〉ああ，
まもる！）

〈解説〉アクセントの下げがある「確かに」「そうなんだ」ということば
を使って気づいた気持ちをあらわすときは，ふつう長い無音調の形をと
る。つまり，［タ│シカニ─］［ソ│─ナンダ─]38)。

■裸の文末での上昇下降調・急下降調の使いかたのまとめ

　上昇下降調と急下降調は「気づき」にかかわるイントネーションだと言えるが，言いたい内容を伝えるのにどうしても必要なものではない[39]。

5.4.2　急下降調についての注意点

　すでに説明してきたように，急下降調はもともと最後が高い場合にそれを途中から下げる言いかたである。誤解されやすいところなので注意してほしいのは，これは「ひろし！」[ヒ￣ロシ]や「早く！」[ハ￣ヤク]のようにもともと最後が低い場合には，そこからもう一段下げるわけではないことである。「ひろし」や「早く」なら上昇下降調をつける。

　「まもる」[マ￣モル]や「なるほど」[ナ￣ルホド]のように，アクセントとしての下げがないためにもともと最後が高い場合には，上昇下降調よりも急下降調の[マ￣モル↓￣][ナ￣ルホド↓￣]になりがちである。それは，すでに音として高いところからさらに高くするには労力が必要なので，その労力をなるべく使わないですませようとするためかと思われる。

5.5　無音調

　無音調というのは，わざわざ上げも下げもしない発音，つまり自分独自の特別な高さの動きを持たない無色のイントネーションである。そのことをはっきりさせるために，本書では無音調と呼ぶ。特に長くのばさないかぎり単なるふつうの言いかたにすぎない。それが**短い無音調**である。しかし，最後を長くのばす場合は意味あいが変わるので，これを**長い無音調**と呼ぶことにする[40]。無音調に特に記号はつけない。

5.5.1　短い無音調

　単に言いきるときの末尾のイントネーションは短い無音調である。とは言っても，このイントネーションに言いきりや断定をあらわすという積極的な働きがあるわけではない。意味的には中立，つまり何も意味をつけ加えない言いかたである。ただ，時には特別な意味あいを持つこともある。

■中立的な言いかたとして

例　1.　ワカッテル　(〈「わかってる？」と聞かれた答えとして，ふつうに〉わかってる)

　　2.　マッテ　(〈ふつうに依頼〉待って)

　　3.　ナルホド　(〈理解して，ふつうに〉なるほど)

■そのほかの使いかた

・相手の意見を求めたり確認を求めるために，事実や推測を提示するとき

例　　ソレガ オイヤジャ ナイ　(〈自分はいやだが，あなたは〉それがおいやじゃない〈わけですかね〉)

〈解説〉相手の気持ちについて話し手が推測した内容を提示することで，その推測が正しいかどうか確認を求めている。

・言いさして，相手に続きを言わせるとき

例　1.　シツレーデスガ オナマエワ　(失礼ですが，〈あなたの〉お名前は)

　　2.　ゴシュッシンワ　(ご出身は)

〈解説〉p. 140 の「具体的な情報を求める質問で」でも説明したが，相手の個人的な情報を聞くときに疑問型上昇調を使うと，ぶしつけな質問に聞こえる可能性がある。それを避けたい場合に，上の例のような形で無音調を使うことができる。

■無音調の実際の高さの動き

　まちがえやすいところだが，無音調が「わざわざ上げも下げもしない発音」だというのは，かならずしも平らな高さになるということではない。場合によって，平らなこともあるし，かなり大きく下がることもある。環境にあわせて姿を変える無色のイントネーションである。

　このことを，ふつうに言いきるときの「読んでる。」[ヨンデル]と「呼んでる。」[ヨンデル]で説明しよう。

　「読んでる」はアクセントが頭高型で音の下げが[ヨ]のあとにあるので，[ヨ]から[ン]にかけて音が下がる。そのあとの[デル]は低く平

らになっていると感じる人もいるかもしれないし，実際に低く平らに言うこともできなくない（ただし，それは実際には平坦調での発音）。しかし，特に意識しないふつうの発音では，［デ］も最後の［ル］も音が下がり続けている。図5-14がその実際の音の動きである。線だとそうした細かい動きをあらわしにくいので便宜的に下線1本で［ヨ｜ンデル］と書いているが，実際はすこし下がっていく。これが「読んでる」の無音調である。

　次に，「呼んでる」だが，こちらはアクセントが平板型で，下げがない。図5-15が実際の音の動きである。わずかずつは低くなってゆくが，最後までほぼ平らな高さのままである。これが「呼んでる」の無音調である41)。

　文全体の高低変化の幅は，話しかたが活気のあるものか，ぼそぼそと話しているかで大きく変わる。活気のある話しかただと，「読んでる」のようにアクセントの下げがある文節では高さの変化の幅が大きくなる。すると，結果として最後の無音調の下がりかたも大きくなる。逆に，ぼそぼそと話すような場合は，もっと平らになる。

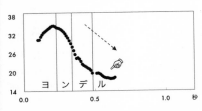

図5-14　短い無音調の「読んでる。」

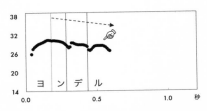

図5-15　短い無音調の「呼んでる。」

5.5.2　長い無音調

　驚きや喜び，怒りなど強い感情が入るときには，音がのびて長い無音調になることがよくある。呼びかけや宣言などでの使いかたもある。

■感情を込める言いかたで

例 1.　ダ｜ッテー（〈とがめられたことに対する不満を込めて〉だって）【図5-16】

　　2.　ゼンゼン ダメー（〈評価を求められて〉全然だめ）【図5-17】

コラム 16　平叙文の最後の下がり傾向

　平叙文の末尾のイントネーションは，特に強く主張したり感情を込めない限り短い無音調である。最後の拍で急に高さを変えるということはない。ただ，平叙文では，文の最後ではない場合に比べて最後の文節全体がすこしずつ低くなっていくという性質がある。この文末文節の下がり傾向も一種のイントネーションだが，末尾の拍の高さの動きだけではないので，本書で言う末尾のイントネーションとは性質が異なる。日本語学の入門的な解説書には平叙文のイントネーションは「下降調」だと書いていることがあるが，音声を専門とする研究者のほとんどは「下降調」とは言わない。本書でも平叙文の最後は下降調だという言いかたはしない[42]。

　〈解説〉強い気持ちが入ることで音がのびる言いかたは，親しい者どうしの会話ではよく聞かれる。例 2 のようにもともとアクセントの下降がない「だめ」での無音調は，平坦調をかけた言いかたと区別できない。

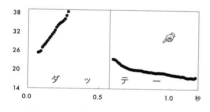

図 5-16　長い無音調の「だって」

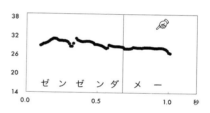

図 5-17　長い無音調の「全然だめ」

■そのほかの使いかた

・呼びかけや宣言で

例　1.　ヤ｜マ｜グチサーン（山口さん！）

　　2.　カ｜トーサマー（〈順番待ちの客を呼び出す〉加藤さま！）

　　3.　モ｜シモシー（〈電話で〉もしもし）

　　〈解説〉目上に対して「もしもし」と言うときは疑問型上昇調はふさわしくないことはすでに説明したが（p. 142），最後をのばすのもふさわしくないようだ[43]。

・何かに気づいたことや，再認識したことを言う表現で

例 1. ア / ソ ┐ーナンダー （あ，そうなんだ）

2. チ ー ┐ソ ┐ーダー / ン ー ┐タ ┐シカニ （〈あるふたりの芸能人が同い年
だということを相手から指摘されて，その答えとして〉ああ，そうだ，
うん，たしかに：⑨1972f2）

〈解説〉急下降調もこれらと同じ場面で使うが，急下降調は「本当」や
「なるほど」のようにアクセントの下げがない場合に使うイントネーショ
ンである。ここにあげた例ではアクセントの下げがある。この条件下で
は長い無音調が急下降調と同じ働きをする[44]。

5.6 終助詞のイントネーション

話しことばでは，「すごいね」「だめだよ」「行こうか」「裏切ったな」
「まだなの」のように，文の最後に「ね」「よ」「か」「な」「の」といった
助詞をつけることがよくある。いわゆる終助詞である[45]。

終助詞は，話し手がどのような気持ちを込めてその文を伝えようとする
かをあらわす。そして，本来は終助詞ではないが，似た働きをするものに
「そうじゃない？」「それでいいじゃん」「それは違うでしょ」などの「じ
ゃない・じゃん」「でしょ」がある。こうしたものをあわせて終助詞類と
呼ぶことにしよう。本書のために分析した会話資料のうち10種類から12
分ずつ，計120分について調べたところ，平均で約6秒に1回の割合で終
助詞類が使われている。特に多いのが「ね」，次いで「よ」である[46]。

終助詞類は，高さの動きをさまざまに変えることで，話し手が伝えたい
気持ちのニュアンスを変えることができる。この高さの動きには終助詞類
本来のアクセントも混じっているが，いまはわかりやすいように終助詞の
高さの動きをそのままイントネーションと呼んでおく[47]。

そういうわけで，終助詞類のイントネーションの適切な使いかたを知る
ことは，話しことばをうまく使いこなす上で非常に重要である。この章で
は，よく使われる「ね」「よ」「か」「の」「な」と「じゃない・じゃん」に
ついて，イントネーションのつけかたを説明する[48]。

5.6.1 「ね」のイントネーション

　「ね」は上述の120分の会話資料では，平均すると約15秒に1回の割合で使われている。これは，何かを一方的に伝えて終わるのではなく，話し手と聞き手のあいだで情報や気持ちを共有している感じを持たせたいときに使う。ここではこれを5つの使用場面に分けて説明する。そのそれぞれに対して，使われる典型的なイントネーションがある[49]。

■自分の思っていることが正しいことの確認を求めるとき

　この使いかたの「ね」に対する話し相手の応答は「はい」「そうです」「いいえ」「わかりません」などになる。典型的なイントネーションは疑問型上昇調。

・疑問型上昇調

🎧 例　1. コ レ デ イ ─ デス↗ネ─　（これでいいですね？）

　　　 2. ソ レワ モ ─ カン タンダ↗ ネ─　（〈自分が出したクイズについて〉それはもう簡単だね？：⑪1986m，相手の応答は「うん」[ン ─]）

・強調型上昇調・平坦調

例　　ニ ホン モ タ ナキャ イ ケナイッテ コト ダ↑(小)ネ　（〈直前に知ったクイズの答えを言い換えて，ひもを〉2本持たなきゃいけないってことだね？：⑩1987f，相手の応答は「うん」[ン ─]）

・上昇下降調・急下降調

　自信は一応あるが念のために確認の答えを求める。

例　　アノ ケンテーノ デヤッ タ⌢(小)ネ─　（〈その問題は，あの〉検定の〈ための勉強〉でやったね？：⑪1986m，相手の応答は「うん」[ン ─]）

■同意や共感を求めるとき

　話し相手の応答は「私もそう思います」「そうですね」などになる。典型的なイントネーションは上昇下降調。

・疑問型上昇調

例　　ネ イ シカリッテ ケッコー チ カ インダ↗(小)ネ─　（ね，石狩

［市］って結構［札幌から］近いんだね：⑪1986f，相手の応答は「そうだね」［ソーダ↑ネ］）

・強調型上昇調・平坦調

例　コンナ ヘータンナンダ↑(小)ネ（〈キリマンジャロの山上の写真をいっしょに見ながら〉こんな平坦なんだね：⑪1986f，相手の応答は「だね」［ダ↑ネ］）

・上昇下降調・急下降調

例 1. コレデ アッテマス↷ネー（〈計算は〉これで合ってますね）【図5-18】

2. イキタイ↷(小)ネー（〈北海道に〉行きたいね：⑪1986f，相手の応答は「そうだね，行きたいね」［イキタイ↷(小)ネー］）

■同意や共感をあらわすとき

この「ね」に対して話し相手は応答しなくてもよいが，するとすれば「そのとおりでしょ？」「あなたもそう思う？」など。典型的なイントネーションは上昇下降調。

・疑問型上昇調

例　ドコデモ ヤリマシタ↗ネ（〈年末の煤払いは長屋でもやっていたという相手の発言に対して〉どこでもやりましたね：⑧1907f）

・強調型上昇調・平坦調

例 1. ソー↑(小)ネー（〈まちがい探しクイズで正解がわかりにくかった理由を相手が言ったのに同意して〉そうね：⑨1972f1）

2. ソーダ→ネー（〈ある子役俳優の顔が変わったと話し相手が発言したことに対して〉そうだね：⑨1972f1）

3. シー ソーデス→ネー（〈会話の話題にした物語は，筋が入り組んでいるという調査者の発言に対して〉うん，そうですね：⑪1986f）

・上昇下降調・急下降調

例 1. ハイ / ソレデ アッテマス↷ネー（はい，〈計算は〉それで合ってますね）

2. コ│レワ　タイ│ヘンダ⌒(小)ネ│─ （これは大変だね：⑧1911m，相手は
「大変なんですよね」[タ│イーヘンナ│ンデスヨ↑│ネー]と言って共感し
あう）

3. ナ│ルホドネ↓│─ （なるほどね）

・無音調

例　　ソ│─ダネ　オ│ト│─サン　コ│ノト│キ…（〈話の筋を説明しているとき
に「それはおとうさんが？」と聞かれて〉そうだね，おとうさん，この
とき…：⑪1986m）

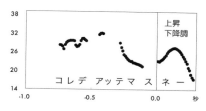

図5-18　上昇下降調の「合ってますね」

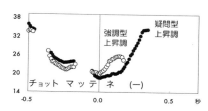

図5-19　疑問型上昇調と強調型上昇調
の「ちょっと待ってね」

■わかってほしいという気持ちを込めるとき

　話し相手の応答は「なるほど」「そうなんですか」「そうでしょうか」
「そんなことないでしょ」などになる。典型的なイントネーションは強調
型上昇調。

・疑問型上昇調

例　　ア│タシ　ア│レデ　ハジ│メテ│─ミ│タノ／ネ│─ （私あれで〈あの番組
でその人を〉はじめて見たのね：⑨1972f2，相手の応答は「あ，そうな
んだ」[アッ│─ソ│─ナンダ]）

・強調型上昇調・平坦調

　自分の考えをやや押しつけ気味に込める。

例　1. コ│コ　ケ│─サン│マ│チガ│ッテマス↑(小)ネ （〈ミスの指摘〉ここ，
計算まちがってますね）

　　2. デ│モ│エ│ワ│カ│ワラナ│インダ↑(小)ネ （〈昔からあるマンガだが〉で

も絵は変わらないんだね：⑪1986f，相手はこれを受けて，昔とは絵が変わったマンガについて話をはじめる）

・上昇下降調・急下降調

例　シンデナ サソーナ カンジ スルケド〜(小)ネー（〈物語の登場人物について〉死んでなさそうな感じするけどね：⑪1986f，これに対して相手は，たしかに生きている可能性があると同意）

・無音調

例　ナンダ／ヌッタ マデキ ズイタノニ バカダネ（〈クイズの正解を知って〉なんだ，［毒を］塗ったまで気づいたのに，［正解までたどりつけなかった自分たちは］ばかだね：⑩1987f，これに対して相手は「つーか，いやなクイズだな，これ」と応答）

■**自分がやりたいことや，相手にやってほしいことに理解を求めるとき**

　話し相手の返事は「はい」「わかりました」「どうぞ」「そう言われても困ります」などになる。典型的なイントネーションは疑問型上昇調と強調型上昇調。

・疑問型上昇調

　やさしく承認を求める50)。

例　1. チョ ット マッテ↗ネー（ちょっと待ってね）【図 5-19】
　　　2. ワ タシモ ヨンデ ↗ネ（私も呼んでね)51)

・強調型上昇調・平坦調

　やさしくはあるが，押しつけ気味に宣言する。

例　1. チョ ット マッテ↑(小)ネ（ちょっと待ってね）【図 5-19】
　　　2. ジャ →ネー（〈別れや電話を切る際の〉じゃね：女性話者の平坦調，相手の応答は［バイ →バーイ］）

5.6.2 「よ」のイントネーション

　「よ」は，「違うよ」「もう遅いよ」のように，わかってほしいという気持ちを込める言いかたのひとつとして，自分が伝えたいことがらを相手が知

らないと思っているか，わかってくれていないという気持ちがあるときに使う。したがって，この「よ」はなくても言いたいことは伝わる。「よ」の典型的なイントネーションには次のふたつがある。どちらも特に強い気持ちを込めない中立的な言いかたとして使えるが，やさしく教えるように言う場合や相手の反応を求める場合は，直前のアクセントを生かしながら疑問型上昇調をつける。これに対し，一方的な通告として言う場合や，相手の意見とは違うことをはっきりさせたい場合は，低い高さでつけるだけで，それ以上の独自の動きのない無音調になる52)。

・疑問型上昇調

　裸の文末だと疑問型上昇調は答えを求める質問のことが多いが，「よ」につける場合は答えを求めていない。やさしく教えて相手の反応を求める言いかたになる。

🎧　例　1.　モ￢ー　ユ￢ーガタダ　ヨー　（もう夕方だよ）【図5-20】

　　　2.　ス￢ゴイム￢カシダ↗(小)ヨ　（〈あの人がそんな格好をしていたのは〉すごい昔だよ：⑨1972f2)

・強調型上昇調・平坦調

　わかってほしいという気持ちを強く込める。

例　1.　ニ￢カ￢ショダ↑(小)ヨ￢ニ￢カ￢ショ　（〈4つに切れたネックレスを2箇所でつなぐというパズルの指示を相手に再認識させるために〉2箇所だよ，2箇所：⑩1987f)

　　　2.　ユ￢チラデ￢ス→ヨー　（〈離れた人に声をかける〉こちらですよ）

・上昇下降調・急下降調

　気づいて反応してほしいという気持ちを込める。

例　　　ワ￢カ￢ンナイ⌢(小)ヨー　（〈パズルの答えがなかなかわからないので助けを求めて〉わかんないよ：⑩1987f)

・無音調（直前が高くても低くつける）

　一方的に通告する言いかた。相手の意見と違うことをはっきりさせたいときにも使う。そのため，きつい言いかたに感じられることがある。

🎧 例 1. モ￢ーユ￢ーガタダ￢ヨ（もう夕方だよ）【図5-20】

　　 2. カンガ￢エロヨ（考えろよ：⑩1986m）

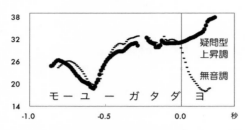

図5-20　疑問型上昇調と無音調の「もう夕方だよ」

5.6.3 「か」のイントネーション

　「いつですか？」「本当ですか？」「行こうか？」のように，問いかけのことばとして答えを求めるのが「か」の典型的な使いかたである。ただ，答えを求める気持ちは弱いこともあり，「ラーメン千円ってやっぱり高いか」「はあ，そうでしょうか」のように自信のなさをあらわす，あるいは疑う気持ちを込めるだけのこともある。また，「そうですか，わかりました」「じゃ，帰るか」のようにそのとき知った，あるいはそのとき心をほぼ決めたことを言うときにも使う。使いかたにあわせてイントネーションも変わる。

■答えを求めるとき

　典型的なイントネーションは疑問型上昇調。ただし，「ですか・でしたか？」とか「ますか・ましたか？」という丁寧体で答えを求めるときは強調型上昇調が多くなる。「いつですか？」のように疑問詞がある場合は，無音調もある。答えを求める気持ちが強くないときは無音調が増える。

・疑問型上昇調

　上昇はかならずしも大きくなくてよい。むしろ，上昇が大きすぎると疑いの気持ちが強いようにも聞こえる。

🎧 例 1. イ￢ーデス／カー（いいですか）

2. ナンノ ハナシ ダッタンデス↗カ（何の話だったんですか）

・強調型上昇調・平坦調（特に，「ですか」「ますか」で）

🎧　例　1. イーデス↑(小)カー（いいですか）

2. キコエマス→カ／コチラワトーキョーホーソーキョク／アーアー／キコエマスカ（聞こえますか。こちらは東京放送局。アーアー，聞こえますか：1925 年の日本最初のラジオ試験放送，『あの時あの声ラジオアーカイブス』DVD, NSDS-8737, NHK ソフトウェア，2005）

〈解説〉「聞こえますか」の 1 回めの「か」は平らで平坦調，2 回めは下がり傾向で無音調。これらは呼びかけているもので，答えを求めていない。

・無音調（特に，疑問詞がある場合）

🎧　例　1. ドレニ ショーカ（どれにしようか）

2. キコエマスカ（聞こえますか：上のラジオ試験放送の 2 回めの発音）

■自信のなさをあらわすときや，疑う気持ちを込めるとき

・無音調

🎧　例　　ソーデショーカ（そうでしょうか）

■そのとき知ったことや，心をほぼ決めたことを言うとき

・上昇下降調・急下降調

納得した気持ちが強い。

🎧　例　1. アーコレカ↓ー（〈疑問が解消して〉ああ，これか）

2. アーアレ⤴カー（〈相手が何のことを言っているかやっとわかって〉ああ，あれか：⑨1972f1）

・無音調

🎧　例　1. アーソーユー コトカ（ああ，そういうことか：「こと」のアクセントが尾高型なので「か」が低くつく）

2. ジャーヤメトクカ（〈心をほぼ決めて〉じゃ，やめとくか）

5.6.4 「の」のイントネーション

　終助詞の「の」は，「ここは，はいっちゃいけないの」のように相手は
知らないことや，わかっていないことを伝える場面で使うか，「本当なの？」
「何やってんの？」のように確認の答えや情報を求める場面で使う。

　名詞には「なの」という形でつく。丁寧体での「ですの・ますの」は，
フィクションの登場人物を除けば，使うことは現在あまりない。

　終助詞「の」は，直前が高いときは低くつく[53]。疑問型上昇調や強調
型上昇調はそのあとにつける。

■相手が知らないようなことや，わかっていないことを伝えるとき

・強調型上昇調・平坦調

🎧　例　1.　イ￣ヤ￣ナ↑￣ノ　（いやなの！）

　　　2.　スージワ￣ニ￣ガテナ￣↑ノ　（数字は苦手なの！）

　　　〈解説〉例2のように直前のアクセントが平板型の場合は，「な」のあと
　　　で下げてからまた上げる。

・無音調

🎧　例　　コ￣コワ￣ハ￣イッチャ￣イ￣ケナ￣イ￣ノ　（ここは，入っちゃいけないの）

■自分は知らないことについて確認の答えや情報を求めるとき

・疑問型上昇調

🎧　例　　ナ￣ニ￣ヤッテン↗ノ　（何やってんの？）

・強調型上昇調・平坦調

　例　　エ／コレサ↓ー￣ゼンブ￣ツ￣カワナ￣キャイ￣ケナ￣イ↑ノ　（え，
　　　これさ，全部使わなきゃいけないの？：⑩1987f）

・無音調

　例　1.　エ￣ホント￣ニ￣ナ￣グ￣ッタノ　（え，本当になぐったの？：⑩1987f）

　　　2.　エ￣ダ￣レ￣ガ￣ミ￣テンノー　（〈反語として：あんなつまらない番組を〉
　　　え，誰が見てんの：⑨1972f1，強い感情のために「誰が」のアクセント
　　　の山がうしろにずれている）

5.6.5 「な」のイントネーション

　「な」は「ね」に似るが，「ね」にはない独特の使いかたがある。それは，「あ，裏切ったな」「もうだめだなと思った」のようなもので，そのとき自分が判断したばかりのことをことばにする場面で使う。下の例は，その使いかただと思われるものである。このほか，「ね」の男性版としての使いかたと（イントネーションは「ね」に準じる），「飲むな・行くな」［ノ　ム　ナ・イ　ク　ナ］のような禁止の「な」（低くつく），そして「飲みな・行きな」［ノ　ミナ・イ　キナ］など命令の「なさい」の省略形にあたる「な」（全体を平板にする形でつく）がある。

・疑問型上昇調

例　1.　ヒョ ー ジューダ ナ ↗ー 　（〈『ごん狐』で，川にいる人物が誰か見てわかったときのごん狐のひとりごと〉兵十だな：第4章で紹介した11種類の朗読資料では，5例が疑問型上昇調で，そのうち上げが小さいもの 1)

　　　 2.　ア レ / ミ テテ ナ ンカ ヘ タ ダ ↗(小)ナート オ モ ッテタカラ
　　　　（〈俳優の演技について〉あれ見てて，なんか下手だなと思ってたから：⑨1972f2)

・強調型上昇調・平坦調

例　1.　ヒョ ー ジューダ↑ナ 　（〈先の例と同じ〉兵十だな：11種類の朗読資料では6例が強調型上昇調で，上げが小さいもの 2)

　　　 2.　キ ニ ナ ル→ナー 　（〈答えがわからないので〉気になるな：⑪1986f)

・上昇下降調・急下降調

例　1.　イ ヤ ダ ⌒(小)ナ ー 　（いやだな)

　　　 2.　ク モーダッテ⌒(小)ネー / ズ イブン シュ ルイガー / チ ガウン ダ⌒(小)ナー 　（蜘蛛だってね，ずいぶん種類が違うんだな：⑧1911m)

・無音調

例　　イ ヤ ナ クイズダナ コレ 　（いやなクイズだな，これ：⑩1986m)

5.6.6 「じゃない」と「じゃん」のイントネーション

「じゃない」という言いかたは「ではない」が縮まったもので，本来は「それはお酒であって，水じゃない」［ミ┐ズジャ┌ナ┐イ］とか，「やりたくてやったんじゃない」［ヤッ┐タ┐ンジャ┌ナ┐イ］のような否定表現である。ところが，否定ではない使いかたもある。その場合は高さの動きも違う。

否定ではない使いかたというのは，たとえば「なんだ，お酒かと思ったら，ただの水じゃない」［ミ┐ズジャ┌ナ┐イ］とか，「何度も言ったじゃない」［イッ┐タ┐ジャナイ┐］のような言いかたである。直前のアクセントのために「じゃ」が高ければ「じゃ」と「ない」のあいだで下げ，「じゃ」が低ければ「ない」は「じゃ」と同じ高さで続ける[54]。これは「ただの水だ」「何度も言った」ということ，つまり，肯定文であらわされる内容を自分の判断として伝える言いかたである。「ない」は弱く言うが，「なーい」のようにすこしのばすこともある。

丁寧体では「じゃないですか」，書きことばでは「ではないか」という形で使う。そして，よく似た比較的新しい言いかたとして「じゃん」がある。音がのびて［ジャーン］にもなる。「じゃんね」のように，さらに終助詞の「ね」をつけることもできる。

否定ではない「じゃない・じゃん」を使う場面には3つがある。それは，「じゃない・じゃん」を外した内容を，意外な事実として認識したことを伝えるか，やさしく思いおこさせるか，思いつきとして伝えるかである。

■意外な事実として認識したことを伝えるとき

・強調型上昇調・平坦調

例　イッ┐コズ┐ツシカ　ハ┐コベナ┐イ↑（小）ジャン┐シタラ（〈相手の説明を聞いてのコメント〉1個ずつしか運べないじゃん，［そ］したら：⑩1987f，話し手はそのままこのコメントをした理由を説明しはじめる）

・上昇下降調・急下降調（「じゃん」で）

例　カン┐タン⌒（小）ジャン┐（〈クイズの答えを知って〉簡単じゃん：⑩1986m，相手の応答は，否定の「簡単じゃないよ」［カン⌒タンジャ┐ナ┐

イヨ]）

・無音調

🎧 例 1. ナンダ／タダノ ミズジャナイ（なんだ，ただの水じゃない）

　　 2. オモシロ イヨトカ ウソジャン（〈おもしろいと相手が言ったクイズが実はつまらないとわかって〉「おもしろいよ」とか嘘じゃん：⑩1987f，相手からの応答なし）

■やさしく思いおこさせるとき

・疑問型上昇調

例 ソーソー マーロンブランドシュエン↑デッテ コレー／ゴッドファーザー↗ジャン（〈話し手は『ゴッドファーザー』のことはよく知っており，それとつながりのある話をはじめる前に〉そうそう，マーロン・ブランド主演でって，これ『ゴッドファーザー』じゃん：⑨1972f2，これに対して相手は「うん」［ン］とあいづちをうつ）

・強調型上昇調

例 マー ナツダカラ インジャ↑(小)ナイ（〈雨が降ってきたので干してきた洗濯物の心配をする相手に〉まあ，夏だから［い］いんじゃない：⑪1986m）

・上昇下降調（「じゃん」で）

例 エ ダッテ サイショニ ヤ ギイク⤸(小)ジャン（〈相手が知っているはずのことを思いおこさせる〉え，だって最初にヤギ行くじゃん：⑩1987f，この途中から相手は「ヤギを乗せて…」と手順の確認をはじめる）

・無音調

🎧 例 1. ナンドモ イッタ ジャナイ（何度も言ったじゃない）

　　 2. セルフダト キューユスル マエニー／サワル ジャナイ アノ ホーデンスル ヤツオ（〈ガソリンスタンドでは〉セルフだと給油する前に触るじゃない，あの放電するやつを：⑪1986m，相手の応答は「ああ，そっか」）

■思いつきとして伝えるとき

・疑問型上昇調

例 1. コレ タ ダノ ミ ズ ジャ ナ／イ （これ，ただの水じゃない）

　　2. ゴ ールデンウイークグ ライマデ ヤ ルンジャ／(小)ナイ （〈その映
画はまだ上映中かと聞かれて〉ゴールデンウイークぐらいまでやるんじ
ゃない：⑨1972f2，相手の応答は「ほんと？」）

・強調型上昇調・平坦調

例 　ジョーシマクン サ ンジュー キュー グ ライジャ↑(小)ナイ （〈城島
氏の年齢を相手に聞かれて〉城島くん39ぐらいじゃない：⑨1972f1，相
手は「すごいよね」と応答）

5.6.7 「とびはね音調」の「ない」

　とびはね音調とは，たとえば何かをむずかしいと思ったときに，最後に
「ない」をつけ，全体に［ム ズカシク ナイ］という高さの動きをのせ
る言いかたである【図5-21】。何かが無理だと思ったら［ム リジャ ナ
イ］となる。同じ「むずかしくない」「無理じゃない」でも，むずかしい
と思わないのかを聞くなら［ム ズカシ ク ナイ／ー］，無理でないのか
を聞くなら［ム リジャ ナイ／ー］と言うところだが，とびはね音調は
「ない」や「じゃない」の前を平らまたはやや上がりぎみにして，それに
やはり平らにした「ない」をつけ，さらに疑問型上昇調をつける。文の最
後が形容詞＋「ない」や，名詞＋「じゃない」の形で主に使う。男性は
「ない」を「ね」に変えて言うことがある[55]。

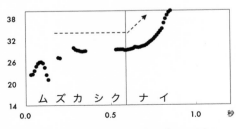

図5-21　とびはね音調の「むずかしくない」

例 1. ム｜ズカシク↗　ナイ（〈いっしょにパズルを解きながら〉むずかしくない：⑩1987f，相手からの応答なし）

2. エ｜ダ｜ッテ　ム｜リジャ↗　ナイ（〈パズルをなんとか解こうとしている相手に対して，自分はわからないと言ったあとで〉え，だって無理じゃない：⑩1987f，相手からの応答なし）

これは自説に同意するかどうかを問う表現の一種だが，返事を求めるよりも，相手の反応をうかがいながら，自分が感じたことを断定することなく伝えることに主眼を置く言いかたになっていて，実際には相手は何も返事をしないことがよくある。疑問型上昇調をつけずに全体を平らにしただけの［ム｜ズカシクナイ］［ム｜リジャナイ］も同じ意味で使うことがある。

「半疑問イントネーション」（p. 185）とともに平成期から盛んに使うようになった「平成イントネーション」のひとつである56）。

5.7　文節末と語末のイントネーション

5.7.1　文節の末尾のイントネーション

文の最後ではなく，文の中の文節の最後を上げ下げしたり，のばすこともよくある。そこには，「ね」「さ」のような間投助詞や，「私はですね，…」「それがだな，…」の「ですね」「だな」のように間投助詞と同じ働きをする表現がつく場合と，そういうものがつかない場合がある。それによって，イントネーションのつけかたが変わる57）。

5.7.2　間投助詞「ね」「さ」のイントネーション

間投助詞の「ね」「さ」にはたいてい上昇下降調・急下降調か強調型上昇調・平坦調がつく。疑問型上昇調と無音調もすこしある（この章の注3参照）。ただ，どのイントネーションを使うかで意味が変わるということはない。

先述の120分の会話資料では，平均して約18秒に1回，間投助詞が使

われている。本書で分析した会話資料では女性話者が多いことも理由としてあるかもしれないが，「ね」が多く，「さ」はたくさんは出てこない。そもそも，現在の中年層から下の人は間投助詞をあまり使わない傾向がある。

・疑問型上昇調

🎧 例 1. イ￣マワネ↗ー / ソーユー￣ノワネ↗ー / ハ￣ヤラ￣ナインデス
（いまはね，そういうのはね，はやらないんです）【図5-22左】

2. コ￣レデ￣ネー / サ￣ッキ￣ミテ↗(大)ネー（〈情報誌を見ながら〉これでね，さっき見てね…：⑨1972f2)
〈解説〉疑問型上昇調をつけて聞き手の反応を待つように言うことで，やさしい言いかたにしているものかと思われる。

・強調型上昇調・平坦調

間投助詞によく使うイントネーションのひとつ。

🎧 例 1. イ￣マワ↑ネ / ソーユー￣ノワ↑ネ / ハ￣ヤラ￣ナインデス（いまはね，そういうのはね，はやらないんです：強調型上昇調）【図5-22左】

🎧 2. イ￣マワ→ネー / ソーユー￣ノワ→ネー / ハ￣ヤラ￣ナインデス（同上：平坦調）【図5-22右】

3. ネ￣イ￣マー / ケ￣ジメガ￣ナ￣クテ↑ネ / ンー￣テ￣ガタカ￣ナンカデ↑ネ / ンー￣モー（シュー）￣ミ￣ツキカラ / マ￣ゴマゴ￣スリャ￣ハントシグ￣レーノ￣テ￣ガター￣キッテ / エー￣ケ￣ーエーシャズラ￣シ￣テンデショ↗(大)ー（ね，いまけじめがなくてね，手形なんかでね，もう三月から，まごまごすりゃ半年ぐらいの手形切って経営者づらしてんでしょ：⑧1911m）

・上昇下降調・急下降調

これも間投助詞によく使うイントネーションのひとつ。

🎧 例 1. イ￣マワ⌒ネ￣ー / ソーユー￣ノワ⌒ネ￣ー / ハ￣ヤラ￣ナインデス（いまはね，そういうのはね，はやらないんです）【図5-22右】

2. ス￣マ￣イルジャ￣ナ￣クテ￣モー￣イ￣ッコ￣ナンカ⌒(小)サー￣ナ

コラム17　文中での末尾のイントネーションの働き

　間投助詞の「ね」「さ」はわざわざ使わなくても意思疎通に困るものではない。ただ，使うことでそこが意味の切れ目になっていることをはっきりさせる印になる。また，自分がそのあとに言う内容や言いかたを考えるのに手間取っているときの時間稼ぎにもなるし，自分の話をじっくり聞いていてほしい気持ちがあるときにも使える。イントネーションは間投助詞類のそうした働きを補助する形で使われている。特に上昇下降調・急下降調はその働きを強める役目をしていると考えられる。

　間投助詞がつかない文節の末尾では，わざわざ短い無音調以外の特別なイントネーションをつける必要はない。しかし，そうした短い無音調以外のイントネーションをつけると，そこが意味の切れ目になっていることをはっきりさせる印になる。また，自分がそのあとに言う内容や言いかたを考えるのに手間取っているときの時間稼ぎや，自分の話をじっくり聞いていてほしい気持ちがあるときにも使える。つまり，ここではイントネーションが間投助詞の役割を持っているわけである。

　　ンダッケ（『スマイル』じゃなくて，もういっこ，なんかさ，なんだっ
　　け：⑨1972f1）

3. サクジツ〜(小)ネー／ウチノ オタ マサント〜(小)ネー／オエー
　　サンガ↑(小)ネ／パ ノラマカラ ズーット〜(小)ネー ハ クランカイ
　　ノ ケンブツニ デカケタ（…）／ソーシタ トコロ ガ〜ネー／
　　ヤ リツケ ナイ ヨ ーフクデ イッタッテ モンデ（…）（昨日ね，
　　うちのおたまさんとね，おえいさんがね，パノラマからずっとね，博覧
　　会の見物に出かけた（…）。そうしたところがね，やりつけない洋服で行
　　ったもんで（…）：岩間くに氏［1858f］による1900年の録音，上昇下
　　降の上昇部分は最後のもの以外きわめて小さく，2番めは無音調にも，3
　　番めは急下降調にも聞こえる）58)

4. ヤ マモトサンワ デス〜(小)ネー（山本さんはですね…）
　　〈解説〉例3からわかるとおり，上昇下降調の間投助詞は100年以上前
　　から使われてきたが，1970年代以降に生まれた世代はだんだん使わな

くなっており，1980年代以降に生まれた層にとっては，自分より上の中年層や年寄りが使うものというイメージがあるようだ。上昇下降調と強調型上昇調を比べると，前者は自分が話している内容をしっかり聞いてほしい気持ちが強く，また，何をどう話そうかと考えている感じも強いように聞こえる。例4のような「ですね」や「だな」は，助詞「は」「が」などのあとを低くしてから続ける。

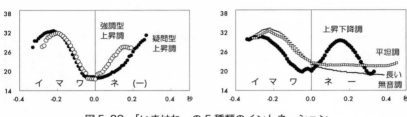

図5-22 「いまはね」の5種類のイントネーション

・無音調

例　イ￢マワネー / ソーユー￢ノワネー / ハ￢ヤラ￢ナインデス（いまはね，そういうのはね，はやらないんです）【図5-22右】

・複合イントネーション

　上昇下降または急下降のあとに疑問型上昇か強調型上昇を続ける複合イントネーションもある。ただ，使う人は限られていて，本書用に使った会話資料ではもっぱら⑧1907f と⑪1986f だけである。

例　1. ウ￢チデ￢ワ⌒(小)ネ－￢↑(小)ー￢ヤッ￢テマ￢ス↗ヨー（〈年越し蕎麦のような行事はいまやってないだろうと聞かれて〉うちではね，やってますよ：⑧1907f）【図5-23】

　　2. ウ￢ラニ￢デ￢テクル￢ヒ￢トガ⌒(小)サ－↗－ / ソ￢レ￢ゾレ￢チ￢ガ￢ウカラ⌒(小)サ－￢↗(小)ー（〈マンガの端役を指して〉裏に出てくる人がさ，それぞれ違うからさ…：⑪1986f）【図5-24】

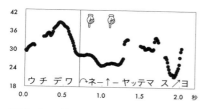

図5-23 複合イントネーションの「う
ちではね」

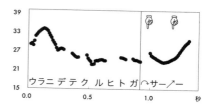

図5-24 複合イントネーションの「裏
に出てくる人がさ」

5.7.3 間投助詞のない文節末のイントネーション

　間投助詞がない文節末にも（他の助詞はあってもかまわない），間投助詞
があるときと同じようなイントネーションをつけることがある。これを間
投助詞的イントネーションと呼ぶことにする。120分の会話資料では，平
均して約8秒に1回使われている。特に現在の中年層から下の人に多い。
どのイントネーションを使うかで意味が変わるということはないが，イン
トネーションの違いが話しかたのスタイルを特徴づける要素になっている。
助詞上げ・語尾上げ，あるいは尻上がり，助詞のばし・語尾のばしなどと
呼ばれる話しかたがそれである。

・強調型上昇調・平坦調と「助詞上げ」「語尾上げ」の話しかた

例 1. イ⎡マ↑⎣ワ / ソーユー⎣ノ↑⎡ワ / ハ⎡ヤラ⎦ナインデス（いまは，そう
　　いうのは，はやらないんです）

2. イ⎡マ→⎣ワ / ソーユー⎣ノ→⎡ワ / ハ⎡ヤラ⎦ナインデス（いまは，そう
　　いうのは，はやらないんです）

3. ナ⎡ガヤー ナガヤデー⎦ ⎡ヨ⎦ドモワ ⎡ヨ⎦ドモ↑(小)ノ / オー⎡ ⎦ミ⎡ブ⎦
　　ン⎡デテ⎦ダスケ シテ〰(大)ネー⎦（長屋は長屋で，子供は子供の…身
　　分で手助けしてね：⑧1911m）

4. オ⎡ジーサン↑⎦ワ / ヤ⎡マ⎦↑(小)エ / シ⎡バカ⎦リ↑ニ / オ⎡バーサ⎦
　　ン↑⎦ワ / カ⎡ワ⎦↑(小)エ / センタク↑ニ ⎡イ⎦キマ⎡シタ（〈じょうずで
　　はない読みきかせの例〉おじいさんは山へ柴刈りに，おばあさんは川へ
　　洗濯に行きました）

5. ト￣マ↑ト / ニン↑ジン / セ￣ロ↑リ … （〈料理に必要な食材を指折りつつ確認する：列挙の使いかた〉：トマト，ニンジン，セロリ…）

6. ワ￣タシ↑ガ ￣イ￣キマ￣ス（私が行きます）

〈**解説**〉例 1 から例 4 まではコラム 17 に書いた理由で強調型上昇調・平坦調が使われているが，例 5 のように列挙するときや，例 6 のようにフォーカスを置くときにも使う。強調型上昇調・平坦調をつけたあとにポーズを置かない場合は，次をそれよりも低い音からはじめる。話しことばのマナーとして特に問題視されている言いかたではなく，そもそもこれを使っていることに気がつかない人も多いが，書かれた文章を読むときにこれを使いすぎると自信がないように聞こえやすく，信頼感も感じにくくなることがある。イントネーションに気を使う熟練した読み手はほとんど使わない。単なる情報伝達には必要がないものなので，当然と言えよう59)。

・上昇下降調・急下降調と「尻上がりイントネーション」

🎧 例 1. イ￣マ⌒ワ￣ー / ソ￣ーユ￣ー↗⌒ワ￣ー / ハ￣ヤラ￣ナインデス（いまは，そういうのは，はやらないんです）

🎧 2. オ￣ジ￣ーサン⌒ワ￣ー / ヤ￣マ￣⌒(小)エ￣ー / シ￣バカ￣リ⌒ニ￣ー / オ￣バ￣ーサン⌒ワ￣ー / カ￣ワ￣⌒(小)エ￣ー / センタク⌒ニ￣ー イ￣キマ￣シタ（おじいさんは山へ柴刈りに，おばあさんは川へ洗濯に行きました）

3. デ￣ア￣ラ￣ガキ￣ユイ↑(小)ガ￣ デ￣テ⌒テ￣ー / ア￣ラ￣ガキユイ⌒ワ￣ー / ナンカ / コ￣ー / カ￣コ⌒(小)ニ￣ー / ア￣ッタ デ￣キ￣ゴト⌒(小)デ￣ー / セ￣ーシンテキナ ショ￣ックオ￣ ウ￣ケ⌒テ￣ー / シ￣ツゴショ￣ーニ ナ￣ッチャッテル ￣オンナ￣ノコノ￣ー ヤ￣クナノ（で，〈そのテレビドラマには〉新垣結衣が出てて，新垣結衣はなんかこう，過去にあったできごとで精神的なショックを受けて失語症になっちゃってる女の子の役なの：⑨1972f2)【図 5-25】

4. リ￣サイク⌒ル￣ー / リ￣ユ￣ー⌒(小)ス￣ー / ナ￣ンダロ￣ー ￣アト（〈環境配慮における 3R とは何かというクイズを出されて，その答え：列挙の使いかた〉リサイクル，リユース，なんだろうあと：⑪1986f)

〈解説〉この言いかたは 1970 年代から 80 年代にかけて，若者ことばとしてもっぱら否定的な評価とともに注目された「尻上がりイントネーション」だが，講演や演説ではすでに昭和の初期には使われていた[60]。いまでは中年層以下の日常会話に定着しているが，嫌う人もいる。そして，テレビやラジオのアナウンサーなら世代を問わず，ニュースはもちろん，それ以外の一般の番組においてもこの上昇下降調を使うことを避けている。公の場面で使うべきではないと考えられているからだろう。単なる情報伝達には必要がないものなので，当然と言えよう。例 4 のように列挙するときにもよく聞かれる。なお，この言いかたを「語尾のばし」と呼ぶ人もいるが，それだと高さの動きが重要なことがわからないし，文節末だけでなく文末の長い無音調を指すこともあってあいまいなので，この呼び名は避けたい。

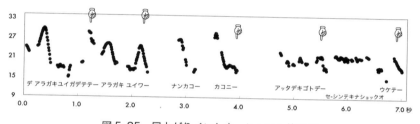

図 5-25　尻上がりイントネーションの使用例

・長い無音調と「語尾のばし」「助詞のばし」の話しかた

　特に，じっくり考えながら話すときや言いよどむときなどに長い無音調をよく使う。間投助詞類のない文節末のイントネーションとしては短い無音調以外ではいちばん多い。これを「語尾のばし」「助詞のばし」と呼ぶことがある。

例 1. イ￣マワー／ソーユー￣ノワー／ハ￣ヤラ ナインデス（いまは，そういうのは，はやらないんです）

　　2. デ↓ー／モーヒト リー／ナ カイキ ーチガ デ テキ〜(大)テ ー（で，〈そのドラマには〉もうひとり中井貴一が出てきて…：⑨1972f2）

5.7.4　単語の末尾のイントネーション

　助詞や助動詞があっても，その前，つまり助詞や助動詞をつける単語の

最後で音をのばしたり上げることがある。特に，考えながら「たぶん，あしたーだけでしょうね」のように音をのばす言いかたはよく耳にする。単語の途中でも，たとえば「〈曲名は〉ホワイトクリスマスでしたっけ」を「ホワイトークリスマスでしたっけ」のように言うことがある。

・長い無音調

例　　デ モ タ ブン ソ レデ セーカイ イーナ ンダト オ モー ア ノ ヤ ク ワ（〈ドラマの配役について〉でもたぶんそれで正解なんだと思う，あの役は：⑨1972f2，「正解」の最後で考えながらのばしている）

・強調型上昇調

例　1.　オープンカ カ↑(大)ク ワ / シー / ア / チ ガ ウ / オ ーープンカ カ ク～ワー / メーカー～ガー / ソノ ウ ル オ ミ セ～ニー マ カ セタノ～ガー / オープンカ カク（〈オープン価格と希望小売価格の違いについて，本を見ながら希望小売価格の説明をしたあとで〉オープン価格は，うん，あ，違う，オープン価格は，メーカーが，その，売るお店に任せたのがオープン価格：⑩1987f）

　　2.　トーキョー / ハッ シャ イタシマ ストー / ナ ゴ↑ヤ トー / キ ョ ー↑(小)ト ニ / ト マ サ マ ス（〈1970年代前半と思われる東京駅の構内放送〉東京を発車いたしますと，名古屋と京都に止まります：『東京の音―音の風土記―』東芝 TW-7010）

　　〈解説〉強調型上昇調をつけたあとは，次をそれよりも低い音からはじめる。この言いかたは講演調の話しかたでは結構よく使われているようだが，本書の会話資料ではわずかだった61)。上の例ではフォーカスがある単語の最後に強調型上昇調をつけている。鉄道での停車駅名のアナウンスでは，駅名の最後に強調型上昇調をつける言いかたがいまも聞かれる。

・質問の疑問型上昇調

例　　ツ ルガッテ マ イ バ ノ ラー / デ ノ リ カ エ ルンデスヨ↑ネ（敦賀って米原で乗り換えるんですよね）

　　〈解説〉乗り換え駅が米原でよいのか自信がないので聞くときに，駅名の

あとに疑問型上昇調をつけている。そのあとすこしポーズを置いてから
あとを続ける。

■感動詞の「考えこみイントネーション」

例　ナンカ ソノー / チョッ⤴(小)┼ー コー / アノーー / ヨ┌コ二 サレ
チャッ⤴(小)┌テ┌ー　（〈ドラマの役柄の説明〉なんか，その，ちょっと，こ
う，あの，横にされちゃって…：⑨1972f1）【図 5-26】

〈解説〉文の途中で考えこんだり言いよどむときに「あの」「その」「こ
う」あるいは「ああ」「ううん」「ええ」と言うことがよくある。考える
時間の分だけ音を出して相手の発言を制するためか，ほぼ同じ高さのま
ま長く，しかもたいていは低く抑えた形で言う。本来アクセントの下げ
がある感動詞でも，その下げをなくした上で平坦調をつけるこの言いか
たを「考えこみイントネーション」と呼んでおく。

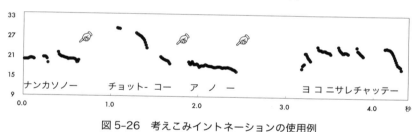

図 5-26　考えこみイントネーションの使用例

5.7.5 「半疑問イントネーション」

　答えを求める場面ではないのに，間投助詞のない文節の最後や，文節の
中の単語の最後に疑問型上昇調をつける言いかたが半疑問イントネーショ
ンと呼ばれるものである。

例　1. センシュ↗ー / ヤ┌マ┐ザキサント ┌ア┐ッタンダケ⤴(小)ド┌ー　（先週，
山崎さんと会ったんだけど…）

　　2. タ┌シカ二 チョ┌ット コー / ナ┌ガ┐クナッ↑(小)タ カオガ↗ー
/ デ┌パーツガ┌ オーキ クナッタノカ⤴(小)ナ┌ー　（〈子役俳優だっ
た人がおとなになって〉たしかに，ちょっと，こう長くなった，顔が，

で，パーツが大きくなったのかな：⑨1972f2）

3. ク⌐ルマノ　サキッチョニ　ツ⌐イテタ　⌐エ⌐ンブレ╱ムー / ガ↓￣ナ
ン⌐カ　アノー / オ⌐ト￣サンカナ　オ⌐カ￣サンカ╱ナ / シ⌐ヌ
ト⌐キ〰(小)═ー…（〈マンガのストーリーについて，聞き手が知らない
部分の説明〉車の先っちょについてたエンブレムが，なんかあの，お父
さんかな，お母さんかな，死ぬときに…：⑪1986m，聞き手は「エンブ
レム」のすぐあとで「うんうん」[シ￣ン￣] とあいづちを打ってい
る）【図5-27】

〈解説〉頻繁に使うものではないが，こうした言いかたを日常的にするよ
うになったのは1990年代当時の若者からで，特に女性からとされてい
る。「とびはね音調」と並んで平成イントネーションのひとつと言ってよ
い。使い手はいまでも女性の方が多いようだ。それなりの意味があって
使われているのだが，嫌う人が少なからずいる[62]。この言いかたを「語
尾上げ」と呼ぶ人もいるが，それだと文節末や単語の末尾での強調型上
昇調との違いがわからないので，この呼び名は避けたい。

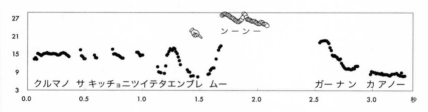

図5-27　半疑問イントネーションの「車の先っちょについてたエンブレム…」

練習問題の答え

練習問題 1 限定しているか，いないか（p. 35）

　列の左の方（(1)，(3)，(5)，(7)，(9)）では，前の文節がそのあとの単語の意味を限定している。(1) では，リビングルームにもいろいろあるが，そのうちの広いものということである。単なる「リビング」と「広いリビング」は違う。(3) でも，犬と言ってもいろいろいるが，そのうちの黒いものということである。単なる「犬」と「黒い犬」は違う。(5) でも単なる「町並み」と「東京の町並み」は違うし，(7) でも単なる「絵画」と「有名な絵画」は違う。(9) では，仕事に対する感じかたにはいろいろあるが，ここでは楽しみながらと限定している。

　これに対し，列の右の方（(2)，(4)，(6)，(8)，(10)）では，前の文節はあとの単語の意味を限定していない。(2) では，宇宙と言えば広いというイメージが一般にあると思うが，そのことを思いおこさせるために「広い」をつけ足しているだけである。単に「宇宙」と言うのと「広い宇宙」と言うのとで実質は同じである。(4) でも，カラスと言えばふつうは黒いが，そのことを思いおこさせるために「黒い」をつけ足しているだけで，単に「カラス」と言うのと実質的には同じである。(6) では，世田谷と言えば東京の地域名だが，そのことがはっきりとわかるように「東京の」をつけ足しているだけで，単に「世田谷」と言うのと実質的には同じである。(8) では，銀閣寺と言えば京都にある寺のことで，そのことがはっきりわかるように「有名な」をつけ足している。単に「銀閣寺」と言うのと実質的には同じである。(10) は，起きて，そして働くという意味である。寝ながら働く人はふつうはいないから，働く様子を「起きて」が限定しているわけではない。

練習問題 2 アクセントの組み合わせとイントネーションのつけかた（p. 41）

　（1）広いリビングが：ヒ￣ロイ　サ￣ビングガ（表 2-2 ⓑを適用）

　（2）東京の町並みが：ト￣ーキョーノ　マチナミガ（表 2-2 ⓓを適用）

　（3）有名な絵画を：ユ￣ーメーナ　カ￣イガオ（表 2-2 ⓕを適用）

　（4）美術館で絵画を：ビ￣ジュツ　カンデ　カ￣イガオ（表 2-2 ⓐを適用）

　（5）東京の世田谷に：ト￣ーキョーノ　セ￣タガヤニ（表 2-2 ⓒを適用）

　（6）あした京都に：ア￣シタ　キョ￣ートニ（表 2-2 ⓔを適用）

練習問題 3 イントネーションをつけてみよう（桃太郎）（p. 46）

● 「昔々おじいさんとおばあさんがありました。」

　　《昔々》↔《おじいさん》と　おばあさんが　ありました。

　まず，文の最初と 2 番めの文節に注目し，↔の前の文節とあとの単語のあいだに

意味の限定関係があるかどうかを考える。ここでは「おじいさん」がどんな人なのかを「昔々」が限定する形で説明しているわけではないので，意味の限定関係はない。そのため「おじいさんと」のアクセントは弱めない。高さの動きは手順の表2-2 ⓒをあてはめる。それだけを取り出して発音するときの高さの動きをそのまま続ければよい。「昔々」は文の最初の文節のアクセントなので弱めない。結局，この部分の高さの動きは次のようになる。「昔々」のあとですこし休んでも（つまり，ポーズを置いても）かまわない。

　　　ム「カシムカシ」オ「ジ」ーサント

　　昔々《おじいさんと》↔《おばあさん》が ありました。

　次に，文の2番めと3番めの文節に目を移し，↔の前後の関係を考える。「おじいさんと」と「おばあさん」のあいだには夫婦という関係はあっても意味の限定関係はないので（「おじいさんのおばあさん」なら話は別），あとの方の文節「おばあさんが」のアクセントは弱めない。高さの動きは手順の表2-2 ⓐをあてはめる。

　　　オ「ジ」ーサント オ「バ」ーサンガ

　　昔々 おじいさんと 《おばあさんが》↔《ありました》。

　こんどは文の3番めと4番めの文節に目を移し，↔の前後の関係を考える。ここには意味の限定関係がある（表2-1 ㋗：何があったのかを「おばあさんが」が限定している）。そのため，あとの方の文節「ありました」のアクセントは弱める。「おばあさんが」にはアクセントの下げがあるので，高さの動きは表2-2 ⓑをあてはめて，「ありました」の［リマ］を低めに抑える。

　　　オ「バ」ーサンガ ア「サマ」シタ

　この文全体の高さの動きはこうなる。

🎧　　ム「カシムカシ」オ「ジ」ーサント オ「バ」ーサンガ ア「サマ」シタ

アクセントを弱めるかどうかだけを記号で書きこむと：

　　　∧　∧　　　　∧　　　　⌣
　　昔々おじいさんとおばあさんがありました。

● 「おじいさんは山へ柴刈りに行きました。」

　　《おじいさんは》↔《山》へ 柴刈りに 行きました。

　↔の前の文節とあとの単語のあいだに意味の限定関係はないので，「山へ」のアクセントは弱めない。文の最初の文節のアクセントは弱めない。

　　　オ「ジ」ーサンワ　ヤ「マ」エ

　　おじいさんは 《山へ》↔《柴刈り》に 行きました。

　↔の前後に意味の限定関係はない。もし「山での柴刈り」であれば，どんな「柴

刈り」なのかを「山での」が限定していることになるが，ここでは違う。そのため，「柴刈りに」のアクセントは弱めない。なお，「柴刈り」のアクセントは，[シ￣バカ￣リ]のほか [シ￣バカリ] も [シ￣バカリ￣] も可。

　　　ヤ￣マ￣エ　シ￣バカ￣リニ

おじいさんは　山へ 《柴刈りに》↔《行きました》。

　↔の前後に意味の限定関係がある（表2-1 オ）。そのため「行きました」のアクセントは弱める。高さの動きは表2-2 ⓑをあてはめる。

　　　シ￣バカ￣リ二　イ￣キマ￣シタ

　　〈解説〉「柴刈りに」は「行きました」の意味を限定している。なぜなら，「行きました」のありかた，つまり，誰が，いつ，どこに，どのように行くのかにはさまざまな可能性があるわけだが，それを「柴刈りに」が限定しているからである。そのために「行きました」のアクセントを弱める。もし，すぐ前の「柴刈りに」のアクセントとして下げがある [シ￣バカ￣リ二] または [シ￣バカ￣リ￣二] を選ぶなら，「行きました」[イ￣キマ￣シタ] の [キマ] を低めに抑える。もし，アクセントの下げがない [シ￣バカリ二] を選ぶなら，表2-2 ⓓをあてはめて [シ￣バカリ二　イキマ￣シタ] とする。

　結局，この文全体の高さの動きはこうなる。

　　　オ￣ジ￣ーサンワ　ヤ￣マ￣エ　シ￣バカ￣リ二　イ￣キマ￣シタ

アクセントを弱めるかどうかだけを記号で書きこむと：

　　　∧　　　　　∧　∧　　　∪

　　　おじいさんは山へ柴刈りに行きました。

● 「おばあさんは川へ洗濯に行きました。」

　　　《おばあさんは》↔《川》へ 洗濯に 行きました。

　↔の前後に意味の限定関係はないので，「川へ」のアクセントは弱めない。文の最初の文節のアクセントは弱めない。

　　　オ￣バ￣ーサンワ　カ￣ワ￣エ

おばあさんは 《川へ》↔《洗濯》に 行きました。

　↔の前後に意味の限定関係はない。もし「川での洗濯」であれば，どんな「洗濯」なのかを「川での」が限定していることになるが，ここでは違う。そのため，「洗濯に」のアクセントは弱めない。なお，「洗濯に」のアクセントは [センタク￣二] にもなる。

　　　カ￣ワ￣エ　セ￣ンタク二

おばあさんは 川へ 《洗濯に》↔《行きました》。

↔の前後に意味の限定関係がある（表2-1 团）。そのため「行きました」のアクセントは弱める。「洗濯に」にはアクセントの下げがないので，高さの動きは表2-2 ⓓをあてはめる。

　　セ￣ンタクニ　イキマ￣シタ

　　〈解説〉「洗濯に」［セ￣ンタクニ］のアクセントが平板型のため，ひとつ前の文のように「行きました」［イ￣キマ￣シタ］の［キマ］を低めに抑えるのではなく，最初の［イ］の高さを「洗濯に」の最後の［ニ］の高さにそろえる。そして「行きました」の最初の［イ］からふたつめの［キ］にかけて高くならないようにする。

この文全体の高さの動きはこうなる。

　　オ￣バ￣ーサンワ　カ￣ワエ　セ￣ンタクニ　イキマ￣シタ

アクセントを弱めるかどうかだけを記号で書きこむと：

　　∧　　　　　　∧　∧　　∪
　　おばあさんは川へ洗濯に行きました。

● 「おばあさんが川で洗濯をしていると，川上から大きな桃がどんぶりこどんぶりこと流れてきました。」

　　《おばあさんが》↔《川》で 洗濯を して いると，川上から 大きな 桃が どんぶりこ どんぶりこと 流れて きました。

↔の前後に意味の限定関係はないので，「川で」のアクセントは弱めない。文の最初の文節のアクセントは弱めない。

　　オ￣バ￣ーサンガ　カ￣ワデ

　　おばあさんが 《川で》↔《洗濯》を して いると，川上から 大きな 桃が どんぶりこ どんぶりこと 流れて きました。

↔の前後に意味の限定関係はない（「川での洗濯」なら話は別）。そのため，「洗濯を」のアクセントは弱めない。

　　カ￣ワデ　セ￣ンタクオ

　　おばあさんが 川で 《洗濯を》↔《して いる》と，川上から 大きな 桃が どんぶりこ どんぶりこと 流れて きました。

↔の前後に意味の限定関係がある（表2-1 团）。そのため，「していると」のアクセントは弱める。「洗濯に」にはアクセントの下げがないので，高さの動きは表2-2 ⓓ。

　　セ￣ンタクオ　シテ　イルト

　　〈解説〉中学校で習う文法では，「している」は文節としては「して」［シ￣テ］と「いる」［イ￣ル］に分かれることになるが，「いる」は補助動詞なので，イン

トネーションを考える上では「いる」のアクセントを弱めた上で「している」
[シ￣テイル]でひとまとまりとし，その全体とその前後の文節との意味の限定
関係を考える（表2-2のあとの注意**C**）。

　　すると，「している」のありかた，つまり誰が，何を，どのように…にはさま
ざまな可能性があるところを「洗濯を」が限定している。そのため，「している
と」のアクセントは弱め，このあとのイントネーションを考える際には「洗濯
をしていると」を1セットで考える（注意**B**）。

　　おばあさんが 川で 《洗濯を して いると，》 ↔ 《川上》 から 大きな 桃が どん
ぶりこ どんぶりこと 流れて きました。

↔の前後に意味の限定関係はないので，「川上から」のアクセントは弱めない。

　　セ￣ンタクオ シテ イルト／カ￣ワカミカラ

　　〈解説〉この文は「おばあさんが川で洗濯をしている」と「川上から大きな桃が
　　どんぶりこどんぶりこと流れてきました」という，もともとふたつの文を結び
　　つけたものである。元のそれぞれの文の境目のような大きな意味の切れ目には
　　ポーズを置くことが多い。ここでも「していると」のあとにポーズを置くのが
　　自然。

　　おばあさんが 川で 洗濯を して いると，《川上から》 ↔ 《大きな》 桃が どんぶ
りこ どんぶりこと 流れて きました。

↔の前後に意味の限定関係はないので，「大きな」のアクセントは弱めない。高
さの動きは表2-2の⑥をあてはめる。

　　カ￣ワカミカラ　オ￣ーキナ

　　〈解説〉ここでは「川上から」のアクセントが平板型で最後の［ラ］が高く，そ
　　して「大きな」のアクセントが頭高型なので，「大きな」の最初の［オ］をすぐ
　　前より一段高くする。

　　おばあさんが 川で 洗濯を して いると，川上から 《大きな》 ↔ 《桃》 が どん
ぶりこ どんぶりこと 流れて きました。

↔の前後に意味の限定関係がある（表2-1 ⑦）。そのため「桃が」のアクセント
は弱める。「大きな」にはアクセントの下げがあるので，高さの動きは表2-2の⑥
をあてはめる。そして，このあとのイントネーションを考える際に，「大きな桃が」
を1セットで考える（注意**B**）

　　オ￣ーキナ モ￣モガ

　　〈解説〉実はここでは「桃が」のアクセントを弱めない言いかたもできるが，そ
　　れについては第3章（3.2.4，3.2.5，p.79〜81）で説明する。

　　おばあさんが 川で 洗濯を して いると，川上から 《大きな 桃が》 ↔ 《どんぶ
りこ》 どんぶりこと 流れて きました。

↔の前後に意味の限定関係はないので，「どんぶりこ」のアクセントは弱めない。高さの動きは表 2-2 の ⓔ をあてはめる。

オ ┌ ー キ ナ モ ┌ モ ガ ┌ ド ┐ ン ブ リ コ

〈解説〉「桃が」のアクセントは平板型で，「どんぶりこ」のアクセントは頭高型なので，「どんぶりこ」の最初は「桃が」の最後より一段高くする。ここでは「桃が」のアクセントが弱められて高さが抑えられているので，表 2-2 の ⓔ の例と見た目が少し異なるが，直前よりも一段高くする点に注目してほしい。「どんぶりこ」の前にはポーズを置いてもよい。発音例でもポーズを置いている。

おばあさんが 川で 洗濯を して いると，川上から 大きな 桃が 《どんぶりこ》↔《どんぶりこ》と 流れて きました。

↔の前後に意味の限定関係はないので，2 回めの「どんぶりこと」のアクセントは弱めない。

ド ┐ ン ブ リ コ ド ┐ ン ブ リ コ ト

〈解説〉実は，同じ単語を繰り返すときの 2 回めはアクセントを弱めることが多い（3.1.2 ⓓ，p. 62）。しかし，この「どんぶりこ」のように動作を繰り返す感じをはっきりと出したいときは，逆に 2 回めの方のアクセントは弱めない。さらに，[ド ┐ ン ブ リ コ ド ┐ ン ブ リ コ ト] のように，1 回めの方のアクセントを弱めることもある。

おばあさんが 川で 洗濯を して いると，川上から 大きな 桃が どんぶりこ 《どんぶりこと》↔《流れて きました》。

↔の前後に意味の限定関係がある（表 2-1 囯）。そのため，「流れてきました」のアクセントは弱める。「どんぶりこと」にはアクセントの下げがあるので，高さの動きは表 2-2 の ⓑ。

ド ┐ ン ブ リ コ ト ナ ┌ ガ レ テ キ ┌ マ ┐ シ タ

〈解説〉ここの「きました」は補助動詞「くる」に助動詞がついたもので，「流れる」に対して，自分の方へという方向性を持たせている。補助動詞なので「きました」のアクセントを弱めて「流れてきました」[ナ ┌ ガ レ テ キ ┌ マ ┐ シ タ] でひとまとまりとし，その上でその全体とその前後との意味の限定関係を考える（表 2-2 のあとの注意 Ｃ）。
　ここでは，「流れてくる」のありかた，つまり何が，どのようになどさまざまな可能性があるが，それを「どんぶりこと」が限定している[1]。

この文全体の高さの動きはこうなる。

オ ┌ バ ┐ ー サ ン ガ カ ┌ ワ ┐ デ セ ┌ ン タ ク オ シ テ イ ル ト ／

カ ┌ ワ カ ミ カ ラ オ ┌ ー キ ナ モ ┌ モ ガ ┌ ド ┐ ン ブ リ コ ┌ ド ┐ ン ブ リ コ ト

ナ ┌ ガ レ テ キ ┌ マ ┐ シ タ

アクセントを弱めるかどうかだけを記号で書きこむと：

　　　　∧　　　　　　∧　　∧　　　　⌣
　おばあさんが川で洗濯をしていると，
　　　∧　　　　∧　　⌣　∧　　　　∧　　　　　　⌣　　　⌣
　川上から大きな桃がどんぶりこどんぶりこと流れてきました。

● 「おばあさんはその桃を拾って家へ帰りました。」

　　　《おばあさんは》↔《その》桃を 拾って 家へ 帰りました。

　↔の前後に意味の限定関係はないので，「その」のアクセントは弱めない。文の最初の文節のアクセントは弱めない。

　　　オ￣バ￣ーサンワ ソ￣ノ￣

　おばあさんは 《その》↔《桃を》 拾って 家へ 帰りました。

　↔の前後に意味の限定関係がある（表2-1 ⑦）。そのため「桃を」のアクセントは弱める。「その」にはアクセントの下げがないので，高さの動きは表2-2の⑥をあてはめる。そして，このあとのイントネーションを考える際に，「その桃を」を1セットで考える（表2-2のあとの注意 **B**）

　　　ソ￣ノ モモオ

　おばあさんは 《その 桃を》↔《拾って》 家へ 帰りました。

　↔の前後に意味の限定関係がある（表2-1 ⑦）。そのため「拾って」のアクセントは弱める。「桃を」にはアクセントの下げがないので，高さの動きは表2-2の⑥。そして，このあとのイントネーションを考える際に，「その桃を拾って」を1セットで考える。

　　　ソ￣ノ モモオ ヒロッテ

　　〈解説〉「その桃を拾って」では限定関係が続くので，「桃を」も「拾って」もアクセントを弱める。「その」も「桃を」もアクセントが平板型なので，［ノモモオヒロッテ］が高く平らに続くことになる。

　おばあさんは 《その 桃を 拾って》↔《家へ》 帰りました。

　↔の前後に意味の限定関係はないので，「家へ」のアクセントは弱めない。

　　　ソ￣ノ モモオ ヒロッテ ウ￣チエ

　おばあさんは その 桃を 拾って 《家へ》↔《帰りました》。

　↔の前後に意味の限定関係がある（表2-1 ⑦）。そのため「帰りました」のアクセントは弱める。「家へ」にはアクセントの下げがないので，高さの動きは表2-2の⑥をあてはめる。

　　　ウ￣チエ カエリマ￣シタ

この文全体の高さの動きはこうなる。

🎧 オ｜バ｜ーサンワ ソ｜ノ モモオ ヒロッテ ｜ウ｜チエ カエリマ｜シタ

アクセントを弱めるかどうかだけを記号で書きこむと：

　∧　　　　　∧　　∨　　∨　　　∧

おばあさんはその桃を拾って家へ帰りました。

練習問題4 イントネーションをつけてみよう（実況中継）（p. 52）

アクセントを弱めるかどうかの記号もあわせて書いておく。

　∧　　　∧　　∨　∧　∨

ここは世田谷区のある閑静な住宅街です。

｜ユ｜コワ セ｜タガヤ｜クノ ｜ア｜ル ｜カ｜ンセーナ ジュ｜ータク｜ガイデス

〈解説〉「世田谷区の」は「ある閑静な住宅街」全体の説明ではあるが，「世田谷区の」とその直後の「ある」だけに注目すると，「ある」の意味を「世田谷区の」が限定しているわけではないので「ある」のアクセントは弱めない。そして「ある」も「閑静な住宅街」の説明だが，「閑静な」の意味を「ある」が限定しているわけではないので「閑静な」のアクセントは弱めない。「住宅街」は「閑静な」から意味が限定されているので，「住宅街です」のアクセントは弱める。

　∧　∨　　　　∨　　∧　∨　∧　　　　∨

この住宅街の一角に女優の森田みどりさんのお宅があります。

｜ユ｜ノ ジュ｜ータク｜ガイノ イッ｜カク｜ニ｜ジョ｜ユーノ モ｜リタ｜ミ｜ドリサンノ オ｜タクガ｜アリマ｜ス

〈解説〉「この住宅街の一角に」では意味の限定関係が続いていることに注意。また，「女優の」は補足説明であって，「森田みどりさん」の意味を限定していないことにも注意。ここの高さの動きは表2-2 ⓔをあてはめる。「みどりさん」の部分は，弱めて［ミ｜ドリサン］とも言える。

　∧　∨　　∧　∨

森田さんのお宅はこの3階建ての建物です。

モ｜リタサンノ オ｜タクワ｜コ｜ノ｜サ｜ンガイダテノ タテ｜モノデス

〈解説〉「この」は「3階建ての建物」全体の説明ではあるが，「この」とその直後の「3階建て」だけに注目すると，「3階建て」の意味を「この」が限定しているわけではないので「3階建ての」のアクセントは弱めない。

　∧　∧　　∧　∧　　　　　∧　∨

いまちょうど森田さんご本人でしょうか出ていらっしゃいました。

｜イ｜マ｜チョ｜ード モ｜リタサン ゴ｜ホ｜ンニンデショーカ｜デ｜テ｜イ｜ラッシャ｜イマ｜シタ

〈解説〉「いらっしゃいました」の「いらっしゃる」は補助動詞なのでアクセン

トを弱め，「出ていらっしゃいました」を1セットで考える。この文では「出
ていらっしゃいました」ということが特に伝えたいところだと思われるので，
ここにフォーカスを置き，アクセントは弱めない。これが上に書いた高さの動
きである。ただ，特に伝えたいのは出てきたのが本人であることだと考えるな
ら，「ご本人」にフォーカスを置き，「出ていらっしゃいました」のアクセント
は弱める。「いまちょうど」は複合語のように考えて［イ￢マ┐チョ￢ード］と言
うこともできる。

ちょっとお話をうかがってみましょう。

チョ￢ット　オ￢ハナシオ　ウカガッテ　ミマショ￢ー

〈解説〉最後の「みましょう」の「みる」は補助動詞なのでアクセントを弱める。
もしこの文を，すこしだけ聞くことに重きを置いて言うならば，「ちょっと」に
フォーカスを置き，それ以降のアクセントを弱める。

注

* 注には，細かい問題についての補足と，個々の説明の裏づけとなる事実や
データについて記してゆく。専門家向けの説明は【研究】と記して，一般
の読者向けと区別する。
* 引用した文献のうち，私が書いたものの多くは以下のウェブサイトを通じ
て見ることができる。http://corismus.com/intonation/

本書の発音の書きあらわしかた

1) 「映画」「おとうさん」「は」「へ」「を」の発音：日常生活では，かな書きすると
きに「映画」は「えいが」と書くが，それは実際の発音がどうであってもそう書
くようにと，昭和61年内閣告示第1号『現代仮名遣い』で定められているから
である。発音はふつうは［エーガ］である。［エーガ］とも［エイガ］とも言う
というのではなく，ふつうは［エーガ］で，ごく丁寧な発音をする場面では［エ
イガ］と発音されることもあると言うのが正確である（『新明解日本語アクセン
ト辞典』（三省堂）の解説 p. 24「引き音について」，川上秦 1977 § 101 参照）。
「おとうさん」の発音は［オトーサン］しかないが，こういうものもかな書きす
るときは「う」を使うように上記の内閣告示で定められている。助詞の「は」
「へ」「を」についても同じ。

第1章

1) 【研究】語頭の上げはアクセントだという考えかたとその根拠：本書では語頭の
上げもアクセントだと考えている（郡 2004）。これに対して，語頭の上げはアク
セントではないという考えかたがある。それはもともと川上秦氏や上野善道氏の
考えかたである。上野氏の多くの著作のうち上野（1989）では（以下，記号「は
上昇， 」は下降），「蕎麦屋」という語の高さの動きは，それだけを言うとソ「バ」ヤ
だが，文中ではオ「イシイソバ」ヤ（おいしい蕎麦屋）やタ「カ」イソバ」ヤ（高い
蕎麦屋）となり，「そば屋」に一貫して見られる特徴はバからヤへ下降すること
なので，この特徴がこの語のアクセントだという説明がされる。一方，「魚」の
場合は，それだけを言うとサ「カナ だが，文中ではア「カイサカナ（赤い魚），ア
「オ」イサカナ（青い魚）となり，下降がないという特徴がこの語のアクセントだ
と言う。

　ここで上野氏は「高い蕎麦屋」ではソからバにかけて音は上がらず，「青い魚」
ではサからナにかけて音は上がらないと見ているわけだが，それは実態とは異な
る。同様の表現における高さの動きを見ると，「高い蕎麦屋」の「蕎麦屋」や
「青い魚」の「魚」に類する環境では，1拍めから2拍めにかけてはっきり上が
らないことも確かにあるが，すこし上がっているのがむしろふつうである。本書
の書きかただと ［タ カ イソ バ ヤ］［ア オ イサ カナ］である。しかも，それ
は物理的な分析をしてはじめてわかるような小さな上昇ではなくて，耳に明らか
に感じられる例が非常に多い（たとえば第2章の図 2-1）。

　「奈良／名古屋／南禅寺のラーメンをいっぱい（たくさん）食べた」という短文を1951〜1981年生まれで首都圏中央部成育の10名が6回程度ずつ読みあげた資料における頭高型の「ラーメン」について言えば，次の左の図のように，1半音以上という明瞭に聞き取れる上昇をするものが多数を占め（平均2.3半音上昇［すぐ前の山の高さの約3割の高さに相当］，図の縦軸は発音数：郡2012aのデータ），1半音未満の，聞き取れないかもしれない小さな上昇は少数派である。具体例として，上昇量の点でも，すぐ前の山に対する高さの割合の点でもこの文の平均的な発音を下右に図としてあげる。聴取調査をしても，この図の程度の上昇であれば自然な発音に聞こえるという結果が得られている（郡2012a参照）。

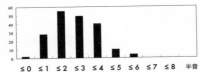

■「〔奈良・名古屋・南禅寺〕のラーメンを」での「ラーメン」冒頭の上昇量

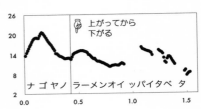

　なぜ上げるかについて，下降を効果的に聞かせるためのものという考えかたをする人がいるかもしれないが，それならば下降するすぐ前，あるいは他の自由な場所で上昇させればよいのであって，現実には頭高型以外は1拍めから2拍めにかけて上げるのがふつうであることが説明できない。

　以上から，私は語頭で上げることも単語にそなわった高さの特徴，すなわちアクセントであって，一定の条件下ではその特徴が小さくなったり，なくなったりすると考えるのが実態に即していると考える。

2)　【研究】重音節での上げの位置の実態：新美南吉の『ごん狐』を首都圏成育の熟練した読み手が朗読した11種の録音（第4章で説明する）では，物語冒頭の文の「小さい」については［チ―サイ］が4例，［チーサイ］が5例，［チ―サイ］に聞こえるもの1例，［チ―サイ］か［チーサイ］か判断しにくいもの1例だった。同じ文の「聞いた」では［キ―タ］が3例，［キータ］が8例だった。3文めの「ごん狐」では，［ゴンギツネ］が10例，［ゴンギツネ］が1例だった。14文めの「黄いろく」の場合は，［キ―ロク］が2例，［キーロク］が7例，どちらとも判断しにくいものが2例だった。17文めの「そうっと」では，［ソ―ット］が6例，［ソーット］が4例，［ソーッ下］が1列だった。このように，最初から高いか，2拍めから高いか，どちらが多いかは一概には言いにくい。

3)　音声分析ソフトPraat：これはオランダの研究者が無償で公開しているもので，http://www.praat.org からダウンロードできる。日本語で使いかたを解説した書籍（北原真冬・田嶋圭一・田中邦佳2017）やウェブページもある。本書では高さの計算にはPraatを使ったが，作図は筆者独自の方法でおこなっている。

4)　上げの大きさと時間：上げかたが大きいと，上がりきるのに時間が余計にかかる。上げかたが大きくなくてもゆっくり上げることもある。たとえば「おみやげ」という平板型アクセントの単語で［ミヤ］のあいだずっと上がっていくよう

な発音はよくある。そういう場合でも，どこから上がりはじめるかに注目して［オ｜ミヤゲ］と本書では書く。

5) 【研究】「肩たたき」とだけ言うときの最後の［キ］は母音が無声化することが多いが，この発音例では高さの動きをはっきりさせるために無声化せずに言っていただいている。

6) 【研究】音声分析ソフトを使う際の注意点：実際の音の高さの動きを音声分析ソフトウェアで調べる際には，本文で述べたような細かい動きにとらわれないということのほかにも重要な注意点がある。それは音声分析ソフトが出してくる結果がまちがっている可能性である。まちがいは，マイクの位置が遠すぎるとか，録音している場所の雑音が多いなど録音状態の悪さが原因で生じることもあるが（マイクの距離は口から 20〜30 cm にしたい），録音状態がよくても，特に文末，あるいは文末に近いところでは，喉をつめて言うようなことをしがちなので，声帯の振動のしかたが一時的に特異なものになり，実際より 1 オクターブ低い結果（半ピッチ）を分析ソフトが出してくる例がある。逆に，やはり発声法の一時的な特異性や分析ソフトの設定の不適切さなどが理由で，実際より 1 オクターブ高い結果（倍ピッチ）が表示される例もよくある。下左の図は，ある女性話者が読みあげた「これは名古屋だ」という文の文末での半ピッチの例，右は別の女性話者の会話中の「ハナダンのコンビだよ，ね，あのふたりハナダン出てたんだよね」での倍ピッチの例である。

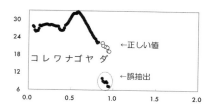
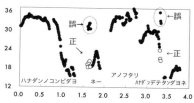

　左の図の場合，黒で示した音声分析ソフトの分析結果では［ナゴヤ］から［ダ］にかけての動きが不連続である。［ダ］で急に 12 半音（1 オクターブ）下がっている。人間はこのような短い時間（ここでは 0.04 秒）で声の高さをきれいに 1 オクターブ変えることはできない。また，［ダ］が女性としては考えにくい低い周波数値になっていることからも（図の目盛で 9 弱，Hz 値で言えば 80 Hz 程度），コンピュータの分析結果はおかしいことがわかる。右の図は，「よ」のあとで一度切って「ね」を言い直した発音だが，音声分析ソフトの分析結果ではその「ね」の冒頭の動き（1.5 秒あたりの「誤」）が不連続である。「ね」は耳で聞けば単なる上昇下降の動きだが，黒丸で示した音声分析ソフトの分析結果では，高いところから急に下がり，そのあと上昇下降することになっており，修正する必要がある。また「ハナダン出てた」の［デテタ］での動きも不連続である（3.3 秒あたりの「誤」）。［デテタ］は耳で聞けば［テ］の方が［デ］より低いが，音声分析ソフトでは急に高くなっている。このような短時間での 1 オクターブ跳躍も修正する必要がある。なお，「ハナダン」はテレビドラマの「花より

男子」。

　ちょうど1オクターブ違う半ピッチや倍ピッチなら誤りが比較的わかりやすく，修正も可能だが，声帯の振動が非常に不安定で「正しい」高さがない状態で，修正のしようもないのに，分析結果として音声分析ソフトが何か数値を出してくることもあることに注意したい。そもそも，声から高さを計算するというのは簡単な話ではなく，発声法が特異になると正しく計算しにくくなるということは知っておく必要がある。明らかにまちがっているのに，音声分析ソフトが出してきたグラフや数値をそのまま使っている研究論文や研究発表を少なからず目にする。分析者は音声分析ソフトが出してきた数値なので客観性があると思っているだけに，もっとも残念なケースと言える。音声分析ソフトの分析結果はすべてをそのまま信じてはいけない。何が正しいかを知るにはPraatなら「狭帯域のスペクトログラム」の観察が参考になるが，なによりも分析はかならず耳での判断とあわせておこなうべきである。本書でも音声分析ソフトとしてPraatを利用したが，出てきた結果に異常性がないかを耳で確認し，半ピッチや倍ピッチ等の修正が必要な場合はPitch画面で修正し，その修正を反映した形でグラフにしている。

7) 【研究】高さの動きを半音値であらわす理由：声の高低はHzの値そのままではなく，半音値のような音楽の音程の尺度に換算してあらわす方が都合がよい。その根拠のひとつが下に示すデータである。これは実況中継風のテキスト（「ここは世田谷区のある閑静な住宅街です。この住宅街の一角に女優の森田みどりさんのお宅があります。森田さんのお宅はこの赤い屋根の3階建ての建物です。いまちょうど森田さんご本人でしょうか出ていらっしゃいました。ちょっとお話をうかがってみましょう。」）を男性4名と女性4名のNHKアナウンサーに読んでいただいた資料を分析したものである。男性と女性では生まれつきの声（地声）の高さが違うが，同じ放送局の訓練されたアナウンサーなら読みかたはだいたい同じだと考えられる。そして，同じ読みかたなら地声の高さに関係なく高低変化の大きさは同じだと考えられる。そこで，上記の資料について，地声の高さに相当する指標として「高さの中央値」と，高低変化の大きさの指標として「四分位範囲」（中央値を中心としてデータの50%をカバーする幅）を半音値とHz値で計算してグラフ化した。それが次の2枚の図である。

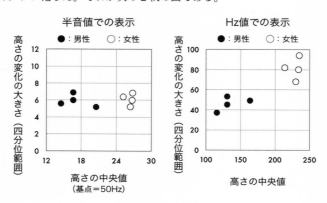

　地声の高さに相当する「高さの中央値」が話し手によって（特に男か女かで）異なる点は，左の図でも右の図でも同じである（横軸方向の違い）。ところが，高低の変化の大きさを見ると（縦軸方向の違い），半音値で示した左の図では話し手の地声の高さにかかわらず 6 半音前後とほぼ一定していて，話しかたとして同じであることがわかりやすい。ところが，Hz 値で示した右の図では，地声が高いほど高低変化が大きいことになる。これでは地声の高さに関係なく同じ話しかただということがわからない。つまり，イントネーションの動きは Hz 値ではなく半音値であらわす方がふさわしいわけである。

8)　【研究】イントネーションの定義：言語研究の分野でもイントネーションということばの使いかたは一様ではない。いちばん広い意味では声の高低変化全般を指す（したがって，アクセントも含む：ただ，日本語については専門家でこの意味で使う人はまずいないだろう）。それよりすこし狭い意味では，そこから単語ごとに定まった高低の動き（日本語ではアクセント）を除いたものを指す。本書で言うイントネーションはこの意味である。日本語研究では，金田一春彦（1951）に代表されるようなさらに狭い意味の使いかた，つまり文末と文節末での高低変化だけを指す使いかたがかつては主流だった。本書ではこれを「末尾のイントネーション」と呼んでいる。日本語研究の分野で末尾だけでなく文内のイントネーションを本格的に考えるようになったのは昭和の末期になってからである。ただ，専門家以外による書き物では，末尾のイントネーションだけをイントネーションと呼ぶことがいまでも見られる。

　末尾のイントネーションと文内のイントネーション：本書で言う「末尾のイントネーション」は，日本語学会（2018）『日本語学大辞典』の「イントネーション」【構成要素】の項で，日本語のイントネーションを形づくる重要なふたつの要素と私が書いたもののうち，「文末および文節末での高低変化」にあたる。また，本書で言う「文内のイントネーション」は，『日本語学大辞典』の「文全体がどのように句に分かれるか」にあたるが，それについては第 2 章の注 11 であらためて説明する。

9)　アクセントの地域差：『新明解日本語アクセント辞典』（三省堂）の見返しに，金田一春彦氏作成による全国のアクセント分布図がある。

10)　イントネーションの地域差：文内のイントネーションについては，2000〜2009 年に北海道から沖縄までの有アクセント地域で成育した主に大学生約 190 名に調査した範囲では，アクセント自体は地域によって異なるものの，アクセントを弱めるか弱めないかで文内のイントネーションを変えるという点はほぼ共通だった。ただ，アクセントの弱めかたの程度には地域差がある。また，いわゆる無アクセントの地域でも「けさ買ったばかりの傘をなくした」のふたつの意味は高さで言い分けることができる。なお，この調査の結果の一部は郡（2006c）に報告した。

　末尾のイントネーションの地域差については，井上史雄・木部暢子（2016）の第 14 章にこれまで知られていることを私がごく簡単にまとめた。終助詞のイントネーションについて，東京の言いかたが全国でどの程度理解されるかについては，轟木靖子・山下直子（2014）が参考になる。

11)　首都圏中央部：本書で言う首都圏中央部は，東京 23 区を中心にしたおよそ半径 30 km の圏内で，南は横浜市まで，西は八王子市まで，北はさいたま市まで，

東は千葉市までを含む地域を指している。これは，この地域で成育した方々の話しかたを調査し，イントネーションについてほぼ同質と判断したためである。実際にはこれらと変わらない使いかたをする地域もその周囲に広がっているとは思うが，それがどこまでかという境界を定めることはなかなかむずかしい。逆に，上記の地域の中には，アクセントについて周囲とは異質な性格を持つ「埼玉特殊アクセント」の地域も含まれるが，本書で報告する調査の協力者には当該地域の出身者はおらず，実態は調査できていない。

12)【研究】郡（1989a, 2002, 2006a, 2006b, 2013b）参照。

第2章

1)【研究】文内のイントネーションについての解説の根拠資料：この章の内容は，短文の読みあげ資料と自然会話の分析結果，そして高さを人工的にさまざまに加工した音声を聞かせて，それがどのように聞こえるかをたずねる調査（合成音声の聴取調査）の結果をもとに，主に郡（1989b, 1989c, 1997a, 1997b, 2003, 2007, 2008a, 2011a, 2012a, 2012c）に書いたものをまとめなおし，さらにそのあとおこなった考察や聴取調査の結果などにもとづく補足を加えたものである。ここで説明に使う例は，私が作った文を首都圏中央部成育の話し手に発音してもらったものが多い。

2) あいまい文とイントネーション：あいまいさにもさまざまな種類のものがあるが，イントネーションでの言い分けができるのは，意味のまとまりかたの違いがあいまいさを生む原因になっている場合がほとんどである。具体的には，まず，(1) 2.2で説明するような，隣接文節間の意味の限定関係の違いによるあいまいさがある。たとえば，「けさ↔買ったばかりの傘をなくした」「夏目漱石の↔ぼっちゃんに出会いました」，あるいは「あの白い↔犬の首輪がかわいい」「あとで↔焼いたパンを食べます」「酔って↔寝ている人を蹴った」「夫には↔秘密の趣味があった」などがそれにあたり，記号↔の前後に意味の限定関係があるかどうかでイントネーションが変わる。次に，(2) 3.1.2の@で説明するような，補助動詞かふつうの動詞かのあいまいさがある。たとえば，「ロープを引っぱってあげましょう」のようなものである。また，(3) 3.1.2の@で説明するような，並列関係の違いのあいまいさもある。たとえば，「花子と太郎の家に行った」や「安いパソコンとプリンターを買いました」のようなものである。さらに，(4) 5.6.6で説明するように，「それは水じゃない」が否定文なのか，それとも「じゃない」が自分の考えを表明する意味で使われていて，全体として「何だ，水か」「水でしょ」とほぼ同じ意味なのかというあいまいさもある。このほか，意味のまとまりかたの違いではないあいまいさとして，3.2.2で説明する「降ると思った」「私にはもうひとり娘がいます」でのフォーカスの場所の違いによるものや，3.2.3で説明する「あいつそっくりだ」での主題の違いによるものがある。

3)「文節」について：文節という言語単位は，文のイントネーションを考える際の手がかりとして有用である。文節の切りかたとしてよく言われるのは，「けさね・買ったばかりのね・傘をね・なくした」のように，間投助詞の「ね」が入れられるならそこが切れ目だということである。ただ，注意が必要なのは「待って

いる」「買ってみる」の「いる」「みる」などの補助動詞である。これらはもともとは独立した意味内容を持つ自立語「居る」「見る」などであるために，それだけでひとつの文節になるとされている。しかし，その前に「ね」を入れると不自然に感じる人が少なくない。それは補助動詞は自立性が弱いからである。イントネーションを考える上でも，補助動詞はその直前とあわせて，つまり「買っておく」ならそれでひとつの文節相当句と考える方がよい。

「文節のアクセント」という言いかたについて：厳密に言うと，これは「単語のアクセントと助詞・助動詞のアクセントが合体してできる高さの動き」のことである。

4)　あいまい文「けさ買ったばかりの傘をなくした」の聞き分け：本書の発音例とは別の話し手による発音を使って，ふたつの意味の違いが確かに聞き取れるのかどうかを，首都圏中央部成育の若年層 20 名に聞いてみた。ふたつの発音を交互に 5 回ずつ聞きながら，どちらが《けさ買った傘を さっきなくした》の意味で，どちらが《けさのことなんだけど，こないだ買ったばかりの傘をなくした》の意味かを判断してもらった。結果は 18 名が正解だった（正答率 90％）。近畿圏成育の大学生でも正答率は同程度に高い。

5)　あいまい文「夏目漱石のぼっちゃんに出会いました」の聞き分け：本書の発音例とは別の話し手による「私はそこで夏目漱石のぼっちゃんにはじめて出会いました」の発音を使って，ふたつの意味の違いが聞き取れるかを，首都圏中央部成育の若年層 20 名に聞いてみたところ，18 名が正解だった（正答率 90％）。近畿圏成育の大学生でも正答率は同程度に高い。

6)　【研究】本書ではイントネーションの説明に「ダウンステップ」「句頭の上昇」「自然下降」という考えかたを使わないことについて：日本語の発音の解説書や研究書には，文内のイントネーションを「ダウンステップ」「句頭の上昇」「自然下降」といった概念を使って説明するものがある。そうした概念になじみのある読者もいるだろう。私は現実の音声の実態を説明するのにこうした考えかたは適切だと思わないので使わない。その理由をすこし説明しておく。

ダウンステップ（たとえば Kubozono, H. 1993, 窪薗晴夫 1995 など；Poser, W. 1984 や Pierrehumbert, J. and M. Beckman 1988 の "catathesis" も）とは，私風の表現をすれば，すぐ前の文節にアクセントの下げがあれば次の文節の高さの山は低くなるという考えかたである。そして，窪薗氏の考えかたでは，文法的に右枝分かれ構造になっている箇所ではダウンステップが妨げられるとする。これらは結局，文中ではアクセントを弱めるのが基本だという考えかたである。この章の注 13 であらためて説明するが，私はむしろ文中ではアクセントは弱めないのが基本だと考えるので，ダウンステップという用語も使わない。

句頭の上昇とは，上昇しているところから新しい「句」が始まるという考えかたである（川上蓁 1961 など；上野善道 1989 などの「句音調」も）。しかし，川上氏や上野氏が「句」と認めないところでも実際には明らかに上昇している発音はいくらでもある。たとえば第 1 章の注 1 の図や本文の図 2-1 の右の「買ったばかりの」や「傘を」の高さの動きがそれである。したがって，単に上昇しているところから新しい「句」が始まるとは言えない。

自然下降とは，ことばの高さの動きに見られる全体的な下がり傾向を指す表現

で，もっぱら生理的な現象と理解されている。この表現を本書で使わないのは，それが本当に「自然」と言えるかについて強い疑いがあるためである。確かに，同じ高さの声を出しつづけようとしても，よほど注意しない限り，肺から来る息の力が弱まるのにともなって声は下がってゆく。ところが，たとえば「まなみは上野で野村にみやげをもらった」という，すべて平板型のアクセントで下げのない文節からなる文を，ゆっくり，ふつう，速くの3段階のテンポで首都圏話者に発音してもらうと，下の図に示したようにゆっくり言うときは下がり傾向が小さく，早く言うときは文全体の下がり傾向が大きい（左図は，ある1名の女性の6〜8発話の平均の高さの動き，右は女性9名の平均による文全体の下がり傾向の大きさ［直線回帰係数］）。この下がり傾向の中には，先に述べたような生理的な要因による下降も入っているだろう。しかし，歌を歌うときは，この文の長さ程度の短い時間（音楽で言えば，ゆっくりめの4分音符の2〜3個分）なら伴奏なしでも特に無理なくほぼ同じ高さを保てることを考えると，この文の中で最大値（「まなみ」の［ナ］または［ミ］）から最小値（最後の［タ］）まで平均6.7半音も下がるような大きな下降のすべてを「自然」なものと片づけるのは無理ではないだろうか。むしろ，左の図が示唆するのは，文を読みあげる場合，読み手は発音時間の長さに関係なく出だしの高さと最後の高さをおよそ決めていて，発音しはじめたあと，下げぐあいを調節しながら最後の目標の値にあわせるという発音法（これも一種のイントネーション）を無意識のうちにしているということである。

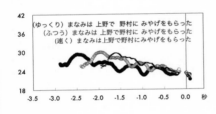
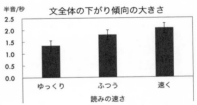

7) 「アクセントを弱める」という表現について：正確には「音としてのアクセントの独立性を弱める」ことである。これまで私はこれを「アクセントの弱化」とか「アクセントの実現度を弱める」とか言ってきたが，すべて同じ意味である。

アクセントの弱めかたには程度がある：次の左の図に示す第2文節の高さの山の\boxed{A}と\boxed{B}が，その前の第1文節に比べてアクセントが弱まっている状態である。なかでも\boxed{B}は弱めの程度が特に大きい場合で，アクセントの高さの動きが感じられないような，ほとんど平坦な動きになっている。弱めの程度はさまざまなことが原因で変わるが，\boxed{B}のような言いかたをするのは，第1文節の意味を強調する場合に多い（つまり，第1文節にフォーカスがある場合）。

アクセントを弱めない場合と，強める場合：右の図で\boxed{C}と\boxed{D}と\boxed{E}の印をつけたものが，その前の第1文節に比べてアクセントが弱まっていない状態である。これにも程度があって，\boxed{D}はその前の山とだいたい同じ高さになっているが，\boxed{E}はすこし低い。\boxed{E}の程度でもアクセントは特に弱まってはいない状態にあたる。\boxed{C}はアクセントをすこし強めた状態になる。

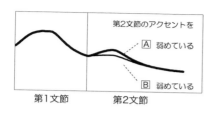

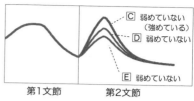

第1文節　第2文節　　　　　　第1文節　第2文節

第2文節のアクセントを
Ａ 弱めている
Ｂ 弱めている

Ｃ 弱めていない（強めている）
Ｄ 弱めていない
Ｅ 弱めていない

8) 文の高さの動きを線であらわす方法について：長い文や会話の実際の高さの動きを線で正確にあらわそうとすると何段階あっても足りないが，本書では概略的に4段階であらわしている。まず，特に感情を込めずに「飴」と言うときの［ア］の高さ（いちばん楽に出せる声の高さ）を，下に線を引いて［ア］とし，［メ］を上に線を引いて［メ］とし，全体を［アメ］と書く。そして，文中で［メ］がさらに一段高くなる場合は［アメ］，逆に一段低くなる場合を［アメ］と書く。「雨」なら特に感情を込めずに言うときを［アメ］とする。ただ，これはあくまで概略的な書きかたで，厳密に言えば「雨」の［ア］は「飴」の［メ］よりすこし高く，「雨」の［メ］は「飴」の［ア］より低い（いずれも特に感情を込めずに言うとき）。そうしたことについては第1章（p. 12）で「山登り」［ヤマノボリ］を例として説明した正確な高さの動きを参照のこと。

9) 【研究】アクセントが弱められているかいないかの判定基準①：郡（2012a）では「けさ買ったばかりの」や「夏目漱石のぼっちゃんに」のように，前の方の文節（「けさ」「夏目漱石の」）にアクセントの下げがある場合，どのぐらいアクセントの山を低めに抑えると自然な発音に聞こえるかを，合成音声の聴取調査と読みあげ資料の分析を通じて調べた。その結果では，2文節のあいだの高さの谷を基準として，直前の文節のアクセントの山の高さの1/4ないし1/2程度の高さが意味の限定関係の有無の境界になっている。これがアクセントを弱める・弱めないの境界に相当する。1/4とか1/2という数値は前および当該文節の長さによっても変わる。当該文節の拍数が少ない，つまり短いと，弱める・弱めないの境界は低めになり，長いと境界は高くなる。

10) すぐ前の文節にアクセントの下げがないときでも，始まりの高さを前にそろえない場合がある：本文で説明したことの例外になるが，すぐ前の文節の高さの山がもともと低く抑えられている場合は，始まりの高さを前にそろえ，自分自身をひとつの低い山の形にして続けることがある。たとえば『桃太郎』の「大きな桃が流れてきました」では「流れてきました」のアクセントを弱めるが，「大きな桃が」が［オーキナ モモガ］なので，本文で説明した方法だと「流れてきました」は［オーキナ モモガ ナガレテ キマシタ］という形で続けることになる。しかし，これを［オーキナ モモガ ナガレテ キマシタ］と言うこともある。p. 80の図3-11はその実例である。
　　【研究】アクセントが弱められているかいないかの判定基準②：直前の文節にアクセントの下げがない場合についても郡（2012a）で検討している。直前の文節とのあいだに意味の限定関係があるときはふたつの文節はほぼ平らにつながる。ところが，意味の限定関係がない場合は実は2とおりのパターンがある。そのひ

とつは，次の図の A のように文節の境目で大きく下がってから上昇するものである（「ぬいぐるみに値段は書いてなかった」という文の最初の2文節）。もうひとつは，B のように直前の文節全体をすこしずつ大きめに下げ，文節の境目ではあらたに下げないまま次の文節の頭で上昇するものである。

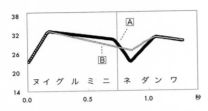

11）「イントネーション句」を手がかりとした文内のイントネーションのとらえかた：
イントネーション句というものを手がかりにして，文内のイントネーションをとらえることもできる。本文で説明してきたように，なくしたのがけさの場合の「けさ買ったばかりの」[ケ サ カッ タバ カリノ] だと，「けさ」と「買ったばかりの」のあいだに切れ目があって，ふたつに分けて発音しているように感じられる。一方，買ったのがけさの場合の「けさ買ったばかりの」[ケ サ カッ タ バ カリノ] は，「買ったばかりの」のアクセントを弱めて発音する。そのことで，「けさ」と「買った」のあいだに切れ目を感じない発音，つまり「けさ」と「買ったばかりの」をひとつのまとまりとして発音しているように感じられる。ハミングで言うと違いがわかりやすい。途中に切れ目が感じられないような高さの動きをするまとまりをイントネーション句と言うことにする（私は以前「音調句」と呼んでいた：郡 2003 など；2018 年の『日本語学大辞典』（東京堂出版）でも）。イントネーション句の分けかたを下の図に示す。文をどのようにイントネーション句に分けるかをフレージングと呼ぶ人もいる。

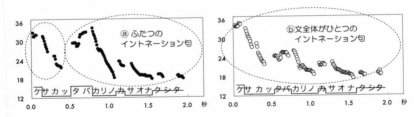

12）このほか，文全体の下がり傾向（この章の注6の「自然下降」の項参照）もある。

13）【研究】意味の限定がなければアクセントは弱めない：郡（2008a）ではこのことを発音調査と聴取調査の結果にもとづいて論じた。また，阿部久子・小原永（1994）は女性ナレーターによる 19 種のニュース文を分析し，本書で言う「意味の限定がない場合」の 90% でアクセントが弱まっていないことを報告している。
　　文中ではアクセントを弱めないのが基本で，アクセントを弱めるのは意味が限定されるときだけ：本文に「意味が限定されなければアクセントは弱めない」と書いた。しかし，上野善道氏は意味の限定ということがイントネーションにかかわ

ることは認めながらも，意味が限定されるからアクセントが弱まるとは考えず，「限定されていようといまいと途中で上げないのが無標」，つまり私の表現に直すと，限定されていようといまいと文中ではアクセントを弱めるのが基本だと言う（上野2009）。窪薗氏などのダウンステップ説もこの点に関して同様の考えかたをする。しかし，第3章注3で説明するように，実際の発音資料では，朗読でも会話でも，(a) 意味の限定関係がないときはアクセントを弱めない場合が圧倒的に多い。ところが，(b) 意味の限定関係があるときは，アクセントを弱める場合が相対的には多いものの，弱めない場合も少なくない。この (a) と (b) のふたつの事実からは，むしろ，「文中ではアクセントを弱めないのが基本で，弱めるのは意味が限定されているときだけ」と考える方が実態に合っていると考えられる。

14)【研究】「修飾」と「意味の限定」の違い：意味の限定がある連体修飾の関係を文法研究では「限定修飾」あるいは「制限修飾」と呼ぶ。しかし，「限定修飾」や「制限修飾」と違って，本書で言う「限定」は，連体修飾の関係だけでなく連用修飾の関係にも適用する独自の考えかたである。連用修飾にも適用するのは，連用修飾関係があっても，「タバコを口にくわえる」の「くわえる」（「口に」は省略できる），「田舎そばは色が黒い」の「黒い」（「色が」は省略できる）のように，意味が直前から限定されていない言いかたがあるからである。

　文内のイントネーションを決めるのは，修飾関係や枝分かれ構造ではなく，隣接要素間の意味の限定関係である：「けさ買ったばかりの傘をなくした」のふたつの意味は修飾関係の違いにも対応している。そこに注目すると修飾関係（あるいは文の枝分かれ構造）がイントネーションを決めているように見え，実際そのように考える研究者も多い。しかし，本書では「白い花」と「白い雪」のイントネーションの違い，そして「夏目漱石のぼっちゃんに出会いました」などの言い分けに見られるように，修飾関係は同じと考えられる場合でも意味の限定関係が違えばイントネーションが変わることを根拠として，修飾関係ではなく意味の限定関係がこれらの文のイントネーションを決めていると考える。もし修飾関係がイントネーションを決めると考えると，「白い花」と「白い雪」のイントネーションの違いや「夏目漱石のぼっちゃんに出会いました」が言い分けられることは別の方法で説明しなければならない。しかし，意味の限定関係がイントネーションを決めると考えると，これらすべてを例外なしに説明できる。

15) ただし，「名詞＋は＋述語」では述語のアクセントは弱まらない：「私は帰る」など「は」のあとに動詞が続く言いかたでは，動詞にフォーカスが置かれやすく，動詞のアクセントは弱めないのがふつうである。同様に「ペンギンは鳥だ」のような「は」のあとに名詞述語が続く言いかたでも，あとの名詞のアクセントは弱めないのがふつうである。これについては第3章（p.73〜75）で説明する。

16) 文部省『小學國語讀本 尋常科用巻一』大阪書籍，1932年にもとづく。

17)【研究】強調とフォーカスの違い：強調とは何かをきわだたせる作用であり，それをなぜきわだたせたいかの理由にも，また，きわだたせの程度や方法にもさまざまなものがある。一方，フォーカスは文における訴えかけの焦点であって，それが文のどこにあるかが問題になるものである。ある語句にフォーカスがあればそこがきわだって聞こえるように発音される。つまり，フォーカスと強調はおおむね原因と結果の関係にある。しかし，フォーカスがあるからと言ってかならず

その語句自体が高く発音されるとは限らず，フォーカスよりあとの部分を抑えて発音することでフォーカスのある語句を相対的にきわだたせることもできる。極端な場合は，フォーカスがある語句だけ声を抑えることで，かえってそこに聞き手の注意を向けさせ，結果的にきわだたせる効果を出すこともある。また，フォーカスがなくても，意図的（たとえばふざけて）または非意図的（言いまちがいや緊張のため）に語句やその一部を強調する発音がされることもある。

18)【研究】フォーカスを置く箇所をゆっくりめに言うこと：Maekawa, K.（1997）の研究がある。

19)「きょうは<u>豚肉</u>で肉じゃがを作ったんです」の別の発音：「豚肉」にフォーカスを置く場合に「豚肉で」のすぐあとで下げる発音をすること，つまり ［ブ￣タニクデ￣ニ＿クジャガオ￣ツク＿ッタンデス］ と言うことがある。アナウンスでも「ご協力をお願いします」［ゴ＿キョーリョクオ￣オネガイシマ￣ス］ という発音を聞くことがある。解釈になるが，これらは「豚肉で」の「で」や「ご協力を」の「を」に平坦調（5.3.3）の末尾イントネーションをつけ，そのあとを低くはじめたものと考えている（5.7.3 の「強調型上昇調・平坦調」の項の解説参照）。

20) アクセントを弱める範囲：フォーカスのあとにあるためにアクセントを弱めるのはその文が終わるまでが基本だが，ふたつ以上の述語がある複文や重文だとすこし事情が違うことがある。一般的には，「旅をあなたがしたいなら，私はつきあわない」の太字部分のように，ひとつの述語を含むまとまり（「節」，いわゆる連体節は除く）にはそれぞれどこかにフォーカスが置かれるが，ひとつめの節にあるフォーカスのためにアクセントを弱めるのは，その最後まで，つまり「したいなら」までで，そのあとの「私は」以下のアクセントを弱めない。ただし，たとえば，今の家に住んでいる理由を聞かれて「ペットを飼いたかったからここに引っ越したんです」と答えるとすると，答えの文はふたつの節に分かれるが，前半（「ペットを飼いたかったから」）が重要であり，後半（「ここに引っ越したんです」）にはしっかり伝えるべき情報がない。つまり，後半の節にはフォーカスを置く必要はないので，アクセントの弱めは節の境目のあとも続く。したがって，「ここに」も「引っ越したんです」のアクセントも弱める。

　【研究】フォーカスのあとのアクセントの弱めの程度：「（それは）ホテルの料金です」という文で「料金です」の高さだけを人工的に変えた音声を作成して，どこが強調されているかを問う聴取調査をおこなった（郡 2017a）。その結果，「ホテル」を強調しているように聞こえた（60% 以上）のが下左の図の高さの動きである。アクセントの弱めだけでその直前にフォーカスがあることをあらわそうとすると，弱めかたが大きい必要があることがわかる。下右の図は同じ調査で「料金」を強調しているように聞こえた高さの動きである。

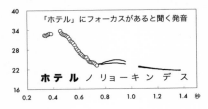
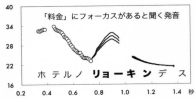

21）フォーカスの知覚：もちろん，アクセントを強めれば，そこにフォーカスがあることがはっきりする。関連研究に泉谷聡子（2008）がある。

22）【研究】「プロミネンス」について：発音やイントネーションを説明する本では，「プロミネンス」や「卓立」をイントネーションとは別のものとして扱っていることが多い。それは，伝統的にイントネーションを文末や文節末の高さの動きだけに限定して考えてきたためである。もともとプロミネンスは服部四郎（1933）や金田一春彦（1951）では文全体の高さの変化に対応するものとして考えられていたが，川上蓁（1957）や大石初太郎（1959）以降，なぜかフォーカスがある文節の高さだけが注目されるようになった。

第３章

1）【研究】意味の限定が続くときのイントネーション：「ハワイのホテルの料金は2万円でした」を使っておこなった聴取調査の結果を郡（2017a）で報告している。

2）「緊急の措置をとる必要があると言っています」の発音例：NHK（2006, p. 52）のCD3でニュースの読みのようなスタイルでの発音が聞ける。なお，この問題に関する考察に杉原満（2012）がある。

3）【研究】意味の限定がされていてもアクセントを弱めないときや，弱めかたが小さいときがある：会話での実態は郡（2007）で報告した。ここでは朗読資料について，新美南吉の『ごん狐』の第1章，時間にして5〜6分程度の部分を10名の熟練した読み手が読んだ11種類の朗読資料を分析した結果を紹介する（第4章で使う資料と同じ；このうちの6種類については郡2014aで報告）。アクセントが弱められているかどうかは私の聴覚判断で決め，どちらとも決めがたい場合は判断保留にしている。下の図は，意味の限定関係がある場合とない場合のそれぞれについて，アクセントを弱めているかいないの割合を示す。ポーズの直後にあるものや補助動詞は除いている。ここには，すぐ前の文節にアクセントの下がり目がない場合も，先行文節がすでにそのすぐ前から意味的に限定されている場合も含まれている。結果は郡（2007）の会話資料とまったく同じ傾向を示している。意味の限定関係がないときはアクセントを弱めていない場合がほとんどだが，意味の限定関係があるときは，アクセントを弱めている場合が約6割と相対的には多いものの，弱めていない場合も全体の3割強と少なくない。

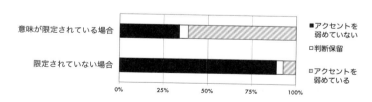

4）長い文節はアクセントの弱めかたが小さくなる：本文で説明した場合のほか，長い文節は，アクセントを弱めるべき場合であっても弱めかたが小さくなる傾向がある。たとえば，「白い菊が好きです」［シ￢ロ￢イ￢キ￢ク￢ガ￢ス￢キ￢デス］と「白いカーネーションが好きです」［シ￢ロ￢イ￢カーネ￢ーションガ￢ス￢キ￢デス］

を比べると，「菊」の［ク］よりも「カーネーション」の［カーネ］の方がすこし音が高い。しかし，これは意識して言い分ける必要はない。

5) 【研究】独立性が弱い名詞（形式名詞）の尾高型は頭高型になりうる：第4章で紹介する『ごん狐』の11種類の朗読での実態を見ると，「こと」については，「いろんな<u>こと</u>を」で頭高型で読まれていると私が判定した読みが3例（尾高型は7例），「或秋の<u>こと</u>でした」で1例（尾高型8例），「水につかる<u>こと</u>のない」で0例である（助詞「の」がつくための平板型が8例，尾高型3例）。「とき」については「私が小さい<u>とき</u>に」で明らかに頭高型と判定できる読みはなく（尾高型も2例のみ），「ただの<u>とき</u>は」では頭高型が4例（尾高型は3例）である。それ以外は，アクセントが大きく弱められているために独自の高さの動きが感じられない。先行研究として出野晃子（2007）がある。

6) 固有名詞でも限定を受けることがある：実は「法隆寺」は，奈良だけではなくて横浜などにもある。「ロンドン」もイギリスのほかカナダにもアメリカにもある。ここで，もし「横浜の方ではなく奈良の方の法隆寺」とか，「カナダやアメリカではなくイギリスのロンドン」のように対比をするつもりで言うなら，「奈良の」と「イギリスの」は補足ではなく，限定する働きをすることになるので，「法隆寺」「ロンドン」のアクセントは弱めて発音しなければならない。また，昔あったものではなくていまある方という意味で「いまの法隆寺」と言うときは，「いまの」は時期を限定することになるので，「法隆寺」のアクセントを弱める。「あしたのロンドン」も時期を限定する表現なので「ロンドン」のアクセントは弱める。

7) 【研究】「全体と部分」の「部分」や「物とその種類」の「種類」などのアクセントを弱めない理由：たとえば「中国の学校」や「舞台の仕事」なら，前半の「中国」や「舞台」が，後半の「学校」「仕事」という名詞があらわすもののうち一部を指定することで，意味を限定している。そのため「学校」や「仕事」はアクセントを弱める。これに対し，「中国の南部」や「舞台の中央」などの表現では，「中国」や「舞台」という名詞があらわすもののうち一部を，後の方の「南部」や「中央」が指定することで意味を限定している。そして，「南部」や「中央」のアクセントは弱めない。つまり，「中国の南部」「舞台の中央」などは，前部の名詞（＝全体）の指示対象を後部（＝部分）が限定する表現であり，自分が限定する側でもあるために後部のアクセントが弱まらないものと現在は考えている。「カマキリのオス」「ワインの赤」についても，前部の「カマキリ」「ワイン」の指示対象を後部の「オス」「赤」が限定しているために後部のアクセントが弱まらないと考える。これについて郡（1997b）では「副フォーカス」，郡（2008a）では「対比的フォーカス」という概念を使って説明したが，本書では上に述べた考えかたにあらためる。

　一見すると全体と部分の関係のように見えるが，実際は違う場合もある：『ごん狐』に「その中山から少しはなれた<u>山の中</u>に，「ごん狐」という狐がいました」「（ごんは）<u>森の中</u>に穴をほって住んでいました」という文がある。ここでの「山の中」と「森の中」は一見すると全体と部分の関係のように見えるが，実際は違う。「の中」を取り去って「その中山から少しはなれた山に」「森に穴をほって住んでいました」と言っても意味は変わらないことからわかるように，「中」は部

分の働きをしていない。したがって，通常の規則どおり「中に」のアクセントを弱めればよい。

8）【研究】しみじみイントネーション：郡（1997a）では「しみじみ調」と呼んだ。

9）【研究】実質的な補足：郡（2014a）では「限定的補足」と呼んだ。

10）実はこの文では，「大きな黒子みたいに」という表現自体が読者に視覚的なイメージを持たせるためのものであって，話の流れの上で重要な語句ではない。そのため，黒子を取り払って「はちまきをした顔の横っちょうに，まるい萩の葉が一まいへばりついていました」としても，文が伝える内容に変わりはない。つまり，「大きな黒子みたいに」全体が実質的な補足になっている。すると「へばりついていました」のアクセントは弱めなくてよいことになる。11 種類の朗読資料について言えば，9 種類がそのように読んでいる。さらに，「はちまきをした顔」の「はちまきをした」も実質的な補足の説明と考えることができる。11 種類の朗読資料のうち 6 種は「顔」のアクセントを弱めていない。

11）【研究】ナレーションのじょうずさの評価：本文で説明したテレビ番組とはNHK BS『こんなステキなにっぽんが』で，冒頭のナレーションは「遠い時代の面影を写した一枚の写真。写真の中の懐かしい風景を求めて，旅が始まります。」だった。その 2008～2009 年の 16 回の放送分の録音を近畿圏在住の大学生 30 名に聞かせて，「ナレーションから番組の続きに期待がもてるか」を 5 段階で判断してもらった。結果，番組の続きに期待がもてるという評価と「始まります」の上昇の大きさには全体として高い相関関係はないが（r＝0.366），評価がもっとも高い 3 発音（5 段階で 3.7～3.8）について見ると，「始まります」での上昇は文末としては大きい（2.4～4.8 半音）。

12）【研究】「降ると思った」と言うのは，実際に雨が降った場合か，それとも降っていない場合かの調査：本書の発音例とは別の話し手によるふたつの発音を使って，それぞれの発音が（1）実際に降った場合として自然な言いかたか，変な言いかたか，わからないか，そして（2）実際に降らなかった場合として自然な言いかたか，変な言いかたか，わからないかという判断を，近畿圏在住の 39 名の大学生に「標準語」のイントネーションとして判断を求めた。

意味	イントネーション	自然	変	わからない
実際には降らなかった	∧⌣ 降ると思った	64%	31%	5%
	∧　∧ 降ると思った	23%	67%	10%
実際に降った	∧ 降ると思った	21%	62%	18%
	∧ 降ると思った	92%	8%	0%

その結果が上の表である。ここでは，∧がアクセントを弱めない印，⌣が弱める印である。ここから，実際には降らなかった場合は「降ると　思った」が自然で，実際に降った場合は「降ると　思った」が自然という判断がなされやすいことが

わかる。

13)【研究】感嘆文イントネーション：郡（1997a）では「感情主張調」と呼んだ。

14)【研究】新しい場面は高い声ではじめる：会話でも，新しい話題は高い声ではじめることを Nakajima, S. and H. Tsukada（1997）が報告している。

15)【研究】文の最初のアクセントを抑える理由：文頭のアクセントを弱める読みかたをなぜするのかについて現時点で明確なことを言えないが，ひとつの要因として，文頭で主題となっている単語への強い「思い入れ」の存在が考えられる。郡（2010）では，「雄治は飲み物を一杯だけ頼んだ」という文について，文頭の主題文節の高さの抑えがどのようなイメージを喚起するか，合成音声を用いた聴取調査（自由記述）をおこなった。その結果，文頭の「雄治は」の［ユ］が後続の「飲み物を」の［ミ］の高さと同じレベルの場合は，物語冒頭だとか明るいという印象が持たれ，5半音低くすると暗い印象または雄治への思い入れが感じられ，同時に物語の途中だと感じられるようだった。また，未公刊だが同じ音声を使った 23 名への別調査の結果では，雄治が困っている感じ，そして雄治のことが心配な感じが強くするという回答者の割合は，［ユ］と［ミ］が同じ高さのレベルの場合はそれぞれ 22%，17% だが，［ユ］が 5 半音低い音声ではそれぞれ 57%，57% と多くなった。また第 4 章で説明する熟練した読み手による『ごん狐』の読みを見ると，主題であっても，物語の主人公（「ごんは」）の方が他の登場人物（「兵十は」）より弱めることが多い。これも主人公への思い入れの強さで説明できそうだ。また，別の要因として，文頭を通常より低く抑える言いかたは不安定さを感じさせるので，そこから安定感のある音の流れへの解決の期待感を持たせるということがあるかもしれない（西洋音楽で言えば，主和音以外から主和音への解決）。なお，むやみに文の冒頭を抑えるへたな読みかたがあるが，これについては第 4 章注 2 参照。

第 4 章

1)　ガ行鼻濁音：縦書きのサンプルでは該当する文字を○で囲むことで鼻濁音になるガ行音を示してみた。アナウンス・朗読や歌唱の分野では首都圏での伝統にのっとった方法でのガ行鼻濁音の使用が強く推奨され，アクセント辞典にもガ行音が破裂音か鼻濁音かの区別が示されている。ただ，ガ行鼻濁音は首都圏では現在衰退しており，尾崎喜光（2015）の報告では，2009 年の時点で首都圏の 20 歳台における「鏡」のガの鼻濁音率は 0%，70 歳台でも 4 割にすぎない。衰退はすでに昭和 10 年代から始まっていた（金田一春彦 1967，p. 178ff，塩田雄大・東美奈子 2017 参照）。したがって，過度に鼻濁音使用にこだわることは現在の実態から乖離することになる。『NHK 日本語発音アクセント新辞典』（解説 p. 27）でも，ガ行鼻濁音を示すことについて「この発音のみが絶対的に優れているとか，これ以外の発音は間違っているなどといったことを表そうとしたものではない」としている。

2)　文の最初などのアクセントを抑える「へた」な読みについて：こうした読みかたは新しいものではなく，話しことばの教育に力を注いだ上甲幹一氏も昭和 20 年代の小学生の朗読について，「こういう奇妙な調子がいつごろから朗読の伝統の一つとなったのかよくわからないが，意義のある慣習とは，どうしても思えな

い」と述べている（上甲幹一 1963）。

3）【研究】陳曦（2019）参照。

4）「不審な人や物を」の高さの動き：ここでは「人」と「物」が意味としてひとまとまりになっているが，イントネーションをつけるときは，第2章で説明したとおり，まず「不審な」と「人」だけの関係を考える（表2-2のあとの注意A）。「人」のアクセントは本来は平板型だが，この場合のように意味を限定する文節に続くときは尾高型になることが多い（『新明解日本語アクセント辞典』巻末のアクセント習得規則19の注③参照）。そのため，ここは［フシンナヒトヤ］となる。そして，「人」と「物」がひとまとまりになっているので，「物を」のアクセントを弱めてそのあとに続ける（3.1.2ⓔ，p. 62）。すると，全体として［フシンナヒトヤ モノオ］となる。

5）つまり［ニホンゴキョーイクノーリョクケンテーシケン］。なお，このような長大な複合語のアクセントのつけかたについては郡（2016b）で報告した。

6）【研究】高低の幅を広げるだけでじょうずな読みに聞こえうる：郡（2017b）。

7）【研究】練習すればすぐに高低の幅（音域）が広がること：本文に記したものと類似の練習を25名の近畿圏在住の大学生に対してやってみた。『ごん狐』の「或（ある）秋のことでした」という一文を，練習前に指示なしで読ませたときの高低の幅は平均で6.0半音（SD＝1.4）しかなかったが，練習の直後は平均で12.4半音（SD＝2.4）と大幅に広がった。それでも本文でこのあと説明する熟練した読み手による11の資料での平均15.3半音（SD＝2.1）にはまだ及ばない。なお，この文では最後の「た」の部分は高さが正確に測定できないことも多く，大学生の読みでは強調型上昇調がつくことも多いので計算の考慮外とし，［アル アキノコトデ］のいちばん高い箇所（「ある」または「秋」）といちばん低い［デ］との差を計算している。

8）【研究】『ごん狐』のイントネーション解説の元資料：このうちの6名の読みについての所見を郡（2014a）に報告した。本章に記すのは，資料数を増やした上での全体像の記述と，個々の文節へのイントネーションのつけかたの詳細である。

9）【研究】従属節のあとのポーズ：「はちまきをした顔の」のようなふつうの名詞にかかる連体節を除けば，従属節のあとの78%にポーズが入っている。

10）【研究】熟練者の『ごん狐』でのポーズの長さ：話し手によるポーズの長さの使いわけについては郡（2014a）で簡単に述べた。下の図は，11種の朗読におけるポーズの長さの分布を，文末と従属節の末尾，それ以外の文内に分けて示したものである。なお，市販の音源では，読み直しをした場合などに事後の編集でポーズの長さが調整されている可能性もある。

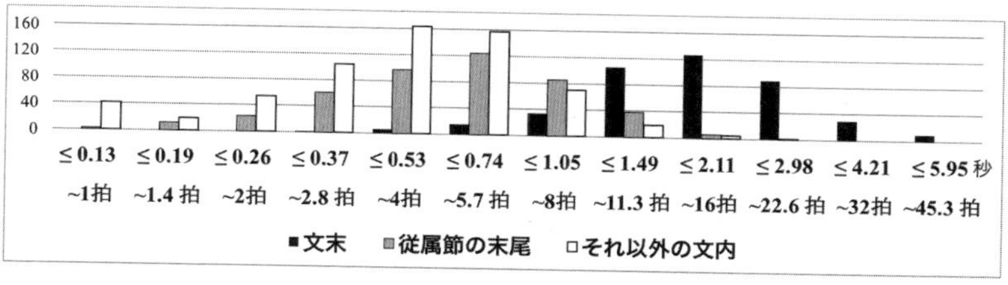

11）熟練者が『ごん狐』を読む速さ（テンポ）：本文の図 4-5 に示した数値は，ポーズを除いて純粋に声を出している時間である。11 種の朗読の平均で毎秒 7.6 拍。音楽で言えば ♩＝114 の 16 分音符でことばのひとつひとつの拍を言う程度。

　　【研究】一般に読みとして速く感じるテンポと遅く感じるテンポ：『ごん狐』ではないが，『桃太郎』の「昔々あるところにおじいさんとおばあさんがありました」を私自身が遅め（5.1 拍／秒）と速め（9.6 拍／秒）で読んだ音声を加工して，それぞれ 1 秒あたり 4 拍から 12 拍までのテンポに変えた音声を近畿圏在住の大学生 37 名に聞かせ，速く感じるか遅く感じるかを 7 段階で答えてもらった。すると下の図の左のように，原音声のテンポにかかわらず，平均的に 1 秒あたり 7〜8 拍のものが遅くも速くもないと感じられるという結果になった。なお，テンポの調整は音声編集ソフト Goldwave を使った WSOLA 法でおこなっている。もうひとつ，実況中継風の文章の断片として「森田さんのお宅はこの赤い屋根の 3 階建ての建物です」を女性のアナウンサーが読んだ音声（8.8 拍／秒）を元に，同様の調査を別グループの近畿圏在住の大学生 30 名におこなった。結果としては，下の図の右のように 1 秒あたり 6〜8 拍のものが遅くも速くもないと感じられている。なお，ニュースを読む場合について「アメリカのオバマ大統領は日本時間の 21 日朝キューバに到着しました」について同様の調査をおこなったところ，平均的には 1 秒あたり 8〜10 拍のものが遅くも速くもないと感じられるという結果になった。実際のニュースの読みも，やはり 1 秒あたり 8〜10 拍になっている。

昔々あるところにおじいさんとおばあさんがありました

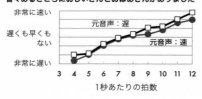

森田さんのお宅はこの赤い屋根の3階建ての建物です

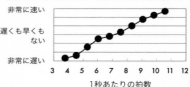

12）ここで分析した朗読音源の多くは，テキストとして『校定 新美南吉全集』か，それを基にした教科書版を使っているようだ。しかし，田原アルノ氏の読みではテキストが異なり，「川は，いつもは水が」以下の文全体と「うなぎをふりすててにげようとしましたが，」が省略され，魚の「きす」が「鮒」に置きかえられ，「兵十」が［ヘージュー］と発音されているなどの違いがある。

第 5 章

1）「**末尾**」とは：ここでは最後の拍のことである。拍というのは，「山登り」ということばなら［ヤ］［マ］［ノ］［ボ］［リ］という 5 つの音のそれぞれである。したがって，「山登り」の最後とは［リ］のことで，「お茶」なら［チャ］である。ただ，「きのう」［キノー］や「絶対」［ゼッタイ］のように文や文節の最後が重音節になっている場合は，重音節全体に末尾のイントネーションがかかることが多くなる。たとえば疑問型上昇調なら重音節の最初から上がっていくことがよく

ある。

　【研究】「文の末尾のイントネーション」と言うときの「文の末尾」：主節の述語の末尾のほか，「『ちょっと遅れる』と言ってます」の「ちょっと遅れる」のような引用の従属節における述語の末尾，あるいは，会話によく聞かれる「もうすんだことだから」のような主節を欠く文における従属節の述語の末尾，そして「お名前は？」のような述語を欠く言いさし表現の末尾，「もしもし」などあいさつことばの末尾を指すことにする。

2)　【研究】末尾のイントネーションについての解説の根拠資料：終助詞類がつかない裸の文末の末尾イントネーションの説明は，単文の読みあげ資料と自然会話の分析結果，そして人工的に高さや長さを変えた文の聴取調査の結果をもとにして書いた論文類，特に郡（2015a, 2013a, 2014b, 2015b, 2017a）の内容をまとめなおし，用例と考察を補足したものである。

　従来の分類：入門的な日本語の解説書や日本語教育分野の参考書では，末尾のイントネーションを「上昇」と「下降」（または「非上昇」）のふたつだけか，それに平坦な動きを加えた3種類に分けている例が目立つ。しかし，それらは音声の正確な観察にもとづいたものではなく，印象的な分類と言ってよい。特に「下降」には問題がある。そうした書物で「下降」とされているものの多くは，本書で言う「無音調」にあたると思われる。音声の専門的研究としての分類には，吉沢典男（1960），宮地裕（1963），川上蓁（1963），上村幸雄（1989），村中淑子（1995），佐々木香織（2004），田中彰（2008），沖裕子（2013）のものがある。専門的研究でも意見の相違は少なからずあるが，本書で言う無音調を「下降」と呼ぶことは，宮地（1963）以外はない。宮地氏の「下降」も，（私見では不適切だが）上昇と対比させた表現として使っているにすぎず，実際に下がっていると言っているわけではない。日本語の入門的な解説書等では，平叙文の最後は下降調だという説明も見かけるが（これは文末の拍ではなく，文末の文節全体にかかるわずかな下がり傾向（コラム16, p. 163）のことを言っているのかもしれない），平叙文の最後は末尾のイントネーションとしては無音調だと言うのが正確である。このほか，本書で言う上昇下降調を単に「下降」と呼ぶ書物もある。本書では無用な混乱を避けるために，単なる「下降調」という言いかたはしないでおく。

　本書での末尾のイントネーションの分類の根拠：基本の型として4つがあるというのは，高さの変化の方向，変化の大きさや長さにはさまざまなものがあるが，それを音韻論的に整理すると4種類になるという意味である。その変種としてふたつがあるというのは，高さの変化方向についての変種である。くわしくは郡（2015a）で説明したが，終助詞がつかない文末について，まず観察にもとづいて高さの変化方向に6種類があると見た上で，それぞれのあいだに音韻論的対立があるか，そして変化の大きさや長さの違いで音韻論的対立が生じるかどうかという整理を，裸の文末での入れ替えテストを使っておこなった。整理にあたっては，合成音声の聴取調査の結果も利用している。

　なお，コラム16で説明するように，平叙文の最後の文節全体にはわずかな下がり傾向がある。それもイントネーションの一種だが，最後の拍に特徴があらわれるものではないので，ここで言う末尾のイントネーションには含めない。

3)　【研究】表5-1に示した用法について：私が過去に使った表現と異なるものに

なっているが，これは説明をわかりやすくするためであって，実質は変わっていない。

会話での末尾イントネーションの使われかた：6つのイントネーションの型が，それぞれ実際にどの程度会話で使われているかを，本書のために分析した11種の会話資料（p. 237）のうち①から⑩について，それぞれ約12分の区間を選んで合計約120分とした資料で調べた。型の認定は，私自身の耳による判断と，音声分析ソフト Praat の SoundEditor 画面上での基本周波数曲線の表示，狭帯域スペクトログラムの視察とを併用しておこなった。母音の長短とポーズの有無の判断は私自身の聴覚によった。質問に対する応答の「はい」「ええ」「うん」は分析対象に含めたが，純あいづち的なものと短い言いよどみ語（「あの」「この」「こう」等），そして語の途中で中断した音声（[オワ/オワッタラ] の前半部のようなもの）は分析対象から除外している。また，発音不明瞭や発言の重なりのために発言内容が確定できない文節も分析対象から除外している。結果を下の表に示す。

この資料には文の最後も文の中も含めると全部で10020例の文節があるが，そこからイントネーションの型が不明瞭だった29例を除く9991例のうち，最後に特別な上げや下げがある言いかたと，音をのばしただけの言いかた（長い無音調）が使われているのが合計で2218例ある（22％：表の最下段の2列めから7列めまでの合計）。実に，平均して3.2秒に1回は短い無音調以外の何らかのイントネーションを使っているということである。こうした数値は会話の内容によって異なることが容易に予想されるが，日常の会話で末尾のイントネーションがいかに重要かを理解するには十分だろう。

	疑問型上昇調	強調型上昇調	平坦調	上昇下降調	急下降調	無音調 長	無音調 短	不明瞭	合計
文末（終助詞類なし）	80	18	0	1	9	24	575	0	707
文末（終助詞類つき）	127	412	24	181	4	41	323	27	1139
文中の文節末（間投助詞類なし）	14	132	10	350	12	392	6866	0	7776
文中の文節末（間投助詞類つき）	25	172	2	159	24	5	9	2	398
合計	246	734	36	691	49	462	7773	29	10020

このほか，表から次のことがわかる。(1) 末尾のイントネーションの使いかたは，文の最後と文の中で大きく違う。(2) 文の最後でも，「ね」「よ」「か」「の」「な」など終助詞類がつかない場合（裸の文末）と終助詞類がつく場合とではイントネーションの使いかたが大きく異なる。(3) 文の中にある文節の最後でも，「ね」「さ」など間投助詞類がつく場合とつかない場合では，イントネーションの使いかたが大きく異なる。(4) 裸の文末だけを見ると（表の最上段），短い無音調以外で多いのは疑問型上昇調で，長い無音調と強調型上昇調がこれに続く。

4)　【研究】複合イントネーション：本書のために分析した会話資料では，複合形は主に個人的な用法として間投助詞に出現する（1907 年生まれの女性と 1986 年生まれの女性：用例は p. 180 参照）。裸の文末に出てくる例で私が気がついたのは，資料⑨で 1972 年生まれの女性 f2 による急下降調＋強調型上昇調の「それだ」［ソ｜レダ↓＿↑￣］（会話相手といっしょにクイズを解いていて，相手が答えはこれではないかと言ったのに対して）だけである。意味としてはふたつのイントネーションが組み合わさったものと理解でき，全体でひとつのイントネーションの型と考える必要はないと判断した。

5)　【研究】上げる場所にイントネーション記号をつけること：たとえば，接客のあいさつの「いらっしゃいませ」は［セ］の最初からすこしずつ同じ調子で上昇させながら長くのばす［イ｜ラッシャイマ／セー￣］のようにも，また，のばした［セー］の最後で大きく上昇させる［イ｜ラッシャイマ｜セー／￣］のようにも言えるが，その発音の違いを書きあらわそうとすれば，高さの変化の開始点に記号をつける必要がある。これは実際の発音資料での音の高さの動きをできるだけ正確に書きあらわすための必要性である。そうした違いが発話意図の微妙な違いをあらわすこともありえる。イントネーションについて説明している専門書や論文では，末尾のイントネーションの記号を文の最後につけていることが実は多いが，それではどこから高さが変わるのかがわからず，音声記述として不十分である。

6)　【研究】小さい上昇と大きい上昇：末尾イントネーションの上昇の大きさは，前後との関係から判断したものを「(大)」「(小)」の記号および記号なしの 3 段階と線書きであらわした。この章の説明の根拠にした私自身の過去の研究報告では，上昇の大きさを 4.5 半音きざみで小・中・大に分けていたが，本書では変更した。

7)　疑問型上昇調の特徴：図 5-1 と図 5-2 からわかるように，連続的に上げてゆく。上げるのにあわせて音ものばすのがふつうである。上げがどこから始まるか，どのぐらい上げるかなどは，文末の文節の性質や，どういう状況で言うのかによって変わる。「わかってる？」「見た？」や「食べます？」のように，アクセントの下げがある文節につく疑問型上昇調は，低いところから大きく上げる（図 5-1）。ところが，アクセントの下げがない「やんだ？」「本当？」のような文節なら，アクセントの下げがある場合ほど大きくならないのがふつうである（図 5-2）。ただし，かならずこの図のような大きさになるというわけではない。気持ちしだいで高さの動きも微妙に変わる。一般論としては，上げかたが大きいと，その分答えを求めている感じが強いように聞こえる。「やんだ」での上昇が大きくないのは，すでに音として高いところからさらに高くするには大きな労力が必要で，出せる高さにも限界があるためかと思われる。最後の拍の母音をのばしてその途中から音を上げることが多いが，拍の頭から上げはじめても大きな違いはない。図 5-1 で［ル］の最初ですこし落ちこむ動きは子音 r のせいである。イントネーションは 0.1 秒程度以上の大きな流れを見ることが大切なので，そうした細かい動きは無視してよい。同様に図 5-2 の［ダ］の最初の細かい動きも重要ではない。さらに詳細な特徴については郡（2013a, 2015a）で報告した。

8)　【研究】疑問型上昇調という名前：方言によっては，このイントネーション自体は使うが，それは質問するときではないということがありうる。その場合は「疑問型上昇調」ではなく「連続上昇（調）」とでも呼べばよい。

9) 質問の形式と疑問型上昇調の関係：田中章夫（1956）は，質問表現について，江戸語の時代は終助詞「か」を中心とした終止形式が豊かだったが，「か」は詰問的にひびくため，現代東京語ではそれを避ける方策のひとつとしてイントネーションだけで質問にするようになったという趣旨のことを述べている。

10) 神保格（1929）という昭和初期の日本語音声の解説レコードの発音例にも［ソ￢ロソロ　オ￢イ／デ］（そろそろおいで）がある。

11)【研究】「いらっしゃいませ」などの末尾をのばした呼びこみ表現のイントネーション：(1) 最後の拍の最初からすこしずつ同じ調子で上昇させるだけの言いかたと，(2) 最後に大きく上昇させる言いかたがある。「いらっしゃいませ」の末尾にさまざまな長さと高さの動きをつけた音声を 84 名の近畿圏在住の大学生に聞かせ，上品そうな店の感じがするかを「しない」「すこしする」「すごくする」から選んでもらった。上品そうな感じがしないと答えた回答者の割合は，母音長が 0.15 秒と短い場合は，無音調については 6%，6 半音上げる疑問型上昇調でも 4% にすぎないが，母音を 1 秒のばした場合は，平坦な発音で 77%，1 秒間に直線的に 2 半音だけ上げた発音（上記 (1) に相当）で 89%，0.9 秒で 4 半音上げ，最後の 0.1 秒で 4 半音上げた発音（(2) に相当）で 96% と多くなる。

12)【研究】つり上げ調：川上蓁（1963）の命名。「女のアナウンサーなどがよく用いる職業的イントネーションの一つであり，『です』『ます』に終わる文に限って現われる。des, mas と一音節に発音し，その e や a の終わりごろから急に上昇しつつ s に移る」とされる。

13)【研究】「…んだ」で終わる文のイントネーション：郡（2017a）で報告したが，「きのうスーパー行ったんだ」という文を材料にして，イントネーションをさまざまに変えた合成音声を使って首都圏成育の若年層を対象に聴取調査をおこなったところ，続きを聞きたくなる感じが比較的強いのは，最後の母音を長くして疑問型上昇調か上昇下降調，または強調型上昇調をつけた音声で，それらの型のあいだには続きを聞きたくなる程度に差はなかった。これは「んだ」で終わる文に特徴的な言いかたと思われる。

14)「うん」のあいまいさ：本文のまとめの表には，下がるだけの「うん」［ン￢―］は肯定の意味だと書いたが，正確にはかならずしも肯定の返事ではなく，あいづちとして相手の発言を受け止めたという意味にすぎないことがある。たとえば，本文でこのあと説明する「たたきのばし上げ調」を使った「一人旅って，さびしくない？」［ヒ￢トリ　タビッテ　サ￢ビシ￢ク　ナ／イー］という質問に対して「うん」と答えても，答えの真意はさびしいのかさびしくないのかあいまいである。しかし，「はい」と答えるとさびしい意味になる。

15)【研究】疑問型上昇調は何をあらわすのか：答えを求める，反応を求める，とまどいの気持ちをあらわすという 3 つの用法に共通する要素があるとすれば何かと考えると，それは，いま自分が不完全な状態であるという気持ちの表明だろう（自分が持つ情報が不十分なこと，事態が自分の期待どおりになるか自信がない・事態が期待どおりになっていないこと）。川上蓁（1963）は「相手とのつながりを求める気持ちを表わす　というところに，文中文末を通じた上昇調の真の意味があるのではないか」と言う。筆者は，これは「反応を求める」用法に由来するものであり，それが真の意味というわけではないと考える。松崎寛（2014）は「上

昇調のもつ基本的な性質は『疑問』ではなく『非断定』＝自分の判断を押しつけないで聞き手にゆだねる気持ちを表すこと」だと言う。確かに，すべてが疑問ではないし，また非断定という説明がよくあてはまる用法もある。しかし，それではすべては説明できないと思う。たとえば，呼びかけの「山口さん」などの疑問型上昇調は，松崎氏の言う「非断定」では説明しにくいように思われる。また，「いやだと？」のように，むしろ自分の気持ちを押しつけることになる用法もある。

　これに対して，森山卓郎（1997）は一語文のイントネーションの考察にもとづいて，上昇調（基本的に私が言う疑問型上昇調に相当すると思われる）の意味は，「情報的に充足していないという，探索的態度の表示になる」とし，「これが聞き手のある場で発話されれば，それは聞き手の反応を伺うことにつながっていく」と言う。上に記した私の考えかたもこれに非常に近い。ただ，充足していない内容としては，情報だけではなく自分の期待に対する納得感や満足感などの気持ちも含めたい。そして，聞き手がいる場面での疑問型上昇調は，聞き手の反応をうかがうというよりも（そういう場合ももちろんあるが），聞き手の答えや反応を引き出すための積極的な働きかけをしていると考える。

16）【研究】女性が上昇調を多く使うことについて：これは宇野義方（1955, p. 30ff）と大石初太郎（1965）でも確認されている（ただし，疑問型上昇調と強調型上昇調は区別されていない）。終助詞「よ」については鈴木千寿（1999）の報告もある。いまはほとんど聞かれないが，「いやだわ」の終助詞「わ」につける疑問型上昇調もその典型例である。終助詞「か」については，小池圭美（2002）の報告では，「ていただけませんか」という形式の依頼文では女性はほとんど上昇イントネーションを使うが，男性は半々程度のようである（ここでも疑問型上昇調と強調型上昇調は区別されていない）。文末以外でも，間投助詞の「ね」に疑問型上昇調をつけるのは女性的な特徴だと思われる（5.7.2）。女性に多いとされる「半疑問イントネーション」（5.7.5）も疑問型上昇調である。男性の方が女性より非協調志向が強い傾向があることが知られるが（たとえば登張真稲ほか2015），疑問型上昇調にはコミュニケーションを協調的なものにする働きがあることを示すものと思われる。

17）【研究】たたきのばし上げ調という名称：郡（2018c）では「アクセントなし疑問型上昇調」としていた。

18）「さびしく」のアクセント：やや古い言いかたになるが，［ビ］のあとで下がる［サ￣ビ￣シク］もある。

19）たたきのばし上げ調の「さびしくない？」の別の意味：本文で説明したような，自説（一人旅はさびしい）に同意するかを聞く使いかたが特徴的だが，単に「さびしくない」かどうかを聞く質問にこの言いかたを使うこともあるようだ。

　わざわざ否定の形にして自説に同意するかを聞く理由：否定の形にすることで，自分の意見を押しつけるのではなく，相手の答えが否定的な可能性，つまり，相手と意見が違う可能性があると思っていることを知らせておくということがあるだろう。そうすることで，もし相手と意見が違っても，たがいの気持ちの摩擦が少なくてすむのではないか。

　たたきのばし上げ調はいつから使われているか：どこまで遡れるか現時点では

不明。1963 年の川上蓁氏による文末の上昇系イントネーションの整理には言及がなく，登場したのはそれ以降の可能性がある。私のごく小規模な調査の範囲では 1950 年代の首都圏生まれの世代には違和感がない言いかたのようである。

20）丁寧体でのたたきのばし上げ調：終助詞の「か」をつける「さびしくありませんか？」ならよいが，「か」なしの「さびしくありません？」だと違和感を持つ人もいる。

21）「笑ってない？」でのたたきのばし上げ調：「笑って」「慌てて」「遊んで」のように，本来はアクセントの下げがない形にたたきのばし上げ調の「ない」をつける言いかたには，違和感を持つ人もいる。

22）たたきのばし上げ調の「涼しい？」：この言いかたで自説に同意するかどうかを聞くのは，たとえば次のような場合である。「夏に友だちが家にやってきたが，暑そうにしているのでエアコンの設定温度を下げた。しばらくして自分ではじゅうぶん涼しくなったように思うし，友だちもいまは涼しそうにしているように思えるので，念のために友だちに『涼しい？』と聞く。この場合でも，ふつうに［ス￤ズシ￤／ー］という聞きかたはできる。

23）強調型上昇調の特徴：直前に比べて一段高くしようとすると図 5-5 と図 5-6 のような動きになる。図では最後ですこし下がっているが，これは上げるのをやめたことによるもので，耳には特に下がっているようには聞こえない。音はすこし長くなる程度で，はっきりとのばすことはあまりないが，のばすときは，一段高くしたそのままの高さを平らに保つ形で言う。この高さの動きは，第 1 章で説明した「山登り」［ヤ￤マノ￤ボリ］で［ヤ］から［マ］にアクセントとして上げるときの上がりかたと同じである。したがって，書きかたとしては［ワ￤カッ￤テ￤ル］［ケ￤ー￤キ］と書いても同じことだが，これはアクセントではなくイントネーションであることをはっきりさせるために，矢印をつけて［ワ￤カッテ↑ル］［ケ￤ー↑キ］と本書では書く。音としての詳細な特徴は郡（2014b，2015b）で報告した。

24）疑問型上昇調と強調型上昇調の違い：2 種の上昇調の違いに気がつかれないまま，上昇イントネーションとしてひとくくりにされていることがある。日本語音声を解説した書籍や記事，論文も例外ではない。このふたつは発音のしかたが根本的に違う。疑問型上昇調はどんどん高く上げていく言いかたで，のばせば音が高くなってゆく。一方，強調型上昇調は一段だけ高くする言いかたで，長くのばすとすれば，一段高くしたそのままの高さを続ける。上げかたも小さめのことが多い。ただ，実際の音を聞いたときに疑問型上昇調か強調型上昇調かが区別しにくいことも場合によってはある。

　【研究】疑問型上昇調との違いがわかりにくい場合：強調型上昇調でも上げかたが大きければ，上がりきるのにどうしても時間がかかり，上昇区間が長くなる。そうなると疑問型上昇調に似てくるため，両者を区別しにくくなる。会話では終助詞の「ね」「か」「の」などにそうした発音がときどき出てくる。音が短い場合も違いがわかりにくくなる。

　【研究】強調型上昇調というイントネーションを認めない説について：この上昇をつけるのは単なる強調の一種だとする意見や（川上蓁 1963），「卓立」あるいは「プロミネンス」が文末にあらわれたもので，文末固有のイントネーションで

はないとする意見がある（田中彰 2008）。たしかにこの音調の働きは広い意味の強調と重なる部分が大きい。しかし，これは高さの動きにかかわるものなので，それを生じさせる原因が強調であってもなくてもイントネーションと考えるべきである。強調だからイントネーションではないという考えかたは，イントネーションの指示対象をアクセント以外の文中の高低変化一般ではなく，強調以外の何か特別な機能があるものに限定しているわけである。本書はそのような立場はとらず，強調はイントネーションがあらわす働きのひとつだと考える（コラム 3 の（1）のうち，文の構造・意味，p. 18）。そして，文末固有でなくても文末にあらわれる高さの動きは文末のイントネーションの枠組で考える。

25）【研究】強調型上昇調という名前：単に「段上昇（調）」でもよい。

26）強調型上昇調とフォーカス：わかってほしい気持ちを込めるということは，そこにフォーカスもあるということである。フォーカスを音であらわす方法のひとつとして強調型上昇調をつけることがあると考えればよい。

　　【研究】強調型上昇調は何をあらわすのか：「わかってる！」「ケーキ！」などでの強調型上昇調について，郡（2015a）では「確実な認識の要求」とし，それ以前は「強い承認要求」などとしていた。今回「わかってほしいという気持ちを込める」という表現にあらためた。

27）【研究】「これおいしいんだって」に込める気持ちと強調型上昇調の関係についての調査：1980 年代以降の生まれで首都圏中央部成育の 26 人に，末尾母音が 0.125 秒で 5.3 半音の強調型上昇調をつけた発音と，末尾母音が 0.100 秒でその内部で 0.8 半音下降する無音調の発音を聞かせ，「私も知らなかったんだけど実はおいしいらしい」というニュアンスをより強く感じるのはどちらかを答えてもらったところ，25 人（96％）が強調型上昇調を選んだ。

　　「そうだと思ったんだ」に込める気持ちと強調型上昇調の関係についての調査：上と同じ 26 人に，末尾母音長 0.185 秒で 8.5 半音の強調型上昇調をつけた発音と，末尾母音が 0.130 秒でその内部で 1.6 半音下降する無音調の発音を聞かせ，「あなたは知らなかったかもしれないけど，実は自分ではそう思ってたんだ」というニュアンスをより強く感じるのはどちらかを答えてもらったところ，21 人（81％）が強調型上昇調を選んだ。

28）接客などの声かけ表現でのさまざまなイントネーション：強調型上昇調のほかに平坦調，疑問型上昇調，また時には上昇下降調，そしてもちろん無音調も使う。強調型上昇調を使う理由として，少なくとも使い手の意図としては，話し手の歓迎や感謝の気持ちを認識するように求めているという解釈ができる。ふつうの無音調の言いかたでは声かけとして弱い感じがするので避けたいという意識があるかもしれない。コラム 15 も参照。

29）【研究】こうした言いかたを郡（2003）では「一拍卓立調」として説明した。

30）【研究】平坦調が強調型上昇調の一種であること：平坦調は，発音動作が強調型上昇調と共通である。たとえば無音調の「待って」［マ ̲ッテ］なら［マ］のあとのアクセントの下げを引き継ぐ形で末尾の［テ］でも下降していくが，平坦調の［マッ→テ］では［テ］での下降を打ち消す分だけの小さな段状上昇を［テ］に加えている。つまり，実は段状の上昇作用があるから平坦になるということであり，その上昇が大きくなると強調型上昇調の［マ ̲ッ↑テ］になると見る。

平坦調と無音調の違い：金田一春彦（1962）は，吉沢典男（1960）の「平調」に対するコメントの中で，「平調の中には，最後まで緊張の続くほんとうの平調と，最後に緊張が弱まるもの，つまり，実際には降調のものとがあるようだ」と言う。また，金田一（1951）では，発見して思わず叫ぶ場合の「ホタル」と，問い返しに対する答えとしての「ホタル」の言いかたに違いがあるとし，前者の「ホタル」では［タ］と［ル］が同じ高さに発音され，後者の「ホタル」はだんだん低くなると言う。最後まで緊張の続く方，「ホタル」で［タ］と［ル］が同じ高さに発音される方が本書で言う平坦調にあたり，最後に緊張が弱まる方，「ホタル」でだんだん低くなるものが本書の無音調に相当すると思われる。

　　ただ，実際の音として平坦調と無音調が区別できるのは，いまの「ホタル」のように文末文節にアクセントの下げがある場合である。特に，音をのばすと違いがはっきりする。しかし，「ちゃんと並んで」「はい，次」のように文末文節にアクセントの下げがない場合には，音をのばしても平坦調か無音調かの区別はむずかしい。

　　呼びかけことばでの平坦調：親しい者どうしが別れるときの「じゃねー」［ジャ┌→ネー］，「バイバーイ」［バイ┌→バーイ］も平坦調である。外国語として使うときもこのイントネーションが出てしまう例として，「アロハー」［ア┌ロ→ハー］，「チャオー」［チャ┌→オー］がある（それぞれハワイ関係，イタリア関係のイベントでの日本人司会者のあいさつ：本来であれば，前者は［ア┌ロハ］［ア┌ローハ］など，後者はことば自体が場面にふさわしくないが，言うとすれば［チャ┌ーオ］）。

31）【研究】浮き上がり調：これは川上蓁（1963）で名づけられたもの。私の過去の書き物では，文末2拍が重音節の場合だけについて説明していたが，川上氏の本来の考えかたでは違う（ただし，重音節でない例で川上氏があげるものは「そうなんですね」のような，終助詞や間投助詞が入るもののみ）。ここでは川上氏の本来の考えかたにしたがう。ただ，どんな文末にでも使えるものではない。終助詞が入るもの以外で川上氏があげている例は，依頼（待ってください，ちょうだい，見せてくださいません，拝借できます），誘い（帰ろう），同意求め（君はいやなんだろう，そうなんでしょう，そんなことはあるまい），様態の「そう」（すぐ終わりそう），起伏式形容詞（胸が苦しい），希望の「たい」（お酒飲みたい）と分類できる。つまり，相手になんらかの行動を求めるか，自説への同意，あるいは意思の確認を求める表現である。また，このいくつかは先に説明した「たたきのばし上げ調」でも発音できる。模擬的な会話資料を使って意思表現と勧誘表現での「浮き上がり調」の実態調査を試みた蔡雅芸（1995）が示す図には，特に勧誘表現で「たたきのばし上げ調」で発音されていると思われる例がいくつもある。

　　なぜ浮き上がり調を依頼や誘う場面で使うか：依頼や誘いもそうだが，同意を求めたり意思を確認するというのは，相手に気持ちの負担を与える可能性がある。その負担をなるべく感じさせないようにする手段のひとつとして，本来の高さの動きから外れた浮き上がり調を使っているのではないかと私は考えている。本来の高さの動きを外すことで直接的な言いかたでないようにして，押しつけがましさを少なくしようとするのは，たたきのばし上げ調の質問における使いかたと同

じである。

32)【研究】「はい」の平らな言いかた：浮き上がり調と見る根拠は郡（2018b）。

33) 上昇下降調の特徴：一段高くしてすぐに下げるので ［ハ￣ヤ｜ク｜ー］や ［ヒ｜ロ｜シ｜ー］ と書いても同じことだが，上昇と下降の組み合わせが一体となってひとつの働きを持つイントネーションであることをはっきりさせるために，上がって下がるひとつの矢印をつけて書く。

34) 上昇がないように見えても上昇下降調と考えるべき場合：本文図 5-11 の 2 枚の図のうち右のものは ［ク｜ー］ の中で音が上がっていないように見えるので，これを上昇下降調と言うのかと不審に思う方もいるだろう。「早く」のアクセントは ［ハ￣ヤク］ なので，ふつうに発音するときの実際の高さの動きは，［ハ］から ［ヤ］ に音が下がったあとも，さらに ［ク］ にかけて音はそのまま下がってゆく。その動きを図 5-11 に破線で書き入れた。しかし，左の図はもちろんのこと，右の図でも ［ク｜ー］ の太い線の動きは破線の動きとは異なる。これは，［ハ］のあとから続く下げに対して逆らう動き，つまり上昇作用が ［ク｜ー］ の中にあるためである。図では ［ク｜ー］ の中での上昇作用を白抜きの矢印であらわしている。右の図の発音でも上昇作用があり，そのあとで下がっていることから，これも上昇下降調と考える。図の左と右の違いは上昇と下降の大きさの違いである。意味としては，気づいてほしいという気持ちの強さの程度にすぎない。なお，上昇下降調では下降は特に大きくなくてよい。

35)【研究】上昇下降調と急下降調の違い：郡（2015a）の合成音声を用いた聴取調査の結果では，上昇下降調と急下降調を入れ替えることで変わるのは，気づきを求める呼びかけについては懸命さの程度，納得感についてはその程度という，発話意図の強度である。また，同じ調査の結果から，上昇下降調では下降の方が上昇より重要であることもわかった。ただ，だからと言って上昇下降の動きを単に下降調と呼べばよいとは考えない（特に，音声的記述および教育目的の記述としては）。なぜなら，下降調と言ってしまうと「〈人名の〉ひろし」［ヒ｜ロシ］ のようにアクセントの下げがあるためにもともと文末が低い語にこのイントネーションをつけるときは，［ヒ｜ロ｜シ｜ー］ のようにそのままさらに下げるだけでよいように思われかねないからである。この場合に限っては上昇も欠かせない。本書で単なる下降調という言いかたをしない別の理由は，この章の注 2（従来の分類）で説明した。

36) 訴えかけや呼びかけでの上昇下降調の使用：首都圏では少なくとも 1950 年代からあったことが川上蓁（1956）にあがっている例から知られる。

37) 気づいた意味や再認識した意味での上昇下降調・急下降調の使用：1900 年にパリで蠟管に録音された現存最古とされる日本語録音資料の会話には，静岡出身とされる男性による急下降調の「なるほど」が出てくる。この資料については，さらにこの章の注 58 で説明する。

38)【研究】急下降調のひとつの姿としての長い無音調：「確かに」「そうなんだ」で気づいた気持ちをあらわすときにふつう長い無音調の形をとるのは，アクセントの下げがあるために文末ではすでに低くなっており，そこからさらに下げようとしても実際には下げにくいので，長くのばすだけに終わるためかと思われる。つ

まり，この場合の長い無音調は急下降調がとるひとつの姿だと考えられる。

39)【研究】上昇下降調は何をあらわすのか：［ハ￣ヤ⤵ク￣ー］や［ヒ￣ロ⤵シ￣ー］などの上昇下降調について，郡（2015a）では「反応要求をともなう認識要求」としたが，今回表現を「気づいて反応してほしいという気持ちを込める」にした。

　　上昇下降調と強調型上昇調の違い：両者ともわかってほしいという気持ちを込める場面で使うという共通点はあるが，その違いは発話意図の強度の差ではなく，発話意図自体の違いと考え，両者を別のイントネーションと認定している。

40)【研究】無音調という名称について：私は以前は吉沢典男（1960）の表現を継承して「平調」と呼んでいた。しかし，かならずしも平らではなく，むしろアクセントによる高さの動きを生かすだけで，文末文節独自の動きがないという点を重視して，郡（2015a）から「無音調」と呼んでいる。また，郡（2015a）より前には認定していなかった「平坦調」，つまり実際に平らな動きをするイントネーション型との区別（この章の注30）をする必要もあった。

　　長い無音調はイントネーションか：本書では「無音調」をイントネーションのひとつの型と見る。「長い無音調」はその変種として扱う。

41)　アクセントの下げがない語での無音調か平坦調かの認定：もともとアクセントの下げがない単語の無音調は，平坦調と区別できない。本文にあげた例は平坦調の典型的な「わかってほしいという気持ちを込める」場面ではないので，無音調の例として扱っている。

42)【研究】平叙文の最後の文節などの下がり傾向：郡（2008b, 2011b）で説明した。

43)【研究】最後を長い無音調で言う「もしもし」は目上に使わない方がよいこと：近畿圏の大学生を対象とした聴取調査の結果による（http://corismus.com/intonation/works/mosimosi.pdf）。

44)【研究】認識したことをあらわす長い無音調の「そうなんだ」：この場合の長い無音調は急下降調がとるひとつの姿だと考えることについてはこの章の注38参照。私の知る範囲では1965年前後生まれの世代がはじめた言いかたのようである。私が存在を意識した最初は1988年。これに関する論考に杉浦滋子（1997）がある。

45)「終助詞」と「間投助詞」の違い：終助詞と似たものに間投助詞がある。本書で言う終助詞とは，文の最後にある述語（「『ちょっと遅れる』って言ってます」のような引用の従属節の述語を含む）につく「ね」「よ」「か」「な」「の」などで，間投助詞は，それ以外の文節の末尾につく助詞「ね」「さ」などである。学説によっては，終助詞と間投助詞が何を指すかが違ったり，そもそもふたつを分ける必要はないとも言うが，ここでは何につくかによって両者を分けている。なぜならイントネーションの使いかたに大きな違いがあるからである。会話に聞かれる「もうすんだことだから」のような，独立性が高く，実際にそこで発言が完結しうる従属節の末尾には，終助詞も間投助詞もつきうる。

46)【研究】多く使われる終助詞：末尾イントネーションの頻度調査に用いた120分の会話資料（この章の注3参照：女性の会話量の方がずっと多い）で言うと，まず「ね」，次いで「よ」の使用が他を引き離して多い。「か」「の」がそれに続く。宇野義方（1955）の日常談話資料では「ね」「よ」「の」「か」「ねー」の順だという（「ね」の長短を別扱い）。遠藤織枝（2002）の雑談での会話資料では，男女と

も「ね」が圧倒的に多く，男女の合計では，そのあと「よ」「か」「の」「な」と続く。遠藤氏の資料では，女性は「よ」「な」が少なく「の」が多い。

　「終助詞類」という言いかたについて：こうしたことばの中には，それを取り去ったときに伝達内容の中核が変わらないものと変わるものなど，文法的な性格が異なるものが含まれる。そうした文法的な多様性を考慮して，私は藤原与一氏の言いかたを借りて「文末詞」と呼んでいたことがある。

47）【研究】終助詞本来のアクセント：具体的には，次に説明する「ⓑ高さの接続の型」のこと。

　助詞・助動詞などのアクセント：一般に助詞や助動詞，そして接尾語のアクセントは次のⓐⓑⓒの3つの要素から成り立っている。ⓐ助詞や助動詞などの直前の形式のアクセントを支配するか，あるいはそれに支配されるか，または自主性を保ちつつ直前に協力するかの関係：それぞれを「乗っとり型」「乗っとられ型」「協力型」と呼ぶ（郡2015c）。乗っとり型の典型例が「ます」，乗っとられ型が「[ら]れる」，協力型が「ほど」「のみ」。ⓑ高さの接続の型：「順接」（その前の単語のアクセントを生かしてつく）と「低接」（その前の単語のアクセントに関係なく低くつく）。これは，ⓐが「協力型」の場合に問題になる。ⓒ2拍以上のものについて，内部に下げがあるかないか，あるとすればどこか。助詞・助動詞の個々がどのタイプであるかについては，本書とは別に報告する予定。

　終助詞「ね」「な」の高さの接続の型：「ね」「な」のアクセントは協力型で，直前の単語のアクセントを生かす形でつくタイプである。そのため「車」など平板型の名詞につけて疑問型上昇調で言う場合は「車ね」[ク⌐ルマ　ネ]となる。「送る」「赤い」のように単語の途中にアクセントの下げがない動詞や形容詞の終止形・連体形は一般にアクセントは平板型とされているが，実際には尾高型と考えるべき使いかたもある。こうした動詞や形容詞に「ね」「な」がつくときは，動詞や形容詞は平板型の形をとる（用言平板要求タイプの順接）。たとえば疑問型上昇調の「送るね」なら[オ⌐クル　ネ]となる。助動詞「だ」のあとに「ね」「な」をつける場合も同じ。

　終助詞「か」の高さの接続の型：「か」のアクセントも協力型で，直前の単語のアクセントを生かす形で接続するタイプなので，「車」など平板型の名詞につけて疑問型上昇調で言う場合は「車か」[ク⌐ルマ　カ]となる。しかし，「か」が「送る」「赤い」のように単語の途中にアクセントの下げがない動詞や形容詞の終止形・連体形につくときは，動詞や形容詞は尾高型の形をとる（用言尾高要求タイプの順接）。疑問型上昇調の「送るか」なら[オ⌐クル／カ]となる。

48）【研究】終助詞類のイントネーションの解説の根拠資料：終助詞類についての説明は，会話の分析や聴取調査の結果をもとにして書いた郡（2016c, 2018c）の内容を下敷きにしている。旧稿から説明のしかたをすこし変え，高さの動きのあらわしかたについて校正漏れと不適切な箇所を修正している。なお，東京での終助詞のイントネーションの用法はすでに轟木靖子（2008）が内省をもとにまとめており，本書の説明もこれを参考にした部分が大きい。ただ，イントネーションの型の分類と名称が本書とはすこし異なる。

49)【研究】終助詞「ね」の用法の分類の根拠：本文での分類は，「ね」をつけた言いかたに対して聞き手がどのように応答するかという観点からおこなったもので，くわしくは郡（2016c）で説明した。ただし，用法の名称と提示順，説明のしかたについて郡（2016c）から一部を変えている。轟木靖子（2008）の分類とは異なる。

　「ね」の典型的なイントネーションの認定：何が典型的かの判断は，轟木氏の内省による分析結果（轟木2008）にもとづいた。

　「ね」のイントネーションの使いかた：この使用場面ならかならずこのイントネーションというようなわかりやすい対応関係はない。使用場面にかかわらず，それをどのような気持ちで言うかによってイントネーションの型が変わり，上昇の大きさも変わる。ただ，各使用場面での典型的なイントネーションに限れば，裸の文末での使いかたとの共通性は高い。

　「ね」によく使われるイントネーションの型：使用頻度は場面しだいで変わると思われるので参考の数値だが，私の120分の会話資料では496例の「ね」のうち強調型上昇調・平坦調があわせて59%，上昇下降調が29%，無音調が6%，疑問型上昇調が3%，残りは不明瞭。以上には単独形（299例）も「よね」「のね」のような複合形も含めているが，型の使用傾向は同じ。

　上がらない「ね」：「ね」はかならず上げるわけではなく，平坦調のものも無音調のものもある。両者の実際の高さの動きの例は郡（2016c, p. 76）に「そうですね」で示した。

50) 疑問型上昇調でやさしい言いかたにすること：疑問型上昇調をやさしい言いかたとして使うのは，裸の文末にも（5.2.1）次に見る終助詞の「よ」にもある。

51)【研究】「呼んで」のアクセント：単独で依頼表現として使う「呼んで」は，「ね」が低くつくところから，アクセントとしては尾高型と考えるのが妥当である。

52)【研究】終助詞「よ」の高さの接続の型：たとえば「送るよ」なら，典型的な高さの動きは ［オ｜クル／｜ヨー］と［オ｜クル｜ヨ］である。本書では轟木靖子（1992）の考えかたを参考にして，前者の「よ」の高さの接続の型を順接（用言平板要求タイプ），後者を低接と見る。しかし，別の考えかたとして，後者を順接（用言尾高要求タイプ）と見ることもできる。いずれにしても協力型のアクセントである。

　「よ」の高さの動き：本文で説明する高さの動き以外にも，「送るよ」で「よ」を低くつけてから疑問型上昇調にする ［オ｜クル＿／ヨ］も可能。轟木（1992）は「よ」を低くつけないで疑問型上昇調にする言いかたと機能に違いはないとする。

　「よ」によく使われるイントネーションの型：使用頻度は場面しだいなので参考の数値だが，120分の会話資料では136例の単独形の「よ」のうち，無音調が67%と多く，強調型上昇調・平坦調が18%，疑問型上昇調が12%となっている。

53)【研究】低接の「の」：「きらいな」「有名な」など平板型の形容動詞の連体形に対して低くつき，起伏式の「好きな」「だめな」などにはその最後にそのままつくことから，アクセントとしては協力型で低接するタイプと見る。

54）【研究】「じゃない」の音形：否定ではない使いかたの「じゃない」は，「じゃ」のあとで下げて，「ない」の上げ下げをなくす。なぜこのような音形をとるかについて，以下のように考える。まず，否定の「じゃない」の「ない」に対して，たたきのばし上げ調（5.2.2）をかけると，自分の考えに相手が同意するかどうかを特に自説を押しつけることなくたずねる言いかたになる。たとえば「お酒じゃないんだったら水じゃない？」［ミ￢ズジャ￣ナイ↗ー］や「本当はわざとやったんじゃない？」［ヤッ￢タ￣ンジャ ナイ↗ー］である。ここで「水じゃない？」［ミ￢ズジャ￣ナイ↗ー］で「じゃ」のあとで下げるのは，たたきのばし上げ調が「ない」のアクセントを取り去ることで，「じゃ」のあとに潜在的にある下げを顕在化させたものと考えられる。なぜなら，「じゃ」は「では」［デ￢ワ］の縮約形であり，のばすときは［ジャ￣ー］という音形で使うことから，「じゃない」も潜在的には「じゃ」のあとに下がり目があると考えることができるからである。そして，上記の言いかたから疑問型上昇調と質問の働きを取り去って，自分の考えを伝える部分だけを残したのが，本文で説明する言いかたになる。

　「じゃない」の「ない」の働きについて：本文で問題にしているような「ない」は「なんだ，すごく安くない」「なんだ，わかってない」といった形では使わない。代わりに「なんだ，すごく安いじゃない」「なんだ，わかってる（ん）じゃない」と言う。つまり，この使いかたにおいては「じゃない」という形全体でひとつの働きをしており，全体でひとつの終助詞に近い。過去の言いかたも「ただの水じゃなかった」ではなく「ただの水だったじゃない」となる。本来は否定の形をわざわざ使う理由についてはこの章の注19参照。

　「じゃない」のイントネーションと「とびはね音調」との関係：「水じゃない」について，本文で説明した［ミ￢ズジャ￣ナイ］とは別に，下げをまったくなくす［ミ￢ズジャナイ］という言いかたもある。これに疑問型上昇調をつけると，このあと説明する「とびはね音調」と同じ音形になる。

55）【研究】とびはね音調についての先行研究：田中ゆかり（1993）が最初の本格的な報告で，田中（2010）にまとめられた同氏の一連の研究がある。また，このイントネーションの名づけ親でもある。ただし，本文と以下の説明は私のものである。

　とびはね音調の「ない」を終助詞類と見ること：とびはね音調は「なかった」にも丁寧体にもつかない。また，とびはね音調の「ない」は文末でのみ使い，次に被修飾語を続けることもないし，助詞・助動詞を続けることもない。つまり，この「ない」は終助詞と同等の働きをしていると見ることができる。

　とびはね音調の「ない」の高さの動きの性格：「ない」の直前が平らになるという点に注目すると，この「ない」は助動詞の「ます」と同様の「乗っとり型」のアクセントを持つ終助詞相当表現として使われているものと見ることができる。「乗っとり型」とは，助詞・助動詞等の直前の形式のアクセントがもともとどのようなものであっても，それを無視して全体を助詞・助動詞等のアクセントに融合させる性質である（この章の注47参照：否定の助動詞としての「ない」のアクセントは，直前の形式に乗っとられて自分のアクセントの独立性が奪われる「乗っとられ型」）。一方，とびはね音調は，アクセントの下げをなくすという点でも働きとしても，たたきのばし上げ調の［カ￢ワイ￢ク↗ナイ］や［ム￢リジャ

　／ナイ〕との共通性が高く，その一種と見ることができる。違いは，アクセントの下げをなくす範囲が広いことと質問性が薄い点である。

　「浮き上がり調」との関係：この言いかたの最後の上昇を田中ゆかり氏は「浮き上がり調」と呼んでいるが，それは提唱者の川上蓁氏が定義した意味での浮き上がり調ではない。川上氏は浮き上がり調を「文の最後から二番目の拍において既にほとんど上昇が完了し，あとはほぼ平らのまま文が終る」としている。これは，本書で言う強調型上昇調を文末の2拍にかけたものである。浮き上がり調の上昇部分は疑問型である（田中ゆかり（2013）の図1参照）。

　とびはね音調と半疑問イントネーションの共通性：5.7.5で説明する半疑問イントネーションとは，まずどちらも疑問型上昇調の使用という点で共通している。また，半疑問イントネーションは，相手の反応を求めるための疑問型上昇調を文節末につけることで，断定的で一方的な「きつい」言いかたを避け，口調をやわらげた「やさしい」言いかたにし，同時に会話をより協働的なものにする働きがあると思われるが（郡2018a），同じ意識がとびはね音調の使用にもあるように思える。とびはね音調の場合は，さらに否定の形を使うことで，自分の意見を押しつけるのではなく，聞き手と意見が違う可能性があると思っていることをあらわしていると考えられる（この章の注19参照）。そうした可能性を示しておくことで，もし相手と意見が違っても，たがいの気持ちの摩擦が少なくてすむのではないかと思われる。

56）平成イントネーション：とびはね音調と半疑問イントネーションを使う理由のひとつに，断定的な言いかたを避けようとする傾向があると思われる。それは，1990年代に盛んになった「お荷物のほう，お預かりします」「鈴木さんと話とかしてました」「とても良かったかな，みたいな…」のような「ぼかす言いかた」（文化庁2000）とも共通性があり，平成期から盛んになったコミュニケーション様式と言うことができよう。このふたつを「平成イントネーション」と名づけたのは，時期的な共通性だけではなく，口調のやわらげという点でも共通性があるからである。なお，疑問型上昇調のところで説明したが（5.2.1，p. 142），店頭での「いらっしゃいませ」「いかがですか」のような呼びこみ表現で，最後の母音を長くのばして，そこに疑問型上昇調をつける言いかたもおそらく平成期から盛んになったものである。また，認識したことをあらわす長い無音調の「そうなんだ」も同様（この章の注44）。

57）【研究】文中の文節での末尾のイントネーションについての解説の根拠資料：この説明の内容は，郡（2016a，2018a）の内容を短くまとめなおし，補足を加えたものであるが，高さの動きのあらわしかたについて，元論文の校正漏れと不適切な箇所を修正している。

　会話での文節末のイントネーション型の使用実態：この章の注3を参照。

58）1900年録音の日本語会話音声：この例は，最古と思われる日本語の録音資料からのものである（http://gallica.bnf.fr/ark:/12148/bpt6k1311164r で聞ける）。資料の詳細については清水康行（2007, 2011）参照。約75秒の会話で確実に確認できる12例の間投助詞のうち11例が「ね」で，強調型上昇調もあるが，多いのは小さい上昇下降調である。「ずっとね」は郡（2018a）では急下降調と判断していたが訂正する。ポーズの部分に入っている男性の聞き手のあいづちは省略した。

59）助詞上げ・語尾上げ：話しかたのスタイルについて「助詞上げ」「語尾上げ」と言うことがある。何を指すのかが使う人によって異なる非常にあいまいな呼びかたなのでむやみに使わない方がよいが，使うとすればこの強調型上昇調の間投助詞的イントネーションに限定するのがよいと思う。

60）尻上がりイントネーション：日本語研究の世界ではこう呼ばれることが多い。ただし，上げたあとで下げることが重要なので正確な表現ではない。専門家以外は本文に書いた「語尾のばし」のほか，「語尾上げ」という表現をこの話しかたを指すために使うこともあり，また尻上がりイントネーションという用語を単なる平板型アクセントや北関東の方言の口調など，まったく別のものを指して使うこともあるので注意が必要である。

　　成立経緯：日常会話での使用には，1960 年代前半にあった小学校でのネサヨ運動（間投助詞ないしは終助詞としての「ね」「さ」「よ」の使用抑制）が影響しているという説がある。しかし，それ以前から会話でもこのイントネーションはあったと思われ，ネサヨ運動はその使用を促進したにすぎないという可能性がある。くわしくは郡（2018a）参照。

61）【研究】単語末の強調型上昇調：講演調の話しかたでの使用実態についての研究に前川喜久雄（2011），谷口未希（2008）などがある。これらの研究ではこの高さの動きを PNLP（Penultimate Non-Lexical Prominence）と呼んでいる。前川氏は，PNLP は発話の頂点表示と緩やかな境界表示の機能を有しているとし，数秒から 10 数秒におよぶ談話単位のまとまりを示す，あるいはその終了が間近であることを予告するために，必要に応じて PNLP を生成している可能性が高いと言う。

62）半疑問イントネーション：質問しているわけではないのになぜ疑問型上昇調を使うのかと言うと，まず（1）反応を求める形にすることで，断定せずにやわらげた言いかたにしようとする場合がある。そして，（2）間投助詞的イントネーションと同じく，自分がそのあとに言う内容や言いかたを考えるのに手間取っているときや，自分の話をしっかり聞いていてほしい気持ちがある場合もあるようだ。このほか，［マ｜リ｜ン／₍大₎バー／｜ト｜カ／ティ｜ン｜パ／₍大₎ニー／上↑₍小₎カ］（マリンバとか，ティンパニとか）のように列挙するときにも使う。この話しかたは「半疑問形」「半クエスチョン」とも呼ばれるし，あいまいなので不適切だが「語尾上げ」と呼ぶ人もいる。

　　【研究】半疑問イントネーションの機能と成立経緯：会話の協働性を高める方策だと理解できる使いかたと（上述の（1）），間投助詞的イントネーションと共通の使いかた（上述の（2），コラム 17 参照，p. 179）がある。この言いかたがされるようになったのは，日本語の話しことばの時代変化の中で必然的なものだったと私は考える。現在の中年層から下では間投助詞をあまり使わず，その働きをイントネーションだけであらわそうとする傾向があるが，そうした間投助詞から間投助詞的イントネーションへの移行という流れの中で，間投助詞として過去には使われず唯一残っていた疑問型上昇調が，新しい間投助詞的イントネーションとして，文節末でも文節中でも使われるに至ったものと見る。また，その登場には平成期に盛んになった協働的な会話への志向という背景もある。くわしくは郡（2018a）参照。

練習問題の答え

1)　ただ，ここでは「どんぶりこどんぶりこと」を省略しても，文が伝える内容に
変わりはない。そのことを重視すれば「どんぶりこどんぶりこと」は補足と考え
ることもできるので，「流れて」のアクセントを弱めない言いかたも可能となる。
このような例については 3.1.5「実質的な補足」(p. 67) の項で説明している。

参考文献

秋永一枝（編）（2014）『新明解日本語アクセント辞典 第2版』三省堂.

阿部久子・小原永（1994）「ニュース文読み上げにおけるアクセント句非抑圧要因の検討」『情報処理学会第48回全国大会講演論文集』3，121-122.

泉谷聡子（2008）「日本語におけるフォーカスの生成と知覚―東京方言と大阪方言を比較して―」『音声言語 VI』53-66.

出野晃子（2007）「尾高型アクセントの二拍形式名詞が頭高型で発音されるとき―『日本語話し言葉コーパス』を用いた分析―」『阪大日本語研究』19，67-96.

井上史雄・木部暢子（編著）（2016）『はじめて学ぶ方言学』ミネルヴァ書房，133-143.

岩淵達治（1970a）「『物言う術』以前の諸問題 仮題・イントネーションの原則（1）」『テアトロ』327，68-75.

岩淵達治（1970b）「『物言う術』以前の諸問題（2）」『テアトロ』329，23-28.

岩淵達治（1970c）「『物言う術』以前の諸問題（3）」『テアトロ』330，64-71.

上村幸雄（1989）「日本語のイントネーション」『ことばの科学』3，193-220.

宇野義方（1955）「イントネーションの調査」『談話語の実態』国立国語研究所.

上野善道（1989）「日本語のアクセント」杉藤美代子（編）『日本語の音声・音韻（上）』（講座日本語と日本語教育 2）明治書院，178-205.

上野善道（2009）「句頭の上昇は語用論的意味による」『言語』38（12），84-85.

NHK（2005）『NHKアナウンス実践トレーニング』NHK出版.

NHK（2006）『NHKCD『朗読にチャレンジ！』～「NHKアナウンサーの はなす きく よむ」より』NHKサービスセンター.

NHK放送文化研究所（2016）『NHK日本語発音アクセント新辞典』日本放送出版協会.

遠藤織枝（2002）「男性のことばの文末」現代日本語研究会（編）『男性のことば・職場編』ひつじ書房，33-45.

大石初太郎（1959）「プロミネンスについて―東京語の観察にもとづく覚え書き―」『ことばの研究』1，87-102.

大石初太郎（1965）「疑問表現の文末音調」『音声の研究』11，77-90.

沖裕子（2013）「談話論からみた句末音調形式の抽出」『国立国語研究所論集』5，77-94.

尾崎喜光（2015）「全国多人数調査から見るガ行鼻音の現状と動態」『ノートルダム清心女子大学紀要 外国語・外国文学編，文化学編，日本語・日本文学編』39（1），151-168.

川上蓁（1956）「昇降調の三種」『音声学会会報』92，7-8/25.

川上蓁（1957）「東京語の卓立強調の音調」『国語研究』6，21-31.（川上1995所収）

川上蓁（1961）「言葉の切れ目と音調」『国学院雑誌』62（5），67-75.（川上1995

所収）

川上蓁（1963）「文末などの上昇調について」『国語研究』16，25-46.

川上蓁（1977）『日本語音声概説』桜楓社.

川上蓁（1995）『日本語アクセント論叢』汲古書院.

北原真冬・田嶋圭一・田中邦佳（2017）『音声学を学ぶ人のための Praat 入門』ひ
　　つじ書房.

金田一春彦（1951）「コトバの旋律」『国語学』5，37-59.

金田一春彦（1962）「昭和 35・36 年における国語学界の展望」『国語学』49，33-38.

金田一春彦（1967）『日本語音韻の研究』東京堂出版.

窪薗晴夫（1995）『語形成と音韻構造』くろしお出版.

小池圭美（2002）「依頼文における終助詞『か』のイントネーション」『言語文化と
　　日本語教育』（お茶の水女子大学日本言語文化学研究会）24，13-27.

郡史郎（1989a）「発話の音調を規定する要因—日本語イントネーション論—」『吉
　　沢典男教授追悼論文集』116-127.

郡史郎（1989b）「フォーカス実現における音声の強さ，持続時間，F0 の役割」『音
　　声言語 III』（近畿音声言語研究会）29-38.

郡史郎（1989c）「強調とイントネーション」杉藤美代子（編）『日本語の音声・音
　　韻（上）』（講座日本語と日本語教育 2）316-342，明治書院.

郡史郎（1997a）「日本語のイントネーション—型と機能」国広哲弥・広瀬肇・河野
　　守夫（編）『日本語音声 2 アクセント・イントネーション・リズムとポーズ』
　　三省堂，169-202.

郡史郎（1997b）「『当時の村山首相』のふたつの意味とふたつの読み—名詞句の意
　　味構造とアクセント弱化について」音声文法研究会（編）『文法と音声』くろ
　　しお出版，123-145.

郡史郎（2002）「アナウンスやナレーションに見られるスタイルの音響的特徴」『第
　　16 回日本音声学会全国大会予稿集』151-156.

郡史郎（2003）「イントネーション」上野善道（編）『朝倉日本語講座 3 音声音韻』
　　朝倉書店，109-131.

郡史郎（2004）「東京アクセントの特徴再考—語頭の上昇の扱いについて—」『国語
　　学』55（2），16-31.

郡史郎（2006a）「日本語の『口調』にはどんな種類があるか」『音声研究』10（3），
　　52-68.

郡史郎（2006b）「対人関係・対人態度を反映する韻律的特徴—特に目上に対する
　　話し方について—」土岐哲先生還暦記念論文集編集委員会（編）『日本語の教
　　育から研究へ』くろしお出版，167-176.

郡史郎（2006c）「韻律的特徴の地域性」『韻律と音声言語情報処理—アクセント・
　　イントネーション・リズムの科学—』丸善.

郡史郎（2007）「東京方言の自然会話に見られるアクセント弱化の実態」『第 21 回
　　日本音声学会全国大会予稿集』123-128.

郡史郎（2008a）「東京方言におけるアクセントの実現度と意味的限定」『音声研究』
　　12（1），34-53.

郡史郎（2008b）「東京方言における平叙文末の下降増大現象—平叙文末は平調か下降調か—」『音声言語 VI』（近畿音声言語研究会）81-104.

郡史郎（2009）「東京下町方言の会話資料におけるネの音調」『音声言語の研究4』（大阪大学）7-16.

郡史郎（2010）「イントネーションの構成要素としての音調句：その形態，形成要因と機能」『日本語学会2010年度秋季大会予稿集』21-26（シンポジウム「イントネーション研究の現在」）.

郡史郎（2011a）「東京方言における広いフォーカスの音声的特徴—連続する2語にフォーカスがある場合—」『音声言語の研究5』（大阪大学）13-20.

郡史郎（2011b）「東京方言の平叙文文末に見られる下降増大現象について（再考）」『音声研究』15（3），76-77.

郡史郎（2012a）「東京方言における意味的限定と非限定を区別する音声的基準—短文読み上げ資料と合成音聴取実験によるアクセント実現度の検討—」『言語文化研究』（大阪大学）38，1-22.

郡史郎（2012b）「東京方言における文末の強調型上昇調の機能について」『音声言語の研究6』（大阪大学）15-22.

郡史郎（2012c）「日本語の意味論的フォーカスと対比のフォーカスの音声的特徴」『音声言語の研究6』（大阪大学）23-26.

郡史郎（2013a）「判定要求の質問文における疑問型上昇調とその音声的特徴」『言語文化研究』（大阪大学）39，221-244.

郡史郎（2013b）「日本語における強い意志表明と強い行動要求表現の韻律的特徴」『音声言語の研究7』（大阪大学）1-7.

郡史郎（2014a）「物語の朗読におけるイントネーションとポーズ—『ごん狐』の6種の朗読における実態—」『言語文化研究』（大阪大学）40，257-279.

郡史郎（2014b）「強い承認要求に用いられる文末の強調型上昇イントネーション（段状上昇調）の音声的特徴」『音声言語の研究8』（大阪大学）11-20.

郡史郎（2015a）「日本語の文末イントネーションの種類と名称の再検討」『言語文化研究』（大阪大学）41，85-107.

郡史郎（2015b）「日本語の疑問型上昇調と強調型上昇調の音声的特徴について—聴取実験による検討—」『大阪大学言語文化学』24.

郡史郎（2015c）「助詞・助動詞のアクセントについての覚え書き—直前形式との複合形態の観点からの分類—」『音声言語の研究9』（大阪大学）63-74.

郡史郎（2016a）「間投助詞のイントネーションと間投助詞的イントネーション—型の使い分けについて—」『言語文化研究』（大阪大学）42，61-84.

郡史郎（2016b）「アクセントの複合形態と長い複合語のアクセント—『携帯電話電源オフ車両』などの説明原理についての覚え書き—」『音声言語 VII』（近畿音声言語研究会）31-48.

郡史郎（2016c）「終助詞『ね』のイントネーション」『音声言語の研究9』（大阪大学）61-76.

郡史郎（2016d）「方言のイントネーション」井上史雄・木部暢子（編）『はじめて学ぶ方言学』ミネルヴァ書房，144-151.

郡史郎（2017a）「日本語イントネーションについてのいくつかの聴取実験」『言語文化研究』（大阪大学）43，249-272.

郡史郎（2017b）「じょうずな朗読とイントネーション」『音声言語の研究10』（大阪大学）25-36.

郡史郎（2018a）「間投助詞のイントネーションと間投助詞的イントネーション—使用例の検討と，尻上がりイントネーション，半疑問イントネーションの考察—」『言語文化研究』（大阪大学）44，283-306.

郡史郎（2018b）「感動詞の高さの動きから見る日本語の会話表現のイントネーションの特徴」『大阪大学言語文化学』27，69-81.

郡史郎（2018c）「終助詞類のアクセントイントネーション—『よ』『か』『の』『な』『でしょ（う）』『じゃない』，とびはね音調の『ない』—」『音声言語の研究11』（大阪大学），13-26.

郡史郎（2018d）「イントネーション」「パラ言語情報」「プロミネンス」日本語学会（編）『日本語学大辞典』東京堂出版，57-59/753-754/805.

蔡雅芸（1995）「東京語話者に見られる文末の『浮き上がり調』について—「意志表現」と「勧誘表現」の場合—」『東北大学文学部日本語学科論集』5，25-36.

斎藤弘子・上田功（2011）「英語学習者によるイントネーション核の誤配置」『音声研究』15（1），87-95.

佐々木香織（2004）『日本語音声談話の韻律構造』（東京外国語大学博士論文）
http://repository.tufs.ac.jp/handle/10108/35612（2016年11月4日最終閲覧）

塩田雄大・東美奈子（2017）「鼻濁音の位置づけと現況〜『もも組』と『ももグミ』〜」『放送研究と調査』67（4），60-72.

清水康行（2007）「100年前の日本語音声を探して」『日本バーチャルリアリティ学会誌』12（1），13-17.

清水康行（2011）「欧米の録音アーカイブズ—初期日本語録音資料所蔵機関を中心に—」『国文目白』（日本女子大学）50，29-19.

上甲幹一（1963）『朗読とアナウンス』社会思想社.

神保格（1929）『日本のアクセントと言葉調子』（レコード）コロムビア33000〜4.（日本語教育学会編2003所収）

杉浦滋子（1997）「『〜なんだア』の機能と成り立ち」『東京大学言語学論集』16，129-152.

杉原満（2012）「『緊急の措置をとる必要があると言っています』再考〜言語学から見るNHKアナウンサーのイントネーション論〜」『放送研究と調査』62（1），56-72.

鈴木千寿（1999）「文末表現のイントネーションと男女差」『ことば』（現代日本語研究会）20，75-82.

田中章夫（1956）「近代東京語質問表現における終止形式の考察—その通時的展開について—」『国語学』25，31-42.

田中彰（2008）『日本語文末イントネーションの類型—聴覚・音響・機能からの分析と教育への応用—』（麗澤大学博士論文）
http://nick1129.web.fc2.com/doctoraldissertation.htm（2016年6月13日最終閲

覧）

田中ゆかり（1993）「『とびはねインネーション』の使用とイメージ」『日本方言研究会第 56 回研究発表会発表原稿集』59-68.

田中ゆかり（2010）『首都圏における言語動態の研究』笠間書院.

田中ゆかり（2013）「『とびはね音調』はどのように受け止められているか—2012 年全国聞き取りアンケート調査から—」相澤正夫（編）『現代日本語の動態研究』おうふう，211-235.

谷口未希（2008）「PNLP とよばれる音調変化の実態調査—日本語話し言葉コーパスを資料として」『大阪大学言語文化学』17，253-262.

陳曦（2019）『同一複合名詞のアクセントの融合・非融合の使い分けに影響する文脈的要因』日本語学会 2019 年度春季大会口頭発表要旨.
https://www.jpling.gr.jp/taikai/happyo/yosi/2019/a/yosi_2019a_c1.pdf

轟木靖子（1992）「東京語の文末詞の音調と機能についての考察—「よ」を中心に—」『日本語・日本文化研究』（大阪外国語大学）2，51-60.

轟木靖子（2008）「東京語の終助詞の音調と機能の対応について—内省による考察—」『音声言語Ⅵ』（近畿音声言語研究会）5-28.

轟木靖子・山下直子（2014）「終助詞『よ』『ね』の音調の地域差について—東京・岡山・香川の比較—」『香川大学教育学部研究報告第Ⅰ部』142，75-83.

登張真稲・名尾典子・首藤敏元・大山智子・木村あやの（2015）「多面的協調性尺度の作成と大学生の協調性」『人間科学研究』（文教大学）37，151-164.

新美南吉（1932）「ごん狐（童話）」『赤い鳥』（後期）3，1 月号，16-27.（『校定新美南吉全集 第三巻』大日本図書，1980 年所収，草稿は『校定 新美南吉全集 第十巻』大日本図書，1981 年所収の『権狐』）

日本語学会（編）（2018）『日本語学大辞典』東京堂出版.

日本語教育学会（編）（2003）『戦前戦中の日本語教育教材レコード復刻版』凡人社.

服部四郎（1933）『アクセントと方言』明治書院.

平山輝男（編）（1960）『全国アクセント辞典』東京堂出版.

文化庁（2000）『平成 11 年度国語に関する世論調査』大蔵省印刷局.

前川喜久雄（2011）「PNLP の音声的形状と言語的機能」『音声研究』15（1），16-28.

松崎寛（2014）「イントネーション」佐藤武義・前田富祺他（編）『日本語大事典』朝倉書店，126-127.

松村明・三省堂編修所（2006）『大辞林 第三版』三省堂.

宮地裕（1963）「イントネーション」『話しことばの文型（2）』国立国語研究所，178-208.

村中淑子（1995）「句末・文末のイントネーションの機能と分類」『音声言語Ⅴ』（近畿音声言語研究会）49-59.

森岡健二・徳川宗賢・川端善明・中村明・星野晃一（編）（2012）『集英社国語辞典 第 3 版』集英社.

森山卓郎（1997）「一語文とそのイントネーション」『文法と音声』くろしお出版，75-96.

文部省（1932）『小學國語讀本 尋常科用卷一』大阪書籍.

山田忠雄・柴田武・酒井憲二・倉持保男・山田明雄・上野善道・井島正博・笹原宏之（編）（2011）『新明解国語辞典 第七版』三省堂.

吉沢典男（1960）「イントネーション」『話しことばの文型（1）』国立国語研究所, 249-288.

KUBOZONO, Haruo（1993）*The Organization of Japanese Prosody*. Kurosio.

MAEKAWA, Kikuo（1997）"Effects of focus on duration and vowel formant frequency in Japanese." Y. SAGISAKA, N. CAMPBELL and N. HIGUCHI（ed.）*Computing Prosody*, Springer, 129-153.

NAKAJIMA, Shin'ya and Hajime TSUKADA（1997）"Prosodic features of utterances in task-oriented dialogues." Y. SAGISAKA, N. CAMPBELL and N. HIGUCHI（ed.）*Computing Prosody*, Springer, 81-93.

PIERREHUMBERT, Janet and Mary BECKMAN（1988）*Japanese Tone Structure*. MIT Press.

POSER, William（1984）*The Phonetics and Phonology of Tone and Intonation in Japanese*. Ph.D. dissertation, MIT.

本書で使用した音声資料

会話資料

　本書のために分析した資料は以下の 11 種類で，話し手の数は 16 人である。本文の用例は資料⑧⑨⑩⑪のものを使っているが，どの資料のものかと話し手の世代と性別がわかるように「⑩ 1987f」のような形で記している。⑩が資料番号，1987fが話し手の生年と性別をあらわす。

①〜⑦：テレビ朝日のトーク番組『徹子の部屋』から，首都圏中央部成育の幅広い年齢層をゲストとする 7 放送回分。ゲストは，黒田初子（① 1903f，1994 年 3 月），中村メイコ（② 1934f，1989 年 8 月），忌野清志郎（③ 1951 m，2002 年 4 月），野村宏伸（④ 1965 m，1989 年 12 月），相田翔子（⑤ 1970f，2005 年 8 月），大野智（⑥ 1980 m，2014 年 4 月），堀北真希（⑦ 1988f，2013 年 12 月）の各氏（「1994 年 3 月」等は放送時期）。ホストは黒柳徹子氏（1933f）。会話内容は，ゲストが出演したテレビドラマや映画に関する話，小さいころの逸話，家族の話など。それぞれ約 25〜35 分。ただし，録画不完全のため，①は約 21 分，③は約 11 分。

⑧：国立国語研究所（2002）『全国方言談話データベース 日本のふるさとことば集成 第 6 巻 東京・神奈川』に収録の，東京下町方言話者で 1911 年生まれの男性と 1907 年生まれの女性による会話。1980 年収録。会話の内容から判断すると，話者は親しい知人どうしと思われる。昔の行事を主な話題とした会話。約 35 分。

⑨：1972 年生まれで世田谷区成育と横浜市成育の女性で，親しい友人どうしによる独自収録の会話。内容は，テレビドラマや映画，小学生から高校生までの頃の経験や最近の経験を話題とした雑談と，クイズ本を見ながら間違い探しクイズや雑学クイズを共同で解く場面の会話。2009 年収録，約 85 分。

⑩：1986 年生まれで市川市成育の男性と 1987 年生まれで府中市（東京都）成育の女性で親しい友人どうしによる独自収録の会話。内容は，クイズ本を見ながら川渡りパズルや雑学クイズを共同で解く場面の会話。2008 年収録，約 60 分。

⑪：1986 年生まれの世田谷区成育の男性と 1986 年生まれの多摩市成育の女性で親しい友人どうしによる独自収録の会話。内容は，『名探偵コナン』の 1 エピソードについて，女性は話を途中までしか知らず，全部を知っている男性にストーリーの解説を求めている会話と，クイズ本を見ながら環境クイズを共同で解く場面の会話。2008 年収録，約 70 分。

『ごん狐』の朗読音源

　以下の 11 種類。（3）（4）（6）（10）は学校用教材のため，一般商品としては市販されていない。

(1) 沼田曜一『光村の国語 名優で聴く 教科書名作朗読 CD ライブラリー』3，光村教育図書，2010 年.

(2) 岸田今日子『新美南吉童話選集 1』エニー，2001 年.

(3) 来宮良子『みんなと学ぶ小学校国語四年 教師用指導書 音声編』（平成 23～26 年度用）学校図書，2011 年.

(4) 関根信昭『ひろがる言葉 小学国語 4 教師用指導書 音声・動画編』教育出版，2011 年.

(5) 市原悦子『聞いて楽しむ日本の名作』第 12 巻，ユーキャン，2010 年.

(6) 広瀬修子『新しい国語 指導用 CD 4 年』（平成 23～26 年度用）東京書籍，2011 年.

(7) 広瀬修子『朗読 CD 日本の名作 セレクト版』日外アソシエーツ，2012 年.

(8) 神保共子『［朗読］心の本棚―心にのこる日本の名作童話』キングレコード，2003 年.

(9) 田原アルノ『児童文学カセットブック 3 新美南吉 花のき村と盗人たち ごんぎつねほか』リブリオ出版，1991 年.

(10) 髙山みなみ「『小学生の国語』学習指導書 音読・朗読編 一年～六年」三省堂，2015 年.

(11) 佐々木健『（童話）ごん狐』Panrolling，2008 年.

索引

*主要な記述がある箇所をあげている。引きやすさを考慮して，本文の表現そのままではない形で載せている場合がある。

【著者紹介】

郡 史郎（こおり しろう）

1954年大阪生まれ。東京外国語大学大学院修士課程修了。大阪外国語大学教授，大阪大学言語文化研究科教授を経て，現在大阪大学名誉教授。1980年代前半から日本語イントネーションの研究に従事。

主な著作に，『はじめてのイタリア語』（講談社現代新書），『伊和中辞典 第2版』（共編著，小学館），『朝倉日本語講座3 音声・音韻』（「イントネーション」の項，朝倉書店），『日本語学大辞典』（「イントネーション」の項，東京堂出版）などがある。

日本語のイントネーション
──しくみと音読・朗読への応用
© KORI Shiro, 2020　　　　　　　　　　　　　　NDC810／xii, 242p／21cm

初版第1刷──2020年5月1日

著者──────郡 史郎
発行者─────鈴木一行
発行所─────株式会社 大修館書店
　　　　　　　〒113-8541 東京都文京区湯島2-1-1
　　　　　　　電話 03-3868-2651（販売部） 03-3868-2294（編集部）
　　　　　　　振替 00190-7-40504
　　　　　　　［出版情報］https://www.taishukan.co.jp

装丁者─────岡崎健二
印刷所─────精興社
製本所─────ブロケード

ISBN978-4-469-21379-9　Printed in Japan

文節の文法

定延利之 著

忘れ去られたかに見える概念「文節」に着目し，「きもち」「権力」「会話」「非流ちょう性」という分析の手立てを使って，「唯文主義」の文法では十分説明ができなかった様々な現象を読み解いていく。「文法」概念を揺さぶり拡張する刺激的論考。

A5 判・168 ページ　本体 2000 円

「やさしい日本語」で観光客を迎えよう　インバウンドの新しい風

加藤好崇 編著

外国人には英語という思い込みから自由になって，日本語でオモテナシをしてみませんか。外国人向けに意識的に調整する「やさしい日本語」とはどういうものかを解説し，自治体や旅館，店舗，ウェブマガジンなどの先進的な実践例を紹介。

四六判・176 ページ　本体 1500 円

敬語は変わる　大規模調査からわかる百年の動き

井上史雄 編

国立国語研究所が 1953 年以来 3 回にわたって愛知県岡崎で実施した大規模調査の成果を核に，「変化するもの」としての敬語の実態を様々な角度から論じる。「卑罵語」「英語の敬語」「タメ口」等，周辺領域もカバーした総合的敬語論。

四六判・298 ページ　本体 2300 円

読み手に伝わる公用文　〈やさしい日本語〉の視点から

岩田一成 著

役所などの公的機関が作る公用文には，何を言っているのかわからないもの，そもそも読む気が起きないものが多い。困った文書の実例を多数挙げつつ，なぜ公用文が難解になるのかを考察し，どうすればわかりやすく書けるのかを解説する。

四六判・184 ページ　本体 1700 円

街の公共サインを点検する　外国人にはどう見えるか

本田弘之，岩田一成，倉林秀男 著

駅や空港，道路などの案内表示や看板は，外国人ユーザーの立場に立つと問題点だらけ。海外各地での取材をもとに，多数の写真を紹介しながら改善策を提案する。

四六判・216 ページ　本体 1800 円

子どもを本嫌いにしない本

赤木かん子 著

子どもの成長に応じた本の選び方・薦め方，短編・長編それぞれの読み方，読書感想文の書き方，などなど。赤ちゃんから高校生までの子どもをもつ親，教師，図書館関係者のためのていねいなアドバイス。

A5 判・128 ページ　本体 1500 円

大修館書店　　　　　　　　　　　　　　　　（定価＝本体＋税）